# 做个高情商的幼儿教师

莫源秋◎著

中国轻工业出版社

## 图书在版编目(CIP)数据

做个高情商的幼儿教师/莫源秋著.—北京：中国轻工业出版社，2021.5（2024.2重印）
ISBN 978-7-5184-3370-4

Ⅰ.①做… Ⅱ.①莫… Ⅲ.①幼教人员-情商-师资培养 Ⅳ.①G615②B842.6

中国版本图书馆CIP数据核字（2021）第017623号

保留所有权利。非经中国轻工业出版社"万千教育"书面授权，任何人不得以任何方式（包括但不限于电子、机械、手工或其他尚未被发明或应用的技术手段）复印、拍照、扫描、录音、朗读、存储、发表本书中任何部分或本书全部内容。中国轻工业出版社"万千教育"未授权任何机构提供源自本书内容的电子文件阅览、收听或下载服务。如有此类非法行为，查实必究。

责任编辑：牟 聪 吴 红　　责任终审：滕炎福
策划编辑：吴 红　　　　　　责任校对：刘志颖　　责任监印：吴维斌

出版发行：中国轻工业出版社（北京鲁谷东街5号，邮编：100040）
印　　刷：三河市鑫金马印装有限公司
经　　销：各地新华书店
版　　次：2024年2月第1版第2次印刷
开　　本：710×1000　1/16　印张：16
字　　数：166千字
印　　数：5001—7000
书　　号：ISBN 978-7-5184-3370-4　　定价：52.00元

读者热线：010-65181109
发行电话：010-85119832　　010-85119912
网　　址：http://www.chlip.com.cn　　http://www.wqedu.com
电子信箱：1012305542@qq.com
版权所有　侵权必究
如发现图书残缺请拨打读者热线联系调换
240085Y1C102ZBW

# 前言

## 一

情商（emotional quotient，简称EQ），又称作情感智商。20世纪30年代，美国心理学家亚历山大（W. P. Alexander）在《具体智力与抽象智力》一文中提出了包括心理因素、生理因素、环境因素以及道德品质在内的非智力因素，对传统的单纯由智力决定人的成功或失败的理论发起了挑战。20世纪90年代初期，美国耶鲁大学社会心理学教授彼得·塞拉维（Peter Salovey）和新罕布什尔大学人格心理学教授琼·梅耶尔（John Mayer）提出了与"智力"（intelligence）和"智商"（intelligence quotient，简称IQ）相对应的概念——"情感智力"，并将其定义为"监察自身和他人的感情和情绪的能力，区分情绪之间差别的能力，以及运用这种信息指导个人思维、行动的能力"，而情商主要是指人在情绪、情感、意志、耐受挫折等方面的品质。

1995年，美国哈佛大学心理学教授丹尼尔·戈尔曼（Daniel Goleman）出版了《情商：为什么情商比智商更重要》（*Emotional Intelligence: Why It Can Matter More Than IQ*）一书，明确提出了"情商"的概念。他认为，情商是指人对自己情绪的控制能力和在社会上的人际交往能力。戈尔曼教授指出，情商不同于智商，它不是天生注定的，而是后天形成的。他认为情商包括五个方面的能力：了解自己情绪的能力、控制自己情绪的能力、以自己的情绪激励自己行为的能力、了解别人情绪的能力、与别人友好相处的能力。

情商是相对智商而言的。智商跟遗传有很大关系，而情商主要跟后天的培养、塑造和自我建构有关。智商体现的是个体研究、思考物质世界变化规律的能力，是解决做事问题的能力，智商高的人容易在某个专业领域取得杰出成就，成为某个领域的专家；而情商体现的是个体研究、思考精神世界变化规律的能力,是解决做人及人与人之间关系问题的能力,情商主要影响认识和实践的动力。有人说:"高IQ者可以成为婚姻问题专家,但不一定会拥有幸福的婚姻,而高EQ者才会拥有幸福的婚姻;高IQ者可以获得较好的岗位,而高EQ者则可以获得重要的领导岗位。"这从另一个侧面说明了情商与智商对人们的工作和生活的影响。

戈尔曼教授在《情商:为什么情商比智商更重要》一书中提出了"儿童的未来20%取决于智商,80%取决于情商""20%IQ + 80%EQ = 100%成功"的论点,立即在全球引起轰动。他还说:"仅有IQ是不够的,我们应用EQ来教育下一代,帮助他们发挥自己的潜能。""情商与人的生活各方面息息相关,是影响人一生快乐、成功与否的关键。"美国《时代周刊》宣称:"如果不懂EQ,从现在起,我们宣布,你已经落伍了。"美国著名人际关系学大师卡耐基(Dale Carnegie)也曾说过,一个成功的管理者,专业知识所起的作用占15%,而交往能力却起到85%的作用。

简言之,情商反映了一个人控制自己情绪情感、承受外界压力、保持自己心理平衡的能力,它在很大程度上决定了一个人在工作、事业、婚姻以及人际关系处理上的成功与否。

情商与智商是相辅相成、相互促进的。一个人目标远大、信念坚定、人际关系良好、长于合作、心情舒畅,是其高情商的表现。高情商对智商作用的发挥具有促进作用;一个人智商高、知识面广、受到人们的尊敬,对找到很好的办法以与他人进行合作,用智慧来控制自己的情绪情感,进一步处理好人际关系,开发情商潜能,都有很大的帮助。

作为一名幼儿教师,我们必须有较高的情商。因为情商水平的高低,直接影响教师的工作效果,甚至关系到教师的专业成长和发展水平,以及能否从工作和生活中获得幸福感。实践表明,一个高情商的幼儿教师不仅能够将日常工作和生活中的各项事务处理得游刃有余,人生之路也会越来越顺利。总之,幼儿教师要不断修炼自己的情商,学会自知与自控,学会与领导、同事、家长和幼儿交往,这样专业之路才能越走越宽,才会更容易感受到职业幸福。

大家可以了解一下"低情商者"与"高情商者"的区别,进而更好地明确自

己情商发展的方向。

低情商者：不可靠。无责任感，爱抱怨。
高情商者：可靠。做事主动、勤奋，认真负责；做人诚实、可信。

低情商者：不容易与人相处，锋芒毕露，易得罪人。
高情商者：容易与人相处，收敛自己，不锋芒毕露。

低情商者：做事疯狂而无节制，不会调节情绪情感，心理负担重。
高情商者：会减负。会清除困扰自己心灵的情绪情感垃圾，不让负面的情绪情感控制心灵。

低情商者：不会控制情绪情感，时常被环境左右，做事凭心情。
高情商者：控制情绪情感的高手，心情平静，头脑冷静，行为理智，不受外界影响。

低情商者：对情绪情感的来源不清楚，不能有效控制情绪情感，经常处于消极的情绪情感状态。
高情商者：容易觉察自己的情绪情感来源，自信地采取恰当的行动，从而增进长期的幸福感。

低情商者：处于悲观压抑状态，自卑、悲观、消极，身心无动力。
高情商者：处于进取状态，自信、乐观、快乐，会让自己的能力不断发展。

低情商者：不了解自己，不了解别人，以自我为中心。
高情商者：了解自己，了解别人，会换位思考。

低情商者：不善于与人合作，过分富有个性。

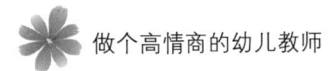做个高情商的幼儿教师

高情商者：能在团队中发挥积极作用。

低情商者：缺乏自知之明，盲目自大。
高情商者：能够正确评价自己，有幽默感。

低情商者：不能体谅别人，自私，自我约束意识和能力差。
高情商者：拥有同理心，抱持利他主义思想，具备自律、坚忍等品格。

低情商者：拥有消极的生活态度，心理承受力差。
高情商者：拥有积极的生活态度，面对失败也总会向前看，永远乐观向上。

低情商者：自己的人生目标不明确。
高情商者：有清晰的人生规划和中长期目标。

低情商者：把自尊建立在他人认同的基础上。
高情商者：有独立判断能力，有坚定、清晰的价值观。

低情商者：与同事合不来，喜欢推卸责任。
高情商者：能与团队成员共同构建团队的愿景，自觉承担责任、奉献力量。

低情商者：工作和生活随意性大，没有计划和效率。
高情商者：工作计划性强，工作和生活更有效率。

低情商者：工作和生活被无穷的欲望牵着走，在生活中少有快乐。
高情商者：知足常乐。

低情商者：容易冲动，情绪情感波动大。
高情商者：心态平和。

低情商者：喜欢激化人际矛盾，人际关系很僵。
高情商者：善于化解人际矛盾，人际关系融洽。

低情商者：经常处在各种价值取向的纠结之中。
高情商者：理想、信念、价值观明确而坚定，活得明白，不纠结。

高情商应该成为幼儿教师追求的一种职业目标和人生目标。

## 二

今年3月初，"万千教育"编辑部的吴红老师约我撰写《做个高情商的幼儿教师》一书。在接受任务后，我就开始思考幼儿教师情商的问题，并从中国知网和读秀搜索与幼儿教师情商有关的文章、专著。很遗憾，这方面的文章和专著太少了。后来我又从网上购买了一些与情商有关的图书（未见一本幼儿教师情商方面的图书），写作思路才逐渐明晰。我觉得有必要向读者交代如下几点。

（1）本书的写作强调实操性。本书的重点不在于对情商理论进行探讨，而在于突出情商能力的培养，让幼儿教师在情商方面会做人做事，引导幼儿教师高情商地应对幼儿园工作中的种种问题。比如，在情绪情感管理方面，本书不做幼儿教师产生这些消极情绪情感的原因及其机制探讨，只告诉幼儿教师如何有效地应对这些不良情绪情感即可。又比如，幼儿教师在工作中出现了愤怒情绪，本书只告诉幼儿教师如何避免愤怒情绪影响工作，影响与同事、家长的关系，影响幼儿的健康发展，而不探讨幼儿教师为何会愤怒，也不探讨幼儿教师产生愤怒情绪的机制。

（2）关于情商概念的界定。在大量阅读与情商相关的文章和专著后，我发现关于情商的内涵和外延有许多种说法。本书的写作基本上遵从丹尼尔·戈尔曼教授对情商的内涵和外延的界定。

（3）关于对情商的批评意见。"情商"概念在我国盛行于20世纪90年代中期并快速达到高潮，后来慢慢冷却，因为"情商"从概念提出到原理建构、测量方法等都存在许多问题。不过，我仍然坚持认为，"情商"打开了一扇了解人的心理结构的新窗口，它对心理学和教育实践都有十分重要的意义。本书不涉及有关"情商"的学术争论，重点放在幼儿教师如何建构自己的良好情绪情感状态和人际关系上，为有效地工作、提升工作和生活中的幸福感提供行动指导。

（4）"与不同性格、气质幼儿交往之道"这一节的内容涉及幼儿的一些性格问题，但该节的重点不在于如何矫正或者消除幼儿的这些性格问题，而在于幼儿教师如何与这些有"性格问题"的幼儿交往更有利于其健康发展。

在编写本书的过程中，我借鉴和参阅了国内外同行大量的相关研究成果，在此对他们表示由衷的谢意！同时，由于种种原因，书中引用的小部分资料，我未能标明相关作者及资料的出处，在此对相关作者表达歉意！

由于时间仓促，加上本人水平有限，书中一定存在错误、缺漏和不当之处，敬请阅读和使用本书的读者批评指正。

莫源秋

2020年10月10日

# 目 录

前言 ········································································································ I

## 第一章　正确认识情绪情感 ································································ 1
一、情绪情感产生的基础 ·················································· 1
二、情绪情感的信号功能 ·················································· 9
三、情绪情感的适应性意义 ············································· 13
四、情绪情感影响个体的身体健康 ································· 15
五、情绪情感心理测试 ···················································· 17

## 第二章　幼儿教师高情商中的情绪情感管理技能 ································ 33
一、幼儿教师营造良好情绪情感状态的策略与方法 ········ 33
二、幼儿教师应对不良情绪情感的技能 ·························· 54

## 第三章　幼儿教师高情商中的自我激励技能 ······································ 89
一、幼儿教师自我激励的目标 ········································· 89
二、幼儿教师自我激励的策略与方法 ···························· 107

## 第四章　幼儿教师与园领导交往中的高情商技能 ···························· 113
一、理解园领导的良苦用心 ··········································· 113
二、了解园领导最不喜欢的五种教师 ···························· 116
三、努力成为园领导赏识的幼儿教师 ···························· 117
四、与园领导的关系要得体 ··········································· 126

五、尊重园领导……127
　　六、对园领导要怀有感恩的心……128
　　七、有效化解与园领导的冲突……128
　　八、与不同性格类型园领导交往之道……138
　　九、服从领导……143

**第五章　幼儿教师与同事交往中的高情商技能……147**
　　一、尊重每一个同事……147
　　二、互惠互利……154
　　三、经常赞美同事……161
　　四、注意同事交往中的交互性……167
　　五、打造亲密同事关系的策略……168
　　六、应掌握的与同事交往的细节技巧……176
　　七、与不同性格的同事交往之道……177
　　八、化解与同事冲突的情商技能……182

**第六章　幼儿教师与家长交往中的高情商技能……185**
　　一、让家长感觉到你很爱他的孩子……185
　　二、让家长感受到他是受尊重的……189
　　三、让家长感觉到你很专业……190
　　四、让家长感受到平等……193
　　五、将幼儿的最大利益置于中心……195
　　六、将"丑话"说在前面……196
　　七、要与家长保持适度的距离……196
　　八、要学会必要的家园沟通技术……197
　　九、与不同性格家长交往之道……210

**第七章 幼儿教师与幼儿交往中的高情商技能** ……………………… **213**

　　一、让幼儿感受到爱 ……………………………………… 213

　　二、让幼儿感受到做人的尊严 …………………………… 217

　　三、让幼儿感受到公平公正 ……………………………… 222

　　四、给幼儿树立一个良好的榜样 ………………………… 224

　　五、宽容仁慈 ……………………………………………… 225

　　六、与不同性格、气质幼儿交往之道 …………………… 226

# 第一章

# 正确认识情绪情感

在情商中,认识情绪情感是指人能够读懂自己和他人的情绪情感,了解它们是如何产生、变化的,以及情绪情感对人们行为的影响。幼儿教师只有察觉到某一情绪情感时,才能进一步监控、管理情绪情感的变化,才能更准确地调整学习、工作和生活节奏。如果没有认知自身真实情绪情感的能力,那就只好听凭情绪情感的摆布。正确认识情绪情感,不仅影响着幼儿教师情绪情感的自我管理,还影响着幼儿教师在幼儿园里良好人际关系的建构,影响着幼儿教师的身心健康。

## 一、情绪情感产生的基础

了解情绪情感产生的基础,有利于幼儿教师更好地把握情商发展的要义,更有利于幼儿教师找到提高智商的着力点。

### (一)情绪情感与需要

需要,是情绪情感产生的基础。也就是说,产生什么样的情绪情感,取决于该事物与个体需要的关系,取决于该事物能否满足个体的需要:能满足就产生积极的情绪情感,不能满足就产生消极的情绪情感。

所有的情绪情感都建立在相应需要的基础之上。请大家了解一下平时幼儿教师在工作中的一些常见的情绪体验。

- 高兴,是达到所盼望的目的后紧张解除时个体产生的心理上的愉快和舒适体验。比如,孩子朝着幼儿教师所期待的方向发展,表现出良好的行

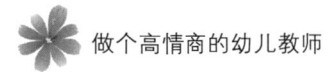

为和心态，对此，幼儿教师就表现出由衷的高兴。

- 愤怒，是愿望得不到满足、实现愿望的行为一再受到阻挠引起的紧张积累而产生的情绪体验。比如，面对某些调皮、难教的孩子，幼儿教师使用了所有的教育技巧都无济于事，这些孩子的行为没有一点好转。当他们再次做出调皮行为时，许多幼儿教师就会表现出非常愤怒的情绪。

- 恐惧，是人们企图摆脱和逃避某种危险情景而又无力应付时产生的情绪体验。比如，许多幼儿教师整天为孩子们的人身安全担忧（因为在这方面，幼儿园和家长都会给幼儿教师施加压力），可是他们无法保证每个孩子每天都是安全的。因此，许多幼儿教师平时是在忧虑、恐惧中度过的，他们生怕哪个孩子出现安全问题。

- 害羞，是对自己外部或心理的缺点被暴露的恐惧体验。比如，有些幼儿教师不善言辞，在家长会上讲话时特别容易害羞，希望自己能在家长面前有良好的表现，而这种欲望越强烈，越容易引发害羞情绪和行为。

- 嫉妒，是对与自己有联系且强过自己的人的一种不服、不悦、失落、仇视，甚至带有某种破坏性情绪。比如，平时在幼儿园这个生活圈子里大家彼此差不多，可能相安无事，一旦有人冒尖出头、领先别人，往日平静的圈子就会荡起嫉妒的涟漪，甚至是波涛。比如，同时进入某所幼儿园工作、能力相当的两位同事，一位得到提拔，另一位就很容易产生嫉妒心理。

- 内疚，就是做了不太符合道德的事，内心受到良心的谴责所形成的一种情绪体验。比如，由于幼儿教师晨检工作的疏忽，A幼儿将小刀带进了幼儿园并在玩小刀的过程中受了伤，此时幼儿教师就容易产生内疚心理。

- 幸福，就是人的根本的、总体的需要得到满足时所产生的愉快状态。比如，幼儿教师的工作让孩子们得到快乐和发展，同时让家长们感到满意，并得到同行们的认可，此时幼儿教师就会产生职业幸福感。

……

准确地理解情绪情感的本质，有利于幼儿教师更好地了解和把握自己的情绪情感，进而有效地提高情商。

墨顿·亨特曾说过:"如果我们产生互相矛盾或不可兼有的欲望,或产生与社会禁忌相左的欲望,我们就能体会到病态的情绪。"[1]

因此,改变情绪情感,管控情绪情感必须从改变个体的需要着手。

### 案例1-1　理想与自我现实相匹配就是幸福

2018年的一天,我回母校见了阔别近30年的大学老师、同学。大家有许多交流,有关于专业的交流,也有关于人生的交流。其中最让我触动的是大家达成共识的一个人生感悟——"理想与自我现实相匹配就是幸福"。

——你是大学里的博士生导师,很满足,这是一种幸福;我是一所普通中专学校里的老讲师,也很满足,我一点儿也不羡慕博导们,这也是一种幸福。

——你结婚了,很满足,这是一种幸福;我没有结婚,可是我很享受单身生活,这也是一种幸福。

——你是厅级干部,乐于在官场上打拼,这是一种幸福;我是普通教师,很享受按时上下班、无忧无虑的生活,这也是一种幸福。

——你开着豪华汽车,感觉很幸福;我天天骑着电动自行车,呼吸着清新的空气,也感觉很幸福。

——你很有钱,时不时看看银行账户上的数字不断地增加,很自豪,这是一种幸福;我没有很多钱,但我衣食无忧,出门不用保镖陪,徒步上下班看风景,也很满足,这同样是一种幸福。

处境不重要,重要的是你的理想与你的现实相匹配,内心和行为相一致,就是幸福;否则,无论你有再多的学问、再多的钱,当再大的官,有无伴侣,你都是不幸福的。

## (二)情绪情感与认识

认识,是情绪情感产生的又一个基础。人们之所以会对同一事物有不同的情绪情感体验,是因为他们对该事物有不同的认识。比如,一个在华英国人存

---

[1] 亨特. 心理学的故事[M]. 李斯,王月瑞,译. 海口:海南出版社,2006:503.

放自行车时，一不小心使自行车倒了，他为自己动作不麻利而感到困窘，这时周围的中国人见状笑了起来。那个英国人很生气，觉得自己被耻笑。当然，中国人的笑并无恶意，既非嘲笑当事人，也不是幸灾乐祸。这种笑可能表示"没关系""我们也常干这种事"等意思。但在英美文化中，笑在这种场合是不礼貌的，是对别人的不尊重，是很伤人的。因此，可以说，影响我们情绪情感的不是事件本身，而是我们的观念。

认识是愤怒的触发器。对我们来说，愤怒情绪的触发器有：
◎想到丁老师和范老师故意冷落我。
◎想到过去某些家长对我的误会。
◎想到自己工作那么努力却得不到园长的认可。
◎想到自己对他（家长）的孩子那么好，可是孩子在幼儿园里受了点轻伤，他就翻脸。
◎想到自己被诈骗、欺骗和背叛的经历。

认识是悲伤的触发器。对我们来说，悲伤情绪的触发器有：
◎想到自己和男友分手。
◎想到已故的自己深爱的人。
◎想到园长不喜欢我。
◎想到以前非常要好的同事辞职离开幼儿园。
◎想到去世的狗狗。
◎想到带了三年的孩子们即将离开自己。

认识是恐惧的触发器。对我们来说，恐惧情绪的触发器有：
◎想到公开课可能失败的场面。
◎想到孩子受伤后家长暴怒的样子。
◎想到孩子出现安全问题后，自己被园长"炒鱿鱼"。
◎想到园长对自己大吼大叫。

◎想到明天要在全园家长面前发言。

◎想到向不近人情的园长提出加薪请求。

……

当善于识别自己各种情绪情感的内部触发器后,你就能更好地管理它们及其可能触发的情绪情感。

理查德·拉扎罗斯曾说过,思维能够产生情绪情感,情绪情感不能在没有思维参与的情况下产生。他提供的证据是:受试者的情绪被电影唤起,又可以被给出的不同信息的影片形式改变。拉扎罗斯此前曾利用电影中关于澳大利亚土著居民的剧情做过实验。在电影中,土著居民用锋利的石片对少年男性实行割礼手术。当这一仪式着重强调少年的痛苦和割礼的残酷时,一些观众感到极其难受;但当强调少年在仪式中目不斜视,并因此获得成人地位和好处时,观众的反应则平缓下来。拉扎罗斯的结论是:认知活动是情绪产生的必要前提,这是因为要体验一种情绪,人们必须得理解——不管是原始的知觉,还是高度不同的象征过程——它们的好处均包含在一种转换之中,不管其好坏与否。对于那些能使自身得到好处的事情的重要性毫无知觉的动物,不会产生情绪反应。[1]

## 案例1-2 走出没有阳光的日子

A君是一个内向又十分敏感的人。他的知识面很广,对医学也略知一二。但不知从何时开始,A君一直怀疑自己有病,并且不是一般的病,而是癌症!

随着日子的消逝,他的心情越来越沉重。在心理负重的日子里,他看了许多相关的医学书籍,结果发现自己身上有许多症状与书上所写的癌症的信号有关。为此,他的心情更加沉重,他越想心里越不是滋味。

他常在想:自己将不久于人世了,这真是太不幸了!这"不幸"为何偏偏落到我的头上呢?这太不公平了!

随着日子的推移,"病情"的"加重",他渐渐对世间的热闹失去兴趣,听

---

[1] 亨特.心理学的故事[M].李斯,王月瑞,译.海口:海南出版社,2006:501.

别人谈"美好的未来",他心中便有一种难言的痛楚,因为他觉得自己没有"未来",更不敢去想那份"美好"。他对别人有说有笑、尽情享受人间的快乐很嫉妒,因为自从有"病"以来,他已经好几年没有笑过了,好几年没有发现生活中的"乐"了。

由于不知道自己还能活多久,他对工作、生活、学习都无"心",无计划,也不想提高自己,因为他心里常常这样想:反正我也不知道自己哪一天会突然死去,那么努力、那么认真有什么用?!于是他过着"当一天和尚撞一天钟"的极端消极的生活。

他想通过锻炼来增强体质,进而战胜"癌症"。他希望这样的奇迹能在自己的身上出现,于是每天坚持早起参加锻炼。后来,他又看了许多书,结果一直没有看到"体育锻炼能治疗癌症"的论述。于是他灰心了,刚开始不久的体育锻炼也停止了。他想,反正是一死,为何要多此一举,活得那么累呢?!

他的脚步越来越沉重,力气越来越不足!——有时走平坦的路,他都上气不接下气。他意识到"问题"越来越严重了!

他想过看医生,但又害怕"病情"真的被检查证实,他还在想:检查出来又有何用——反正治不了!他宁愿选择"不明不白地死去"。

"病情"越来越重,心情就越来越糟,他不敢想明天,不敢做长远的计划,过着"过一天是一天"的日子。

他的"病情"只有他自己知道。他不敢告诉任何人,包括他的妻子、儿子、父母、同事和领导等。因为他不愿看到他们异样的、同情的目光。这种沉重的心理负担只有他一个人承受。

算命先生说,他在41岁时会有一场"大难"。而明年他就41岁了,随着41岁的临近,他的"病情"越发严重。他原以为自己是个"唯物主义者",可没想到如今自己的"命运"被算命先生言"中"了,他内心的信仰开始动摇了。

终于有一天,他再也受不了心理重负的煎熬,走进了我们的心理咨询室。

他接受了我们的建议,对自己的"病情"采取了现实的态度——到医院做全面的检查。我们告诉他,他很可能是得了"心病",而不是"身病"。

我们陪他到医院做了全面的检查。

不到两个小时，检查结果出来了——一切正常！

他接过医院的检查报告单，那种高兴劲儿真不知如何描述才好。他反复高呼："我没病！""我没病！"他那经过多年折磨近乎呆滞的脸终于露出了久违的笑容。

从此，他变了！

他身上以前的那些"症状"逐渐消失了，他沉重无力的四肢逐渐变得轻松而有力。

他原先看见周围到处都是灰暗的一片，而现在他看到的却是阳光一片！

"苦熬"几年的他，度过了几年灰色的日子——没有理想、没有计划、没有乐趣……如今他发现自己没病，心中又重燃希望之火，重新计划、重新设计未来的美好人生，并积极投入热闹非凡的现实生活。

他完全变成了另一个人——一个充满活力的人！

人们的心理疾病和生理疾病，往往就是这样相互交错、互为因果，使我们很难分清哪是因、哪是果。[1]

### （三）情绪情感与身体行为反应

詹姆斯—兰格情绪学说认为，情绪情感可以由一系列的生理变化引起，情绪情感就是对身体变化的知觉。詹姆斯和兰格（James & Lange）认为："情绪情感，只是一种身体状态的感觉；它的原因纯粹是身体的。""人们的常识认为，先产生某种情绪情感，之后才有机体的变化和行为的产生，但我们的主张是先有机体的生理变化，而后才有情绪情感。"他们还举例说："悲伤乃由哭泣而起，愤怒是由打斗而致，恐惧是由战栗而来，高兴乃由发笑而生。"在日常生活中，我们也可以找到许多相关例证，例如，我们常说"越哭越伤心"，其反意就是"不哭慢慢地就不会伤心了"。对于年幼的孩子来说更是如此，例如，只有当幼儿停止哭闹的生理行为，他们不愉快的情绪情感才会慢慢平息。

在最近的一项研究中，172名志愿者说出了他们感觉到不同情绪情感的身

---

[1] 莫源秋．走出没有阳光的日子[J]．健康生活，2002（11）：29．

体部位：羞耻感主要产生于面部；恐惧感可产生在许多部位，但主要集中在肛门；厌恶感产生于胃部和喉部等。[1]

有两位英国心理学家设计了一个实验，在一定程度上支持了詹姆斯和兰格的观点。他们设计了三个温度不等的房间：第一个房间是"热室"，温度为33℃，待在里边的人感到很热，浑身不舒服；第二个房间是"正常气温室"，温度在20℃左右；第三个房间是"冷室"，温度在7℃左右。研究者将自愿参与的被试分别安置在三个不同温度的房间里接受书面测试。在他们答完书面问题后，由一个十分挑剔的主试通过一扇大窗户对他们的答案进行评价。主试不时地做出带有侮辱性和嘲讽性的评价。每个被试的房间里还装有一个电钮，被试被告知：按电钮就可以使主试尝到电击的痛苦，以此对主试进行惩罚。实际上电钮只连接了一台录有人的惨叫声的录音机。

结果是：第一个房间（"热室"）里的人不停地按电钮，甚至不管主试的话好坏与否，都一律不听，只是按电钮；第三个房间（"冷室"）里的人，只是在主试说出他们认为"不公正"或"使人恼怒"的话时才按电钮；第二个房间（"正常气温室"）里的人，没有任何报复行为。由此，两位心理学家认为：人的情绪情感与其所处环境的温度有关。

人的情绪情感与人的身体感受和变化密切相关，我们在调控情绪情感时，也可以通过身体行为、感受来适当地改变我们的情绪情感。比如，让微笑成为一种习惯，时常开怀大笑，有利于形成良好的心境。再比如，恐惧时，你可以尝试做出一些与恐惧相反的行为，如：试着用一种感兴趣的表情看着别人；保持一种浅笑的表情；静静地坐着，脚不要轻敲地面；跟其他人有恰当的眼神接触；参加你害怕的聚会，你一到那里就问候他人、介绍自己，使自己融入其中；昂首走路……时间长了，这些行为就会成为你的一种习惯，你的相应的恐惧心理也就消失了。

---

[1] 亨特. 心理学的故事[M]. 李斯, 王月瑞, 译. 海口：海南出版社, 2006：503.

### （四）情绪情感与体育活动

心理学研究表明，体育活动对情绪情感有一定的调节作用。在生活和实践中，幼儿教师不妨试一试。

- 急躁、易怒：开展打太极拳、下棋、慢跑、游泳、长距离地步行等持久缓慢的项目，可增强自我控制能力，稳定情绪情感。
- 遇事紧张失常：多参加公开的、激烈的体育竞赛，如足球赛、排球赛、篮球赛等。因为场上形势多变，比赛紧张激烈，只有冷静沉着地应对才能取得优势。常在这样紧张的场合接受考验，久而久之，遇事就不会过分紧张，更不会惊慌失措。
- 孤独、怪僻：参加集体项目的锻炼，如踢足球、打排球、打篮球、接力跑、拔河，有助于逐步适应与同伴交往并热爱集体。
- 腼腆、胆怯：溜冰、玩单杠、走平衡木、跳马、摔跤、游泳等活动有助于克服各种胆怯心理，以勇敢无畏的精神战胜困难，越过障碍。
- 自负、逞强：选择难度较大、动作较复杂的项目，如跳水、马拉松、艺术体操等，并找一些水平较高的对手比赛。
- 活泼好动、较灵敏，但稳定性、自控能力、意志力较差：参加与平衡能力有关或者需要意志力的体育活动。
- 意志力较强，但不够活跃、灵敏性较差：进行跳跃、躲闪跑等体育活动。

## 二、情绪情感的信号功能

在人际交往中，情绪情感是人们相互影响的一种主要方式，它具有传递信息、沟通思想的信号功能。情绪情感的信号功能是指情绪情感具有丰富的表现能力，人们可以通过一定的方式相互表达和交流情绪情感，通过交流情绪情感达到交流思想的目的。人们用来表达情绪情感的方式叫作表情。表情包括脸部变化、体态动作、语音语调等具体手段。一个人要向外界传达完整的信息，单纯的语言成分只占7%，声调占38%，另外55%的信息都需要由表情来传达。因为表情通常是一个人下意识的举动，所以它很少具有欺骗性。因此，幼儿教师不仅可以通过表情来传递信息，还可以通过表情来了解对方的情绪情感、需求和态度。

下面向大家介绍一些具有代表性的表情动作及其所蕴含的情绪情感和心理特征等方面的信息，供大家在交际中进行判断和参考。

- 边说边笑：当这种人与你交谈时，你会觉得非常轻松愉快。他们大多性格开朗，对生活的要求从不苛刻，很注重"知足常乐"，富有人情味，感情专一，对友情、亲情特别珍惜，人缘较好，喜爱平静的生活。
- 拍打头部：这个动作是表示懊悔和自我谴责。这种人对人苛刻，但对事业有一种开拓进取的精神。他们一般心直口快，为人真诚，富有同情心，愿意帮助他人，但守不住秘密。
- 摆弄饰物：这种人多为女性，一般都比较内向，不轻易使感情外露。她们的另一个特点是做事认真踏实。
- 耸肩摊手：这个动作是表示自己无所谓。这种人大多为人热情，而且诚恳、富有想象力、会创造和享受生活。
- 常常低头：这种人比较慎重。他们讨厌过分激烈、轻浮的事，勤劳刻苦，交朋友也很慎重。
- 摸弄头发：这种人容易情绪化，常常感到郁闷焦躁。他们对流行的事物很敏感，但忽冷忽热。
- 把手放在嘴上：这种人属于敏感型，是秘密主义者，常常嘴上逞强，但内心其实很温柔。
- 手握着手臂：这种人比较保守、理性，因而不太容易拒绝别人。
- 到处张望：这种人具有社交性格，比较乐观，对什么事都有兴趣，对人有明显的好恶感。
- 摇头晃脑：这种人特别自信，以至于唯我独尊。他们在社交场合很会表现自己，他们对事业一往无前的精神常被人赞叹。

- 抬头挺胸：自信，果断。

- 点头：同意或者表示明白了、听懂了。
- 摇头：不同意，震惊或不相信。
- 搔头或搔颈：困惑。
- 头部和身体保持直立向上：骄傲。
- 眯着眼：不同意，厌恶，发怒，不欣赏，蔑视，鄙夷。
- 眯起眼睛，压低眉毛：感到拘束。
- 瞳孔扩张，眉毛弯成弓形，眼睛睁大：情绪积极。
- 连续眨眼：兴奋，烦乱，紧张或忧虑。
- 眉眼朝上，眨眼：惊奇。
- 眉眼朝下，眼睛追踪着看：感兴趣。
- 嘴唇朝外向上扩展，眼笑，眉毛扬起，双脚不自觉地来回摆动：愉快。
- 眉毛降低、脸颊抬高，或头部下垂至蜷缩的胸部：悲伤。
- 眼朝下、头低垂，将整个身体转过去，尤其是把脸部转到不面对人的方向，身体内敛、弯曲，动作不灵活：羞愧。
- 眼发直，脸色苍白，脸出汗，身体抽动，手部紧握或者手掌张开抖动：恐惧。
- 皱眉、眼睛变狭窄、咬紧牙关、面部发红，或眉毛降低、上眼睑提起、下眼睑下垂：愤怒。
- 眉毛上扬：不相信或惊讶，蔑视，感到意外。
- 避免目光接触：冷漠，逃避，漠视，没有安全感，消极，恐惧或紧张等。
- 咬嘴唇：紧张，害怕或焦虑，忍耐。
- 嘴唇缩拢：不同意。
- 藏起嘴唇，嘴角下拉：此时情绪和自信会跌至谷底，而忧虑、压力和担心等会急速上升。
- 嘴角被拉向耳朵的方向，眼睛中露不出任何感情：假笑或"礼貌的笑"。
- 嘴角向眼睛的方向上扬：真笑。
- 眼眉拱起，嘴朝下，有韵律的抽泣：痛苦。
- 冷笑，嘴唇朝上：轻蔑。

- 摆手：表示制止或否定。
- 搓手、拽衣领：紧张。
- 双手举过头顶：暴怒。
- 双手往上伸直：激动。
- 颔首、双手放在胸前：害羞。
- 扭绞双手：紧张，不安或害怕。
- 抱臂：漠视，不欣赏，旁观。
- 晃动拳头：愤怒或富有攻击性。
- 抖脚：紧张，困惑，忐忑。
- 跷起二郎腿，两手交叉于胸前，收缩肩膀：感到疲倦，对眼前的事不再感兴趣。
- 吹口哨，坐立不安，以手掩口，使劲儿拉耳朵，绞扭双手：紧张。
- 吐唾沫，手臂置于身体一侧，肩膀直立：厌恶。
- 谈话时身体前倾、坐在椅子边缘、全身放松、双手打开，手托着脸：配合。
- 抬高下巴，坐着时上半身前倾，站立时抬头挺胸、双手背在身后，翻动外套领子：自信。
- 坐不安稳：不安，厌烦，紧张或者提高警觉。
- 正视对方：友善，诚恳，外向，有安全感，自信，笃定，期待。
- 打哈欠：厌烦，无聊，困倦。


- 烟民朝上吐烟：颇为自信，甚至有些沾沾自喜。
- 烟民朝下吐烟：心情不佳。
- 烟民常抖烟灰：神经紧张，处在一种激动的状态。
- 烟民点了烟后很快掐灭：处于被激怒状态。
- 烟民用手指尖拿烟，摆出一副装模作样的样子：态度傲慢，根本不把对方放在眼里。

上述内容总结的是大部分人的表情动作反映的情绪情感状态和心理特征，

但在实际的人际交往过程中,我们可以通过更多的观察来了解他人内心的想法及感受。

每一个表情动作都是人内心的情绪情感的体现。不过,人在现实中偶尔也会使用与其实际意图相反的表情动作,比如:明明喜欢你,却有意躲开你的视线,或者不理你,故意表现出不喜欢你,甚至讨厌你。一个人这样做并不是要迷惑对方,而是要考验对方是不是注意了他的表情动作。装出一个动作或表情以传达出某种意思,这等同于欺骗,而且确实会给对方带来这种感觉。当人们说某人有点假的时候,一般就是说这个人的神态很做作。

不过,我们不要过分解读陌生人的表情动作信息。这会让人家觉得不自在,以为你在对他评头论足。

此外要明白,人们可能会误解你的表情动作信息。因此,幼儿教师要尽可能清楚地表达你的意图,强化你的意思。

未经确认,不要轻易认为你已经正确地理解了别人的表情动作要表达的意思。比如,人们一般会觉得两臂交叉放在胸前意味着保持距离或采取防卫的态度。但也许他们只是觉得冷。

## 三、情绪情感的适应性意义

情绪情感是具有生存价值的行为的信号和提示。每种情绪情感都具有适应性意义,即适应环境的变化、适应人际交往的需求。

比如,恐惧会激活你的心血管系统,血管收缩,动脉血压升高,血管末梢的血流减少,额外的血流入骨骼肌,以备在紧急情况下被重要器官利用。人们经常看到的"脸吓白了",就是皮肤血流减少的结果,是血管收缩时身体保存热量的反应。恐惧能让人察觉身边的危险,及时采取行动。在极端恐惧的情况下,这些防御的调整会使呼吸加快、加深以提供更多的氧气,血液循环加快并把更多的氧气带入大脑,刺激认知过程和感官功能,使你更加警觉,在紧急情况下能思考得更快。极端恐惧会使肝脏释放更多的葡萄糖进入血液,进一步为各种重要的肌肉和器官增加能量;极端恐惧会使瞳孔扩大,是为了更好地看清形势;

极端恐惧会使听力变得更加精确，消化活动延缓，唾液减少；极端恐惧还会在短期内使身体排出废物并调整消化过程，为进一步集中注意力于行动和保持活力做好准备。所以很多人在恐惧时经常要大小便，偶尔还会呕吐。

恐惧的一个功能是立即动员和决定行动（如逃跑）。如果你看上去很恐惧，那么你的面部表情将很快地告诉你的朋友可能存在危险，他们可能还没有意识到一个威胁即将到来。表情交流增加了他们的生存机会，因为当威胁发生时，他们能更快地做出反应。

惊讶会让你瞪大眼睛、扬起眉毛，这能扩大你的视野，让更多的光线射入，这个动作会让你捕捉到更多的信息，以便更好地观察、分析情况，并制订出最佳行动计划。

悲伤，在你失去某个东西的同时，也会告诉你什么对你来说才是真正重要的：你的名声，你的家庭，你的宠物，或者你的孩子。悲伤还会提醒你周围的人，你需要鼓励和关心，从而让他们主动地帮助你、关爱你。

厌恶时，上嘴唇向一边歪曲，鼻子轻微一皱，这预示着你正试图关闭鼻腔，防止讨厌的气味进入或者吐出有毒的食物。

愤怒的一个功能就是血液涌向手心，从而让你更容易拿起武器去攻击敌人。幸福感会增加脑部的活跃性，抑制消极的情绪情感，从而充满能量，对即将到来的任务和各种人生目标摩拳擦掌，充满激情。

内疚会提醒你所犯下的错误，从而有效地帮助你纠正错误。[1]

不管是消极的情绪情感，还是积极的情绪情感，都具有适应性意义，对人的生存和发展都有意义，这是很值得我们重视的。

面对情绪情感，不管是积极的，还是消极的，幼儿教师应该做的都不是压抑它们，更不是避免它们的发生，而是接纳并利用、调控不同的情绪情感，更好地提高工作效率和生活质量。

---

[1] 狄克. 高情商是练出来的：美国大学里的高情商训练课[M]. 程静，译. 北京：北京联合出版社，2017：23-25.

## 四、情绪情感影响个体的身体健康

情绪情感可以直接影响人的身体健康。人们常说的"笑一笑,十年少;愁一愁,白了头""喜伤心,怒伤肝,忧伤肺,思伤脾,恐伤肾"等,都反映了情绪情感对身体健康的影响。

现代医学研究发现,在人类疾病中由心理因素、身心失调引起的心因性疾病占50%~80%。

紧张、悲哀、抑郁等不良情绪会激活体内的有害物质,击溃机体的保护机制,破坏人体的免疫功能,因此使人生病。美国生理学家艾尔马曾经设计过一个实验,将人们在不同情绪情感状态下呼出的气体收集在玻璃试管中,然后冷却变成水,结果发现:当一个人心平气和时,他呼出的气体变成的水清澈透明、无色、无沉淀物;悲痛时呼出的气体变成的水里有白色的沉淀物;生气时呼出的气体变成的水里有紫色的沉淀物。接着他将人在生气时呼出的"生气水"注射到大白鼠身上,几分钟后大白鼠死亡。因此,他得出结论,人在生气时的生理反应非常剧烈,会分泌出许多具有毒性的物质。因此,动辄生气的人很难健康,母亲切勿在刚生完气时给孩子喂奶。

凤凰卫视香港台报道:日本学者对大量在职职员的调查发现,经常生气、发怒、攻击性很强的人以及非常压抑的人,其抗癌免疫细胞的免疫力下降。

当人们悲伤时,嘴唇及眼部周围的肌肉会紧绷,并且很容易感到沮丧和忧虑,从而降低做事的效率。另外,悲伤还会减慢人体的新陈代谢,导致人体的机能下降。愤怒常常伴随脸部充血、血压升高,人的身体处于紧张的状态,有时候身体还会发抖。

不同性格的个体具有不同的情绪特征,对个体的身体健康也会产生不同的影响。

**案例1-3  A型性格、B型性格和C型性格**

A型性格的主要情绪特征:脾气比较火暴,遇事容易急躁,不善克制,好

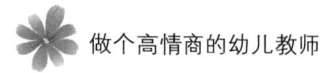

斗,爱显示自己的才华,对人常存戒心等。

B型性格的主要情绪特征:情绪心理倾向都较稳定、平衡,社会适应能力强,为人处事比较温和、乐观,生活有节奏,能正确地对待困难和挫折,对别人的一些误解想得开、放得下,能与他人、社会协调一致,能正视现实,不气馁、不妄求,安宁、松弛、容易相处,抱负较少、顺从、沉默、深思、声音低、节奏慢等。

A型性格的人由于一系列的紧张积累,极易导致心血管疾病,甚至可随时发生心肌梗死而猝死。有统计表明,85%的心血管疾病与A型性格有关。同样,有关研究也表明,A型性格与冠心病的发生密切相关。在心脏病患者中,A型性格患者达98%。尸体解剖检验证明,患有心脏冠状动脉硬化的A型性格的人,要比B型性格的人多5倍。

有关专家认为,其原因是:A型性格能激起特殊的神经内分泌机制,使血液中的血脂蛋白成分改变,血清胆固醇和甘油三酯平均浓度增加,从而导致冠状动脉硬化。

心理学研究认为,"经常想到有许多事情要做,却没有时间去做"这种左右为难的复杂心态,会使我们紧张、忧虑以致心力交瘁,高血压、心脏病、溃疡病便会随之发生。

C型性格的主要情绪特征:倾向于克制或压抑自己的情绪,为了使别人高兴不惜牺牲自己的愿望,对自己的需要、挫折和愤怒采取忍受的态度,而且做出避让,以免自己的朋友、家人或他人不愉快。这种强烈遏制内心情绪的人患癌症的危险性较高。因此,C型性格又被称为"癌症性格"。

C型性格者常常表现为压抑、愤怒不能发泄、抑郁、焦虑、克制等,患宫颈癌、胃癌、食道癌、结肠癌、肝癌、恶性黑色素瘤的概率比正常人高3倍左右。

那么,怎样辨别自己是不是C型性格呢?劳伦斯·莱森教授列出了一系列问题。

(1)你感到很强的愤怒时,是否能把它表达出来?

(2)你是否不管出了什么事都尽可能地把事情做好,连一句怨言都没有?

(3)你是否认为自己是个可爱的人?

(4)你是否在很多时候都觉得自己没有什么价值?是否常常感到孤独、被别人排斥？

(5) 你是否正在全力做你想做的事？你对你的社交关系感到满意吗？你对于常常能发挥自己的潜力相当乐观吗？

(6) 如果现在有人告诉你，你只能再活6个月，你是否会把正在做的事情继续下去？

(7) 如果有人告诉你，你的病已到了晚期，你是否有一种解脱感？

理想的答案是：(1) 是；(2) 否；(3) 是；(4) 否；(5) 是；(6) 是；(7) 否。

如果你对上述问题的回答中有两个以上与上述答案相反，就说明你是具有C型性格倾向的人。

性格是受后天环境影响，并在长期生活实践中塑造而形成的。它虽然是人的心理特征中相当稳定的一个组成部分，但在适应环境的过程中仍有改变的可能。

建议具有C型性格倾向的幼儿教师有意识地做一些调整，改变不利于身体健康的情绪心理与行为，采取一些对自己行之有效的方法来减轻内心的压抑，如：把自己心里的愤怒和烦恼向朋友或亲人倾诉，以保持心情舒畅；或者对不满意和令人气愤的事情适当地发脾气。

## 五、情绪情感心理测试

幼儿教师可以通过以下心理测试，初步了解自己的情绪情感状况，为有针对性的情绪情感调节提供依据。

### （一）标准情商测试

近年来，情商逐渐受到了各界的重视，某些世界500强企业还将情商测试作为员工招聘、培训、任命的重要参考标准。下面给大家分享一套流行于欧洲的情商测试题。虽然由于生活环境等各种因素的不同，测试的结果可能有所偏差，但是该测试仍值得我们参考。

本测试共33题，测试时间为25分钟。请针对下面的每一个问题，选择一个和自己最贴切的答案，要尽可能少选中性答案，切忌考虑过多，否则测试会不准确。下面就让我们开始吧。

1. 我有能力克服各种困难。

    A．是的

    B．不一定

    C．不是的

2. 如果我能到一个新的环境，我要把生活安排得……

    A．和从前相仿

    B．不一定

    C．和从前不一样

3. 在一生中，我觉得自己能达到自己预想的目标。

    A．是的

    B．不一定

    C．不是的

4. 不知为什么，有些人总是回避我或对我冷淡。

    A．不是的

    B．不一定

    C．是的

5. 在大街上，我常常避开我不愿意打招呼的人。

    A．从未如此

    B．偶尔如此

    C．有时如此

6. 当我集中精力工作时，假如有人在旁边高谈阔论……

    A．我仍能专心地工作

    B．介于A和C之间

    C．我不能专心地工作且感到愤怒

7. 我不论到什么地方，都能清楚地辨别方向。

A．是的

B．不一定

C．不是的

8．我热爱所学的专业和所从事的工作。

A．是的

B．不一定

C．不是的

9．气候的变化不会影响我的情绪。

A．是的

B．介于A和C之间

C．不是的

10．我从不因流言蜚语而生气。

A．是的

B．介于A和C之间

C．不是的

11．我善于控制自己的面部表情。

A．是的

B．不太确定

C．不是的

12．在就寝时，我常常……

A．极易入睡

B．介于A和C之间

C．不易入睡

13．有人侵扰我时，我……

A．不露声色

B．介于A和C之间

C．大声抗议，以泄己愤

14．在与人争辩或工作出现失误后，我常常感到震颤，精疲力竭，而不能继续安心地工作。

  A．不是的

  B．介于A和C之间

  C．是的

15．我常常被一些无谓的小事困扰。

  A．不是的

  B．介于A和C之间

  C．是的

16．我宁愿住在僻静的郊区，也不愿意住在嘈杂的市区。

  A．不是的

  B．不太确定

  C．是的

17．我被朋友或同事起过绰号、挖苦过。

  A．从来没有

  B．偶尔有过

  C．这是常有的事

18．有一种食物使我吃后呕吐。

  A．没有

  B．记不清

  C．有

19．除去看见的世界外，我的心中没有另外的世界。

  A．没有

  B．记不清

  C．有

20．我会想到若干年后有什么使自己感到极为不安的事。

  A．从来没有想过

  B．偶尔想到过

  C．经常想到

21．我常常觉得自己的家庭对自己不好，但是我又确切地知道他们的确对我好。

　　A．不是的

　　B．说不清楚

　　C．是的

22．每天我一回家就立刻把门关上。

　　A．不是的

　　B．不清楚

　　C．是的

23．我坐在小房间里，把门关上，但我仍觉得心里不安。

　　A．不是的

　　B．偶尔是

　　C．是的

24．当一件事需要我做决定时，我常觉得很难。

　　A．不是的

　　B．偶尔是

　　C．是的

25．我常常用抛硬币、翻纸、抽签之类的游戏来预测吉凶。

　　A．不是的

　　B．偶尔是

　　C．是的

26．为了工作我早出晚归，早晨起床时我常常感到疲惫不堪。

　　A．是的

　　B．不是的

27．在某种心境下，我会因为困惑而陷入空想，将工作搁置下来。

　　A．是的

　　B．不是的

28．我的神经脆弱，稍有刺激就会使我战栗。

A．是的

B．不是的

29．睡梦中，我常常被噩梦惊醒。

A．是的

B．不是的

30．工作中，我愿意挑战艰巨的任务。

A．从不

B．几乎不

C．一半时间

D．大多数时间

E．总是

31．我常发现别人好的意愿。

A．从不

B．几乎不

C．一半时间

D．大多数时间

E．总是

32．我能听取不同的意见，包括对自己的批评。

A．从不

B．几乎不

C．一半时间

D．大多数时间

E．总是

33．我时常勉励自己，对未来充满希望。

A．从不

B．几乎不

C．一半时间

D．大多数时间

E．总是

【参考答案及计分】

先算出各部分得分，最后将几部分得分相加，得到的分值即为最终得分。

第1—9题，答A得6分，答B得3分，答C得0分。

第10—16题，答A得5分，答B得2分，答C得0分。

第17—25题，答A得5分，答B得2分，答C得0分。

第26—29题，答A得0分，答B得5分。

第30—33题，选择A、B、C、D、E的分数分别为1分、2分、3分、4分、5分。

【结果和评价】

如果你的得分在90分以下，说明你的情商较低。你常常不能控制自己，极易被自己的情绪影响。很多时候，你容易被激怒、发火、发脾气，这是非常危险的信号——你的事业可能会毁于你的急躁。对此，最好的解决办法是能给不好的东西一个好的解释，保持头脑冷静，使自己心情开朗。

如果你的得分为90~129分，说明你的情商一般。对于一件事，你在不同时候的表现可能不一，这与你的意识有关。你比前者更具有情商意识，但这种意识不是常常都有，因此，需要你多加注意，时时提醒。

如果你的得分为130~149分，说明你的情商较高。你是一个快乐的人，不易恐惧和担忧。对于工作，你热情投入、敢于负责，你为人正直、有正义感、会同情和关怀他人，这是你的优点，应该努力保持。

如果你的得分为150分以上，那么你就是一位情商高手，你的情商不但是你事业的助手，更是你事业有成的一个重要前提条件。[1]

## （二）幼儿教师宽容度测试

宽容是指对他人的利益、信仰、行为习惯及不同于自己或传统的观点持一种仁慈和体谅的态度。宽容的反面是怀恨，它会造成人的内心冲突和思想压力。

---

[1] 阮晓波，程旭辉．与官员谈领导情商[M]．北京：国家行政学院出版社，2010：24-28．

下面简单的测验，可以帮助你确定自己是否属于一个容易记仇的人。请根据实际情况，选择经常、有时和很少这三个答案中的一个，并根据得分进行分析。

1. 你是否一想起很久以前感情上受到伤害就愤愤不平？
    A．经常　　B．有时　　C．很少
2. 你是否嘲笑或贬低与你意见不一致的人？
    A．经常　　B．有时　　C．很少
3. 你是否特别留意别人支持你还是反对你？
    A．经常　　B．有时　　C．很少
4. 你是否为一点头痛或无关紧要的疼痛而痛苦不安？
    A．经常　　B．有时　　C．很少
5. 晚上躺在床上，你是否回想白天与人争执的情景？
    A．经常　　B．有时　　C．很少
6. 别人是否指责你过分敏感？
    A．经常　　B．有时　　C．很少
7. 你是否认为，有必要对伤害你的人进行报复？
    A．经常　　B．有时　　C．很少
8. 你能原谅对你态度很坏的人吗？
    A．经常　　B．有时　　C．很少
9. 你是否感到你在家里或在工作上所付出的努力没有得到赏识？
    A．经常　　B．有时　　C．很少

【参考答案及计分】

选择A得3分，选择B得2分，选择C得1分。

【结果和评价】

9~15分，表明你是一个特别宽宏大量的人，很少因为感情上受到伤害而烦恼。由于你宽厚的性格，你很乐于与别人友好相处。

16~21分，表明你既不是一个特别宽宏大量的人，也不是一个容易记仇的人。当发现自己滋长了有害的情绪时,你通常可以在其发生之前就克服它,使你不至于沉湎于无法解脱的沮丧和怀恨之中。

22~27分,表明你是一个更加容易记仇的人,采取不公正的态度是你烦恼的根源。你要学会原谅别人,否则,你的身心健康将受到损害。

【参考建议】

要让自己成为宽宏大量的人,应该记住以下四点要求:

1. 想一想,你和你记恨的那个人在一起的愉快时刻,回忆一下他过去对你的帮助。

2. 别忘记了当你做错事时,别人给过你改正的机会。你也要尽量像别人那样宽以待人。

3. 认识到怀恨只能对自己有害,原谅他人和忘记怨恨,将会让你愉快起来。

4. 冷静地对待你记恨的人,他也许不是有意的。如果你以平静、积极的态度处理你们之间的矛盾,那么问题可能会得到解决。[1]

### (三)幼儿教师职业心理压力测试

1983年,科恩和卡马克等人公开发表了一份关于心理压力的主观感受测验,名为"对已感压力的笼统测定法"。该测验最初刊登在《健康和社会行为》杂志上。

请根据你近一个月来的实际情况,考虑以下问题,并且做出符合自身情况的选择:0 = 从不,1 = 几乎不,2 = 有时,3 = 经常,4 = 总是。

| 题号 | 题目 | 选项 | | | | |
| --- | --- | --- | --- | --- | --- | --- |
| | | 0 | 1 | 2 | 3 | 4 |
| 1 | 你会因为发生了某些没有预料到的事而感到心烦吗? | | | | | |

---

[1] 梁静. 身心自测面面观[M]. 济南:山东人民出版社,1986:4-6.

(续表)

| 题号 | 题目 | 选项 | | | | |
|---|---|---|---|---|---|---|
| | | 0 | 1 | 2 | 3 | 4 |
| 2 | 你感到不能控制你生活中的重要事情吗? | | | | | |
| 3 | 你感到紧张和有压力吗? | | | | | |
| 4 | 你能够成功地应付生活中有威胁性的争吵吗?* | | | | | |
| 5 | 你觉得你能够有效地应付生活中所发生的重要变化吗?* | | | | | |
| 6 | 你对驾驭个人问题有信心吗?* | | | | | |
| 7 | 你感到事情是按你的意愿发展的吗?* | | | | | |
| 8 | 你发现你不能应付必须去做的所有事情吗? | | | | | |
| 9 | 你能够控制生活中的一切烦恼吗?* | | | | | |
| 10 | 你觉得在所有方面你都是成功的吗?* | | | | | |
| 11 | 如果事情发生在你能控制的范围之外,你会因此而烦恼吗? | | | | | |
| 12 | 你发现自己总是在考虑那些你必须完成的事情吗? | | | | | |
| 13 | 你能够控制自己的消磨时间的方式吗?* | | | | | |
| 14 | 你感到积累了大量的困难无法克服吗? | | | | | |

【评分规则与说明】

当你对照自己的实际情况,回答以上问题时,如果选择"总是"就记4分,"经常"记3分,"有时"记2分,"几乎不"记1分,"从不"记0分。注意测验中带*的题目要按相反的方向记分。

这是一个较为简单的心理压力感受测验,在这项测验中,你的得分若超过30分,就说明你已经在承受着心理压力。累积得分越高,说明你所感受到的心理压力就越高。[1]

---

[1] 高岚. 幼儿心理教育与辅导[M]. 长春:东北师范大学出版社,2003:60-61.

## （四）情绪类型测试

下面的30道情绪自测题目有A、B、C三个选项，请你仔细阅读，弄清每道题的意思，然后以最快速度诚实作答，每题只选一项。

1. 看电影时出现一个伤感的镜头，你会哭或觉得想要哭吗？
   A．经常
   B．有时
   C．从不

2. 你在咖啡店里喝咖啡，忽然发现邻座的那位姑娘在哭泣，你会怎样？
   A．想过去说些安慰话，但羞于启齿
   B．立刻走上前去询问她是否需要帮助
   C．马上换个座位远离她，表示自己与她没有关系

3. 一个刚刚认识的人对你说了一些恭维的话，你会怎样？
   A．感到窘迫
   B．谨慎地观察对方
   C．非常喜欢听，并开始喜欢对方

4. 遇到朋友时，你经常怎么做？
   A．点头问好
   B．微笑、握手和问候
   C．拥抱他们

5. 收到的信件或纪念品，你会如何处理？
   A．刚刚收到就无情地扔掉
   B．保存多年
   C．定期进行清理

6. 在朋友家聚餐，不料朋友与其爱人激烈地吵起来了，你会怎样做？
   A．觉得不快，但无能为力
   B．立即离开

C．尽力劝和

7．如果让你选择，你更愿意：

A．同许多人一起工作并亲密接触

B．和少许人一起工作

C．独自工作

8．假如你和一个很羞怯或紧张的人说话，你会：

A．因此感到不安

B．觉得逗他说话很有趣

C．觉得他不能很好地回答自己的问题

9．欣赏完一场完美的演出，你会：

A．用力鼓掌

B．勉强地鼓掌

C．鼓掌，但觉得很不自然

10．假如一位朋友误解了你的行为，并且正在生你的气，你会怎样？

A．尽快联系，做出解释

B．等朋友自己明白过来

C．等待一个好机会再联系，但对被误解的事不做解释

11．你曾毫无理由地感到害怕？

A．经常

B．偶尔

C．从不

12．你喜欢的孩子是下列哪一种？

A．很小且有些可怜巴巴的

B．长大了些的

C．能同你谈话，并且形成了自己的个性的

13．当你为解闷而读书时，你喜欢：

A．读史书、秘闻、传记类图书

B．读历史小说、社会问题小说

C．读科幻小说、荒诞小说

14．当你远离家乡在外旅游时，你会：

　　A．为得到家人们的平安消息而感到高兴

　　B．陶醉于自然风光，乐不思归

　　C．希望去更多的地方，见识更多的美景

15．如果在车上有陌生人向你讲他的经历，你会怎样？

　　A．显示你颇有兴趣，但敷衍了事

　　B．真的很感兴趣，耐心地听他讲完他的故事

　　C．打断他，做自己的事

16．你是否会因内疚或痛苦而感到后悔？

　　A．是的，一直很久

　　B．有时会

　　C．从不后悔

17．你是否想过给报纸的专栏写稿？

　　A．绝对没想过

　　B．有时想过

　　C．想过

18．当被问及私人问题时，你会怎样？

　　A．感到不快和气愤，拒绝回答

　　B．平静地说你不愿意回答

　　C．虽然不快，但还是回答了

19．当你收到了一件不喜欢的礼物，你怎样处置？

　　A．立即扔掉

　　B．虽然不喜欢，但还是保存起来

　　C．藏起来，仅在赠者来访时才摆出来

20．当看到一次场面宏大的示威游行时，你会持什么态度？

　　A．冷淡

　　B．感动得流泪

C．感到窘迫

21．一只迷路的小猫闯进你家，你会：

A．收养并照顾它

B．把它扔出去

C．想给它找个主人，找不到就让它安乐死

22．你在什么情况下会给朋友送礼物？

A．仅仅在新年和生日

B．全凭兴趣

C．觉得有愧或有求于他们时

23．如果你因事不快，上班时你会：

A．继续保持自己的不快

B．工作起来就把烦恼丢在一边

C．尽量理智，但仍会因压不住火而发脾气

24．你对恐怖片的态度如何？

A．不能忍受

B．害怕

C．很喜欢

25．爱人抱怨你花在工作上的时间太多了，你会怎样？

A．解释说这是为了你们两个人的共同利益，然后仍像以前那样做

B．试图把时间更多地花在家庭上

C．对两方面的要求感到矛盾，并试图使两方面都让人满意

26．生活中的一个重要关系破裂了，比如离婚或者家人逝世，你会：

A．感到伤心，但尽可能正常生活

B．至少在短时间内感到心痛

C．始终无法摆脱忧伤的心情

27．你觉得以下哪种情况与你相符合？

A．很少关心他人的事

B．关心熟人的生活

C．爱听新闻，关心别人的生活细节

28．你觉得以下哪种情况与你最符合？

A．十分留心自己的感情

B．总是凭感情办事

C．感情没什么要紧，结局才最重要

29．看到路对面有一个熟人，你会：

A．装作没有看到，自顾走开

B．向对方招手，如对方没有反应就走开

C．走过去问好

30．当你收到母校寄来的一份刊物时，你会：

A．浏览一遍后扔掉

B．仔细阅读，并保存起来

C．不看就扔进垃圾桶

【计分标准】

|   | 1 | 2 | 3 | 4 | 5 | 6 | 7 | 8 | 9 | 10 |
|---|---|---|---|---|---|---|---|---|---|----|
| A | 3 | 2 | 2 | 1 | 1 | 2 | 3 | 2 | 3 | 3 |
| B | 2 | 3 | 1 | 2 | 3 | 1 | 2 | 3 | 1 | 1 |
| C | 1 | 1 | 3 | 3 | 2 | 3 | 1 | 1 | 2 | 2 |

|   | 11 | 12 | 13 | 14 | 15 | 16 | 17 | 18 | 19 | 20 |
|---|----|----|----|----|----|----|----|----|----|----|
| A | 3 | 3 | 1 | 1 | 2 | 3 | 1 | 3 | 1 | 1 |
| B | 2 | 1 | 2 | 3 | 3 | 2 | 2 | 1 | 3 | 3 |
| C | 1 | 2 | 3 | 2 | 1 | 1 | 3 | 2 | 2 | 2 |

|   | 21 | 22 | 23 | 24 | 25 | 26 | 27 | 28 | 29 | 30 |
|---|----|----|----|----|----|----|----|----|----|----|
| A | 3 | 1 | 3 | 1 | 1 | 2 | 1 | 2 | 1 | 2 |
| B | 1 | 3 | 1 | 3 | 3 | 3 | 2 | 3 | 2 | 3 |
| C | 2 | 2 | 2 | 2 | 2 | 1 | 3 | 1 | 3 | 1 |

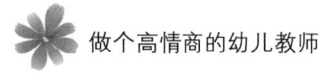

【测试结果分析】

理智型（30~50分）：理智的你很少会因某事而激动，表现出很强的克制力，甚至冷漠。对他人的情绪缺少反应，感情生活平淡而拘谨。因此，常会听到别人在背后说你"冷血动物"。你需要学会放松。

平衡型（51~70分）：你可以让情绪基本保持感性，但不会感情用事。你可以保持克制但不过于冷漠的状态。即使在很恶劣的情绪下握起拳头，你也能从冲动的情绪中摆脱出来，因此，你很少与人争吵。你的感情生活十分轻松、愉快。

冲动型（71~90分）：冲动型的人"跟着感觉走"，而且"跟着情绪走"。行为上常常出现不稳定性、多变性。一点点小事也会令你情绪激动，你常会由此陷入短暂的、风暴式的感情纠纷。这里提醒你，一定要克制自己。[1]

---

[1] 毕慕科. 2分钟情商游戏[M]. 北京：北京理工大学出版社，2009：55-58.

# 第二章

# 幼儿教师高情商中的情绪情感管理技能

在情商中管理自身的情绪情感,不是消灭情绪情感,而是掌控自己的情绪情感,不被情绪情感掌握,让情绪情感处于更好的状态,这样更有利于工作的开展,更有利于身心健康。

情商高的人,通过自我情绪情感的调控,使情绪情感能够适时适度地影响自己的行动。比如,当面对焦虑、沮丧、愤怒、烦恼等消极情绪情感的侵袭时,情绪情感管理能力强的人,可以及时控制这些消极的情绪情感,以免其带来更大的消极影响。而情绪情感管理能力弱的人,常常陷入这些痛苦情绪情感的旋涡而无法自拔,将这些消极情绪情感带入其他生活、工作领域,进而影响身心状态和健康。

## 一、幼儿教师营造良好情绪情感状态的策略与方法

良好的情绪情感状态对幼儿教师的工作效率、工作质量及生活质量都有促进作用,因此,幼儿教师应该努力为自己营造一种良好的情绪情感状态。

### (一)改变自己的非理性信念

美国著名心理学家埃利斯(Albert Ellis,1913—2007)根据多年的研究,提出了关于情绪障碍的理论(又称 ABC 理论),它是理性情绪咨询理论的基本理论。它强调情绪不是由某一诱发性事件本身引起的,而是由经历该事件的个体对此事件的解释和评价引起的(见图2-1)。

在 ABC 理论模型中,A(Activating Event)代表诱发性事件,B(Belief)

$$A \longrightarrow B \longrightarrow C$$

A：事件；B：个人的观念；C：情绪体验

**图 2-1　情绪产生模型**

代表对这一事件产生的想法和信念，C（Consequence）代表在特定情景下，个体对 B 做出的情绪反应及行为结果。

通常，人们会认为 A 是导致人的情绪及行为反应的直接原因，即 A 引起了 C，但理性情绪理论不这样看。ABC 理论指出，B 才是引起人的情绪及行为反应的更直接原因，而 A 只是引起情绪及行为反应的间接原因。

例如，中（3）班的吴老师和范老师一起走在路上，迎面碰到他们班李晓虹的妈妈，但李晓虹的妈妈没有与她们打招呼，就径直走过去了。对此，范老师是这样想的："她可能正在想事情，没注意到我们。就算是看到了而没理我们，也可能有什么特殊原因。"而吴老师可能想："她可能是故意这样做的，就是不想理我们。她怎么可以这样对我们呢？！她的孩子还在我们班呢！！"这样，她们的情绪及行为反应就会不同，范老师可能觉得无所谓，而继续快乐地走路聊天，而吴老师则可能觉得不舒服，内心无法平静下来，一路上除了抱怨孩子的家长，几乎没有说话的兴致。可见，人的情绪及行为反应与人对一类事物的看法（即信念）有关。范老师的想法在理性情绪咨询中被称为理性信念，而吴老师的想法被称为不理性信念。

埃利斯认为，直接影响一个人的情绪的是一个人的信念，而不是事件本身。当人坚持某些不合理的信念，长期处于不良的情绪状态中时，最终会导致情绪障碍的产生。我们终日埋怨别人，埋怨社会，总是把情绪产生的原因推向社会，好像自己不是情绪的主人，其实这是错误的。

埃利斯根据多年的研究，总结了十一种非理性信念。埃利斯认为，这十一种非理性信念影响着我们情绪的健康。这十一种非理性信念具体如下。

第一种非理性信念：在生活中，要求所有人都认可自己、喜欢自己，特别是那些重要人物更要认可自己、喜欢自己，总希望别人说自己的"好"。这是为别人而活着，过分在乎别人对自己的评价。一旦听到别人说自己的"不好"，情绪马上就跌入低谷。而现实是，难调众人之口，你的一言一行都有人品评。因此，别太在意他人的看法，别太在乎别人的评论，别总想讨好每一个人。心态放平，做好自己最重要。

第二种非理性信念：一个人必须能力十足，在各方面都有所成就，不能落后。这是不现实的，一个人能在某一方面突出就不错了，不要因为某方面不行而责备自己。

第三种非理性信念：总认为凡事都应该按自己的愿望发展，不易接受不是自己期待的世界。当事情不像自己所希望的那样发生时，那么它肯定是十分可怕的，肯定是一场灾难。这是不能接受现实，也是幼稚的表现。

第四种非理性信念：对害怕、危险之事过分担心，随时担心它们的发生，终日忧心忡忡。现实的做法是想办法克服，避免危机的发生，对于那些无法克服的事情就要想办法接受。

第五种非理性信念：自己的不快活，是外部事件引起的。因此，无法控制由此带来的不安、忧伤和绝望。时常说"你真令我伤心""你这样做太令人气愤了"。其实，情绪的产生都是由当事人的价值观念决定的，而不是别人的问题。

第六种非理性信念：觉得有的人可悲可气，卑鄙无耻，应想办法惩罚他们。总是记恨别人，不能原谅别人，心情无法轻松。

第七种非理性信念：逃避困难和挑战，推卸责任比正视它们更容易。事实上，人都是在困难中成长的。为此，我们应该接受它，承认它，这样就不会活得那么痛苦。

第八种非理性信念：自己是无能的，必须依赖别人，而且必须有一个比自己更加强大的人作为依靠。这与现代社会发展是不相符的，过于依赖别人，一旦别人照顾不了你时，你就容易产生忧虑愁闷。

第九种非理性信念：一个人是由他的历史决定的，过去的事情不会改变。这种人常"一失足成千古恨"，永远不能从过去中走出来，因而未能很好地把握今天。追溯性性格的人就是生活在过去，他们总是对过去生活中的某些不如意耿耿于怀，如对自己或某人以往的某一伤害或过失一直悔恨或记恨在心。这类人永远体会不到当下的幸福快乐，因为被"过去"折磨。

第十种非理性信念：一个人碰到任何一件事都应该有"完善"的解答，找不到这个正确答案就糟糕至极。这种人看到不完美的事情就极不舒服，不懂得世界上许多事情是由许多不确定构成的，不确定、不完美才是永恒的，而完美只是暂时的、偶然的。

第十一种非理性信念：一个人应该摆脱由他人的问题或困难所引起的烦恼、不安。这是不现实的，因为我们永远生活在人的社会当中。

人要学会快活，创造快活，不是世界不美丽，而是你没有发现。要想快活，就要学习，要学会原谅自己、原谅别人，学会在"不确定"中生活，学会弹性地思考，要能容忍"异己"，过分认真就会累。为了日子过得快活，幼儿教师应该学会放弃上述十一种非理性信念。

请大家铭记：我们的烦恼不是源于我们的遭遇，而是源于我们对世界的看法。困扰我们的不是事件本身，而是我们看待事情的态度和观念。只有我们自己的思维才能赋予事件"好"或者"坏"的意义。负性情绪并非源于所发生的事件，而是源于当事人对事件所持有的想法和态度。

### （二）多和具有正能量的同事在一起

有人说，和什么样的人在一起，就有什么样的人生。确实是这样，与热爱学习的人在一起，你不仅会增长知识，也会热爱学习；与心胸宽广的人在一起，你会放大格局；与有智慧的人在一起，你会增长智慧；与善良的人在一起，你会越来越慈悲；与积极乐观的人在一起，你会越来越乐观和快乐；与有远大梦想的人在一起，你会很有远见并对未来充满希望；与有强烈的目标感的人在一起，你会越来越珍惜时间；与有强烈的责任感和使命感的人在一起，你会越来越有责任感。

在幼儿园里，你和什么样的同事在一起，你就有什么样的幼儿教育职业生活。大家经常在一起工作、聊天，耳濡目染，你圈子里的朋友的模样，就是你日后的模样。在幼儿园里选择什么样的人做朋友，就是为自己选择什么样的职业生活，大家的工作心理状态、工作上进心、工作能力会逐渐趋同。

为了更加有利于自己的专业发展，为了更能体验到幼儿教师的职业幸福感，我们需要明确，在幼儿园里值得多交往的有四种人，应该少交往的有两种人。

**1. 多和"积极分子""先进分子"为伍**

幼儿园里的"积极分子""先进分子"乐观向上，积极追求进步，工作上精益求精。他们从不抱怨，相信办法总比问题多，把问题当作机会：幼儿园里的问题，他们将之当作改善的机会；家长的问题，他们将之当作为家长提供服务的机会；自己的问题，他们将之当作专业成长的机会；同事的问题，他们将之当作为同事提供支持、建立合作的机会；领导的问题，他们将之当作获得园领导信任的机会；竞争对手的问题，他们将之当作自己变强的机会。

多和幼儿园里的"积极分子""先进分子"为伍，我们不仅可以从他们那里得到专业能力方面的提高，更重要的是我们可以经常被他们健康的、积极向上的、不断追求事业成就的应世态度感染，这有利于我们形成积极健康的职业心理倾向和状态。相反，如果经常与工作中的"消极分子""落后分子"为伍，久而久之，我们也会被他们消极悲观的应世心态感染，进而走进工作和生活的倦怠状态，甚至出现悲观厌世的倾向。

"积极分子""先进分子"总是积极向上，并且能带动朋友积极向上；反之，"消极分子""落后分子"会带着朋友走下坡路。

幼儿园里的"积极分子""先进分子"对生活充满热情，对工作充满激情。他们有着坚强的意志和坚定的决心，在困境中，他们不放弃希望并积极进取。经常和这样的同事在一起，我们将受益无穷。

**2. 多和性格开朗、乐观的同事接触**

这样你会常受到"乐的情绪"的感染，你所看到的也多是阳光；相反，当你心情不佳时，找些"同病相怜"的人互吐苦水，你将很难看到生活中的阳光，而一直生活在自己编织的"灰暗世界"里不能自拔。

**3. 多和厚道的同事在一起**

在幼儿园里，那些厚道的教师，为人真诚，表里如一，不欺人，不算计他人，付出从不求回报，为人、做事从不张扬。和这样的教师在一起，你会有一种安全感，因为他们不会算计你，和他们相处时你不用担心被中伤，你不会感到劳累，而且心里踏实。

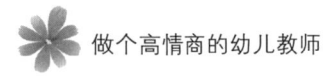

多和厚道的教师在一起,你也会和他们一样厚道,世界将变得更加美好。

**4. 多和能控制情绪情感的同事相处**

逆境时不畏惧,顺境时不放纵,喜怒哀乐有法度,不喜怒无常,不随意发泄自己的不良情绪情感,能适度控制自己情绪情感的同事,可以深交。

真正优秀的幼儿教师,以做事为主,将伤害大局的情绪情感摆在一边,集中处理问题,如此才能做大事,成就更大的专业发展。

内心强大、自制力强的同事,是我们的榜样。经常和他们在一起,我们也会变得更加自制,进而有更多的精力做应该做的事。

**5. 少和言行不一的同事交往**

言行不统一,说一套做一套,嘴上说得天花乱坠,行动起来却完全不是一个样子的同事,要少与之交往。和一个对自己说的话不负责任的同事在一起,你不知道他的真实想法是什么,你也无法预知他下一步会做什么,和他在一起时你可能完全没有安全感。

**6. 少和斤斤计较的同事相处**

有些同事眼里只有"利",他们做人做事,处处斤斤计较。对于这样的同事,还是少与之交往为好。他们的格局太小,只能看到眼前的鸡毛蒜皮,却看不到更长远的发展。他们爱贪便宜,锱铢必较,吃不得一点小亏,总是在小事上斤斤计较。在他们的眼里,利益远远高于感情,一旦产生利益冲突,他们立马翻脸不认人。经常和这些人在一起,我们也会失去格局,成为过度自私自利的人,成为见利忘义、不懂感恩的人。

## (三)以积极心态面对工作

为了培养良好的心理情绪状态,我们一定要以积极的心态面对幼儿园的各项工作。

**1. 努力爱上幼儿教育工作**

爱一行干一行是幸运,干一行爱一行是明智。从事一项工作,不如喜欢这项工作;喜欢一项工作,不如享受这项工作。我们何必不快乐地做幼儿教师呢?

如果你喜欢幼儿教师这份工作,那就应全力以赴地多做贡献;如果这份工作不合自己的心意，则应设法做出调整，努力胜任幼儿教师的工作，然后喜欢上这份工作，这对社会和个人都有好处。

如果你视幼儿教育工作为一种乐趣，那么幼儿园就是天堂；如果你视幼儿教育工作为一种累赘，那么幼儿园工作就是一种苦役。

幼儿教师快乐的秘诀不是做自己喜欢的事，而是"喜欢自己做的这份工作"——喜欢孩子，喜欢家长，喜欢各项教育活动——积极地设计，积极地投入，积极地看待工作中的每一个问题。

### 案例2-1　鱼市场的快乐

有一次到美国观光，导游说西雅图有个很特殊的鱼市场，在那里买鱼是一种享受。同行的朋友听了，都觉得好奇。

那天，天气不是很好，但市场并非鱼腥味刺鼻，迎面而来的是鱼贩们欢快的笑声。他们面带笑容，像合作无间的棒球队员，让冰冻的鱼像棒球一样，在空中飞来飞去。大家互相唱和："啊，5条鳕鱼飞明尼苏达去了。""8只螃蟹飞到堪萨斯。"这是多么和谐的生活，充满乐趣和欢笑。

我问当地的鱼贩："你们在这种环境下工作，为什么会保持愉快的心情呢？"

他说，事实上，几年前这个鱼市本来也是一个没有生气的地方，大家整天抱怨。后来，大家以为与其每天抱怨沉重的工作，不如改变工作的品质。于是，他们不再抱怨生活本身，而是把卖鱼当成一种艺术。再后来，一个创意接着一个创意，一串笑声接着一串笑声，他们成为鱼市场中的奇迹。

他说，大伙练久了，人人身手不凡，可以和马戏团演员相媲美。这种工作气氛还影响了附近的上班族，他们常到这儿来和鱼贩用餐，感染他们乐于工作的好心情。有不少没有办法提升工作士气的主管还专程跑到这里来询问："为什么一整天在这个充满鱼腥味的地方做苦工，你们竟然还这么快乐？"他们已经习惯了给这些不顺心的人排疑解难："实际上，并不是生活亏待了我们，而是我们期求太高，以至于忽略了生活本身。"

有时候，鱼贩们还会邀请顾客参加接鱼游戏。即使怕鱼腥味的人，也很乐意在热情的掌声中一试再试，意犹未尽。每个愁眉不展的人进了这个鱼市场，

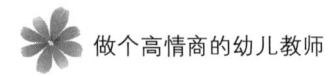

都会笑逐颜开地离开，手中还会提满情不自禁地买下的货，心里似乎也会悟出一点道理。

我们应该向这些鱼贩们学习，学习他们的乐观主义心态，学习他们从困苦、单调的工作中找到乐趣。我们的幼儿园里有那么可爱的孩子，他们有思想，有感情，他们单纯，富有童真。我们没有理由不喜欢他们，我们没有理由不喜欢我们的工作，我们没有理由在幼儿园工作中找不到快乐！

**2．比别人早到幼儿园10分钟**

努力争取每天都比别人早到幼儿园，然后开始一天的工作。你的工作做得比别人多，你并没有任何损失，可是，这却能够为你赢得好人缘，也能够为你赢得好心情。

如果每天你都是压着时间点到达幼儿园——比幼儿园规定的时间早到2秒，那么你每天就会有一种压迫感，赶路的你无心无力看风景，遇到红绿灯、堵车，你会情绪爆发，进而影响一天的工作心情。

**3．积极应对种种问题**

面对幼儿园工作中的种种问题，不要抱怨，要将其视为自己成长的机会。面对园所的问题，请不要抱怨，要努力解决问题，凸显自己的才华；面对家长的问题，请不要抱怨，要用自己的专业知识和技能解决问题，加速自己的专业成长；面对难教的幼儿，请不要抱怨，要将之当作自身专业成长的催化剂。

因此，我们要感恩在幼儿教育工作中碰到的种种问题，感恩它们让我们的专业能力有用武之地，感恩它们加速我们的专业成长。

**4．以积极的态度与幼儿互动**

为了能够更好地体验师幼互动中的快乐，教师应该注意以下四种策略。

（1）以欣赏的眼光看幼儿。有位哲人讲过：如果你把别人看作魔鬼，那么你自己会生活在地狱中；如果你把别人看作天使，那么你自己也会生活在天堂中。由此可见，你到底是生活在天堂中，还是生活在地狱中，完全决定于你自己的一念之间。

因此，幼儿教师应该学会用欣赏的眼光来看幼儿，把幼儿看作天使，这样，你便能生活在天堂中,体验到职业的快乐和幸福——因为你把幼儿当作天使,天天与天使在一起能不快乐,不幸福吗?

每个幼儿总有其可爱之处。我们之所以觉得有些幼儿不可爱,那是因为我们缺乏发现的眼光。最重要的是你要有一个积极、开放、善于发现的心态。如果你是死灰般的心态,你当然不会发现幼儿的可爱之处。

我们有理由相信,好孩子是夸出来的,而不是批评出来的。因此,教师要形成一种习惯——不断地发现每个幼儿的优点和进步,并且不断地强化每个幼儿对自身优点和进步的认知。哪怕是那些能力稍欠缺或者品行方面存在"问题"的幼儿,教师也要学会用欣赏的眼光看待他们身上每一个微小的、值得赞赏的地方。某幼儿园要求幼儿教师列出自己最不喜欢的5名幼儿,并且强制要求相关教师努力找出所列幼儿的10个优点,如此,教师们普遍反映这些平时自己最不喜欢的幼儿其实是很可爱的。

有一位教师说:"我见到我班的小朋友,不管他有什么缺陷,我都会发现他漂亮的地方。我会说'宝贝,你今天的头型真漂亮''头发竖起来真酷'。我每天走进班里,孩子们都会围上来说'张老师,你今天怎么这么漂亮'。我会觉得很高兴,一天的心情都特别好。我总是努力发现他们的可爱之处,并发自内心地夸他们,他们也会真诚地夸我,这种相互欣赏的氛围真让人感到愉快和美好。"当然,孩子们感到快乐,教师也会很快乐。

(2)以积极的角度看待幼儿制造的麻烦。如果从消极的角度看待幼儿制造的"麻烦",那么教师会产生不少烦恼,但是如果能从积极的角度看待幼儿制造的"麻烦",那么教师的心情会发生根本性变化。面对幼儿的"麻烦事",我们不仅不应烦恼、郁闷、生气,相反应内心充满感激,如:"幼儿的愚拙,培养了我的忍耐。""幼儿的顽劣,锻炼了我的教育智慧。""幼儿的屡屡犯错,教会了我从另一个角度反思自己的教育,同时锻炼了我的意志和耐心。""幼儿的粗心,培养了我的严谨。""幼儿的懒惰,使我学会以身作则。""幼儿的冷暖,让我懂得关心。"如此一想,幼儿制造的麻烦就成了我们专业成长的阶梯。我们不仅不应该"恨"幼儿制造的麻烦,还应该感谢幼儿所制造的麻烦,因为它们促进了我们的专业成长。

（3）每天回忆并记录师幼互动中最让你感到快乐的两件事情。这样做有利于你发现师幼互动中的快乐。随着时间的推移，快乐事件不断积累，你会发现师幼互动中有无数的快乐，师幼互动是一件令人向往的活动。另外，如果你能经常念读你记录下来的师幼互动中的快乐，并将你所发现的快乐告诉你的同事、朋友、亲人，那么你的快乐将会倍增。

（4）以积极的心态应对幼儿的错误。由于幼儿的能力、经验和意志力有限，他们可能会犯各种各样的错误（甚至是成人认为非常低级的错误），他们还会经常地、重复地犯错误。面对幼儿如此多的错误，幼儿教师要有良好的心态，并积极地应对幼儿的错误：犯错误是幼儿获得进步所必需的阶梯；幼儿犯错误说明他在尝试做新事情；幼儿敢犯错误，说明他的内心比较轻松，相反，幼儿不敢犯错误，说明他的心理处于不安状态；幼儿敢在教师面前犯错误，说明他与教师的关系比较轻松和谐；教师要以宽容仁慈的心态对待幼儿的错误。

有了上述认识，当看到幼儿犯错误时，我们的心态就会比较平和，就不会为幼儿的错误生气，甚至会创造条件让幼儿犯他在这个年龄段应该犯的错误，进而促进幼儿更快、更好地发展。

由于受"严是爱，宽是害"以及"严师出高徒"的传统教育观念影响，很多幼儿教师对幼儿的要求十分严厉，甚至苛刻。他们对幼儿所犯的错误（特别是重复犯的、"幼稚的"错误）往往觉得不可理喻，不能原谅。他们时常对幼儿有一种"恨铁不成钢"的怨气，他们会被幼儿所犯的错误激怒，甚至因为幼儿重复地犯一些"低级错误"而怀恨在心，满脑子都是对幼儿的不满情绪。如此多的"恨"和"怨"，使他们一见到幼儿就生气，仿佛总有诉不完的苦，无法体验到幼儿教育工作的快乐和幸福。

幼儿教师不能原谅幼儿所犯的任何一项错误，这等于拿幼儿所犯的错误来惩罚自己，不仅不利于幼儿的健康发展，也不利于教师体验到职业的快乐和幸福。教师不能原谅幼儿所犯的错误，那么幼儿园对于幼儿和教师而言都是地狱，而不是乐园。

教师因幼儿平时表现不好而记恨幼儿，那么这样的教师在幼儿园里工作也不会快乐，因为他有"恨"在心中，他每天都要面对这些"可恨"的幼儿，他是绝对快乐不起来的。

因此，幼儿教师要有一颗宽容仁慈之心，要心平气和地接受幼儿所犯的种种错误——这不仅是为了幼儿的幸福快乐，也是为了幼儿教师自己的幸福快乐。

**5．认真开会、听讲座**

在幼儿园里开会，或到外面参加学术会议、听讲座，都要努力坐在最前排。在会议的自由发言时间，要努力争取大声地第一个发言。

参加会议坐在最前排，可以听得更加清楚，看得更加清楚，可以提醒自己不要开小差（因为领导、专家看得见你），还可以感受到领导、专家、教授口头语言之外的表情语言的含义。

在会议的自由发言时间，努力争取大声地第一个发言，有利于自己在开会、听课的过程中保持专注（因为不专注，你就无法有针对性地发言），还可以培养自己的学术思维和表达能力……

如果是参加学术会议、听讲座，那么在出发前要了解与会的专家有哪些，他们的研究方向是什么，他们有哪些论文和专著。如果有可能，可以看一看他们的论文和专著，这样有助于自己更好地理解他们的讲座，也有利于在发言时更好地提问和沟通交流。由于你有备而来，在提问环节就不会说出一些"童言无忌"的话，否则会让别人觉得你很不专业，很幼稚。除了做好充足的准备，在会议期间还应多与其他与会者交流会议内容或其他专业内容，以扩大自己的专业收获。

参加会议或听讲座，请不要争抢最后一排的座位。因为坐在最后一排，你很容易开小差，同时这会给你消极的心理暗示，进而导致你做出许多与会议无关的事情。

## （四）丰富自己的生活

凡是有利于心情舒畅的活动都应积极参加（只要有时间，有精力）。活动内容、活动形式要多样化，这样你接触的人、经历的事情多了，心情自然就会更加舒畅，内心更加丰富。

当然，不得做违法、缺德的事情，也不得将自己的快乐建立在别人的痛苦

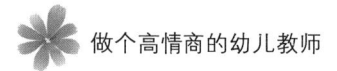

之上,要照顾到别人的感受和反应,也就是心中有他人——不影响别人的正常生活和工作——当然也不要损坏自己的身体。

**1. 至少爱好一项体育运动**

幼儿教师至少要有一项一周能坚持3天以上,每天1小时左右的体育运动项目。不要认为体育活动是浪费时间,其实任何一项体育活动都有利于缓解内心的压力,都会给锻炼者带来轻松之感。

**2. 生活中、工作中要喜欢玩新花样**

过于按部就班地生活、工作,人们会有一种厌倦感。幼儿教师应该想办法在工作和生活中玩些新花样,如此,人的心态会发生积极的变化,心情也会大好。如,习惯开车上班的教师,不妨改为骑自行车上班,顺便看看路上的风景,体验一年四季的变化。又如,平时习惯走最便捷的A路线去上班,今天改成B路线,再过几天改成C、D等路线,或许你会看到许多以前未见过的人生风景。

吃可以改变,玩可以改变,旅游也可以改变……

改变会让我们的生活充实而精彩,丰富而令人心情舒畅。

**3. 做些让周围的人感动的事**

人一生只做两件最重要的事:第一,是让自己好好活着;第二,是让更多的人好好活着。不带私心地为他人排忧解难,在帮助别人的过程中,我们会发现自身存在的价值:"我能做一些事,我不是一钱不值。"这一点对保持心理健康很重要。乐于助人有利于我们与人建立良好的人际关系。当你特别优秀时,乐于助人、勤于助人还可以减少别人对你的嫉恨,为你的工作提供一种宽松、和谐的心理环境。从这个角度来说,帮助别人也是帮助自己。

试着用心关怀同事、亲人、朋友,力所能及地帮他们做一些事,在体会助人之乐和自我价值感的同时,空虚和无聊的感觉会慢慢远离你。

**4. 工作、学习、娱乐之间取得平衡**

不过度工作,不过度学习,不过度休闲娱乐,要在三者之间取得平衡。不要只顾工作和学习,而没有自己的休闲娱乐,或者只有休闲娱乐,而没有工作和学习,否则,身心很容易失去平衡,人的情绪和精神面貌将会受到影响。

## （五）说积极的话

积极的话会给人以积极的暗示，让人从阴郁中走出来。

### 1. 经常说积极的话

幼儿教师不要总是对自己说一些消极的话，比如"没希望了""看来我要完了""我真是太幼稚了"等。总是埋怨自己，贬低自己，会使你的情绪永远低落，永远看不到希望。要多对自己说些鼓舞人心的话，比如：不要说"我真累坏了"，而要说"忙了一天，现在心情真轻松"；不要说"他们怎么不想想办法？"，而要说"我知道我将怎么办"。要经常说"我能行""我来试试看""我努力试试看""我一定能成功"……在这种积极的心理暗示下，我们会变得更加积极，更加自信。

幼儿教师在面对各种情境时，要多说些积极的话，进而激励自己不断向前。

平时，幼儿教师还应该多唱些鼓舞人心的歌曲，多诵读些具有激励作用的文章、诗歌，这些内容对积极心态的形成有潜移默化的作用。下面给大家提供袁培华写的《眼光》，如果你能时常诵读，相信定能让内心充满正能量，对未来充满希望。

**眼　光**

袁培华

不管天有多黑

星星还在夜里闪亮

不管夜有多长

黎明早已在那头盼望

不管山有多高

信心的歌把它踏在脚下

不管路有多远

心中有爱仍然可以走到云端

……

**2．经常说知心姐姐卢勤的"快乐人生三句话"**

(1)"太好了！"——乐观积极的心态。

(2)"我能行！"——面对一切充满自信。

(3)"你有困难吗？我来帮助你。"——助人助己。

如果你能根据不同的情境，在半年内反复说上述三句话，相信你的心理状态一定会有好转，你会变得更加积极，更加主动，你的人缘也会更好。

**3．失落时，应记住的三句话**

第一句话："算了吧。"生活中有许多事，可能你通过再多的努力都无法达到，因为一个人的能力必定是有限的，要受各种条件的限制。只要自己努力过、争取过，其实结果已经不重要了。

第二句话："不要紧。"不管发生什么事，都要对自己说"不要紧"。积极乐观的态度是解决和战胜任何困难的第一步。上天对每个人都是公平的，它在关上一扇门的同时，必定会打开一扇窗。

第三句话："会过去的。"不管雨下得多大，连续下几天，总有晴天的时候。所以无论遇到什么困难，都要以积极的心态面对，坚信总有雨过天晴的时候。

在失落时，记住这三句话，相信你的心情会好起来。心情好了，幸福的体验就会在心中油然而生。

## （六）要全身心地爱你所爱的人

当年在8个异性朋友中，你经过反复对比，最后选择了A。一起生活一年后，你发现A有许多毛病。因此，你很后悔当年没有选择其他人，感觉他们都没有A的这些毛病。

我的个人观点是，每一个人都有自己的优点和缺点，A是这样，其他人也定是如此。

所以我认为，在没有原则性问题的前提下"嫁鸡随鸡，嫁狗随狗"——努力发现对方的好，努力包容对方的不足，这样才能感受到婚姻的幸福。幸福婚姻的秘诀不在于夫妻各自如何优秀或者如何变成对方心目中的那种优秀，而在于能不能相互接纳和包容。

工作很重要，金钱很重要，事业很重要，朋友很重要，但这都不能成为我们经常不回家的理由——如果你认为那是理由，最好别结婚。

结婚后要尽量多地与爱人、家人在一起共度光阴，这样你才会有幸福感，你的家人也才会有幸福感。当然，如果你的爱人是军人，是国家绝密工种人员则除外。

### （七）接受现实，生活在当下

接受现实，是指完完全全接受已经发生的事情，不与不能改变的现实对抗，不因为它而生气、指责、沮丧和悔恨。在现实中，有些幼儿教师总是怨气冲天，世间万物都成为他们埋怨的对象。这是一种不会接受现实的表现，也是心理不健康的表现。比如，我们经常听到有人说"这太不公平了""这太过分了""事情不应该是这样""这样做不对"等，这是不能接受现实的一种表现，它不仅于事无补，还会让人产生更多的、更强烈的负面情绪，让痛苦变本加厉地折磨我们。

在现实中还有这样一种人，他们不善于接受自己，对自己总有一种强烈的不满情绪。他们常怨自己的鼻子不够高，眼睛不够大，腿过粗过短……他们总是把自己看得一无是处。还有的人由于觉得自己是只"丑小鸭"而不敢照镜子，或者一照镜子就为自己那不堪入目的"风景"而生气，甚至为此离群索居。不敢接受自己，也是心理病态的一种表现。

我们应该敢于、乐于接受自己，包括接受自己的缺点。只有这样，我们才能心平气和地对待自我，对待现实。下面提供一则短文，相信对我们善于、乐于接受现实是有帮助的。

你改变不了环境，但你可以改变自己；

你改变不了事实，但你可以改变态度；

你改变不了过去，但你可以改变现在；

你不能控制他人，但你可以掌握自己；

你不能预知明天，但你可以把握今天；

你不可能样样顺利，但你可以事事尽心；

你不能延伸生命的长度，但你可以决定生命的宽度。

要想过得幸福，过得心情舒畅，就应该树立"改变不了现实，就改变自己"的应世态度。

### 案例2-2 你是哪一类人？

有A、B、C三种类型的人，他们周末同时遇到一件事：早上正在熟睡时，一个不自觉的邻居为做家具而锯木头，噪声非常大。

A型人会火冒三丈，冲出去"主持公道"，大喊大叫，与人争吵，但无济于事。

B型人在家里嘟嘟囔囔，心怀不满，很焦虑，但是不敢说或不愿意说，比较压抑。

C型人这时也会不高兴，也会下去与锯木头的人理论，但当与锯木头的人无法沟通时，C型人会穿起球鞋去跑步，或拎起菜兜子去买菜。

A型人是压力的寻求者。A型人总是采取这样的思维方式："是你让我火冒三丈！"A型人会把原因完全推到外部，而实际上这个使你火冒三丈的人是你自己！是你让别人操纵了你的情绪，所以你生气了，心血管收缩，血压升高，甚至掉眼泪。事件本身并不会对你造成伤害，但你的反应与思维模式却会伤害你。

B型人是压力的承受者。B型人要承受心怀不满又不愿意说出来的压力，他们非常压抑。时间久了，这可能会导致癌症、抑郁症。

C型人是压力的处理者。C型人以平和的心态对待事件，有一个健康的人格，因此感受到的压力最小，体内的压力激素与快乐激素较为平衡。前两种人可能因情绪不好而引起健康问题，而C型人会转换不良情绪，化解压力，保持一个健康的心理状态。

我由衷地希望大家都能成为C型人。面对"不满"积极沟通，积极解决，解决不了就主动改变自己，这样我们可以减少许多A型人的"生气""愤怒"，同时可以避免B型人的压抑及过度压抑可能导致的身体疾病。

面对现实中的各种困扰,我给大家如下五点建议:

(1) 把困扰自己情绪的事情一一列出来。

(2) 对困扰自己情绪的事情进行系统分析,然后将其分成两部分。

  A. 可以有所作为的。比如:与家长有误会,主动沟通与交流,误会就会解开;身体有问题,主动求医等。

  B. 不可改变的。

(3) 对 A 项中的问题进行逐一解决。

(4) 把 A 项中的问题完全解决后,再把目光转向 B 项,认真思考 B 项中存在的问题可否转移到 A 项中进行解决。如果可以,就着手解决。

(5) 彻底放弃 B 项中无法解决的问题。

在现实中还有一些人,他们总是生活在"过去"和"未来",而没有生活在当下。

现实中的这种人属于追溯性性格,他们往往生活在过去,总是对过去生活中的某件不如意之事耿耿于怀,如对自己或某人以往的某一伤害或过失一直悔恨或记恨在心,这种人永远体会不到当下的幸福和快乐,因为他们长期被"过去"折磨。

我有一个学生时常跟我诉说她的公公婆婆处事不公平。特别是有一件事让她刻骨铭心:那是21年前她与丈夫结婚时,公公婆婆没有按当地的传统习俗给他们买床,却给丈夫的哥嫂们买了。她为此恨了公公婆婆21年,每谈到此事,她都表现出异常的激动,甚至愤愤不平。这说明她是一个典型的追溯性性格的人。这种人能因小小的事情而不快乐、不幸福几十年。我反复地告诉她,只有忘记"过去",才能享受现在。可是,她却坚持"不快乐""不幸福",我也无可奈何。

与追溯性性格的人相反的是预期性性格的人,他们总是惦念着明天的事,为明天所扰,甚至还为明天的明天所扰,从而失去了对此时此刻所发生的一切事物的深刻感受,失去了眼前的工作和生活的快乐。

理性的生活者应该活在当下,活在此时此地,尽情地享受眼前所拥有的一切,努力发现"当下""此时此地"的美好,进而乐观、积极、愉快地享受生活。

非理性的幼儿教师向远方寻找快乐,理性的幼儿教师则在自己的身边培养

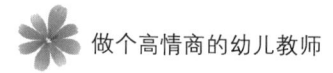

快乐。幼儿园工作中的每一个细节都蕴藏着快乐,只在于你是否感受到了而已。快乐的幼儿教师,在每一件事、每一个人身上,都能发现令自己欢悦的因素,并能让快乐扩散,鼓舞和影响周围的人。

### 案例2-3 生活需要改变

我看过一篇意大利小说,作者是莫拉维亚。在小说里,他写了一个人,那个人拥有和睦的家庭。但就是天天这样重复,他感到很厌烦,很单调。这位先生觉得生活应该有些变化。然后,有一天他在外面看到一名女子,从背影看他觉得她特别漂亮,完全被迷住了。他就跟踪她,走了很远,最后到了一栋房子前,那名女子进去了,他一看原来是自己的家,而那名女子就是他的妻子。

这位作家的小说,说明了什么问题呢?这篇小说说明:你倾向于认为,你得到的东西,你所拥有的东西,一般来说不是最好的东西,好像最好的东西永远是你还没有得到的。

西方有一句谚语是"生活在别处"。意思就是:我所在的这个地方总是不太好,真正的好生活总是在别的地方。而生活在别的地方,也很容易有这样的感觉:我所在的地方永远不是我所期待的真正的生活。中国也有一句话是"身在福中不知福"。

### 案例2-4 如果人生可以从头再来

一位得知自己将不久于人世的老先生,在日记簿上记下了这些文字:

"如果我可以从头活一次,我要尝试更多的错误,我不会再事事追求完美。

"我情愿多休息,随遇而安,处世糊涂一点,不对将要发生的事处心积虑地算计着。其实人世间有什么事情需要斤斤计较呢?

"可以的话,我会多旅行,跋山涉水,更危险的地方也不怕去一去。以前我不敢吃冰激凌,不敢吃豆,是怕健康有问题,此刻我是多么后悔。过去的日子,我实在活得太小心,每分每秒都不容有失,太过清醒明白,太过清醒合理。

"如果一切可以重新开始,我会什么也不准备就上街,甚至连纸巾也不带一块,我会放纵得享受每一分、每一秒。如果可以重来,我会赤足走在户外,甚至整夜不眠,用这个身体好好地感受世界的美丽与和谐。还有,我会去游乐园多玩几圈木马,多看几次日出,和公园里的小朋友玩耍。

"只要人生可以从头开始,但我知道,不可能了。"

人生真的不可以再来一次,以有限生命去追求无限,请珍惜现在活着的感觉!

接受现实,并不意味着我们悲观厌世,放弃一切向上的努力,而是我们要看清现实,并做出相应的理智举动,而不是与之较劲。不能改变现实,就要接受它,甚至享受它。

### 案例2-5 孔子最喜欢的弟子

从小就听说,孔夫子有三千弟子,其中七十二贤人。如今才知道,孔子也有最喜欢的弟子——颜回。

孔子曾经夸奖这个弟子说:"贤哉,回也!一箪食,一瓢饮,在陋巷。人不堪其忧,回也不改其乐。贤哉,回也!"这就是说,颜回家里很穷,缺衣少食,住在破烂的小巷子里,这么艰苦的生活别人难以忍受,而颜回却能够自得其乐!

颜回真正令人敬佩的,并不是他能够忍受这么艰苦的生活境遇,而是他的生活态度——在所有人都以这种生活为苦、哀叹和抱怨的时候,颜回却不改变乐观的心态。只有真正的贤者,才能不为物质生活所累,始终保持着心境的恬淡和安宁……

而其他人呢?穷日子不愿意过,富日子也不见得能过得开心。心灵的平衡决不是靠物质的丰富就能实现。总会有比自己更富有的人,总会有比自己更奢侈的人,怎么能够开心地忍受呢?试问,多大多美的房子才是极限,多么名贵的吃穿才是尽头?

这就涉及孔子欣赏颜回的理由,也是我们这些凡夫俗子应该向颜回学习的理由。

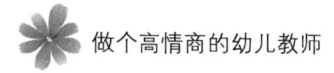

### （八）学会忙里偷闲，学会娱乐，学会享受生活

幼儿教育工作单调、繁重、有形和无形的限制多，幼儿教师的身心容易失衡、负重。参加休闲活动，对幼儿教师有以下好处：增进身心健康，提高个人价值；宣泄紧张情绪；找到工作以外的乐趣，使精神上有所寄托，缓解工作带来的紧张和压力；扩展社会接触面，培养对社会的多元视角；促进家庭生活的和谐幸福。因此，我建议教师们给自己忙碌的生活按一下"暂停键"。

或约上三五知己，或带上一家三口，背上行囊，于山地、森林、湖畔、溪涧，感受大自然蕴含的宁静、单纯、闲适。

或脱下那身严谨的职业装，穿上宽松的休闲服，去散步，去跑步，去打球，去游泳……

或离开你工作的城市，回老家看看年迈的父母，看看孩提时的小伙伴……

这时，我们常常会有意外发现——原来给生活按下暂停键是如此惬意。

想过一种安静单纯的生活，我们的心要宁静，要单纯，而要做到这两点，幼儿教师不仅要学会工作，还要学会生活，学会放松自己。只有这样，幼儿教师才能以健康的身心和充沛的精力投入工作，并在工作中获得幸福和快乐。

### （九）节制欲望

心理学研究表明：人的痛苦指数与欲望成正比，即在同等生活条件下，欲望越少的人，痛苦指数就越低；人的幸福指数与欲望成反比，即在同等生活条件下，欲望越少的人，幸福指数就越高。

从单纯的经济学角度出发，幸福（感性幸福）的获取，可以使用一个公式来表达：幸福＝效用÷欲望。幸福与人们的效用成正比，与人们的欲望成反比——效用越高，幸福度就越高；欲望越多，幸福度就越低。同时，如果经济的增长能满足个人欲望的提升，即经济效用和欲望是和谐的，那么这个人也是幸福的。

但从社会学的角度出发看幸福(理性幸福)的获取,经济上的成功并不意味着能带来幸福的满足:幸福=成就÷期望。从这个公式可以看出,幸福与成就成正比,与期望成反比。尽管成就不大,但个人期望不高,那么这个人就是幸福的;相反,如果成就不小,却不能满足个人的期望,那么这个人就不幸福。

幸福的技巧不在于获得更大的成就,也不在于获得更大的效用,而在于效用与欲望和成就与期望的和谐。

5岁时,你会为得到一颗糖而快乐;15岁时,你会为某次考试得了全班第一而兴奋;25岁时,你会为得到某个女孩的芳心而狂喜;35岁时,你会为拥有一辆越野车而得意……而在此后,一个人生命力的分水岭已开始隐隐呈现,要体验到幸福感可能会变得越来越艰难。

确实是这样,随着社会的发展和年龄的增长,在我们内心深处的"获得或占有"的"毒瘾"越来越大。我们不再是轻易就会获得满足感的孩子,能体验到的幸福感像我们的头发一样日渐稀少。所以就出现了"我们的财富在增加,我们的房子越来越大,我们的收入越来越多,我们能享受的娱乐方式和物质越来越多,但我们并没有因此而变得越来越幸福,甚至幸福快乐离我们越来越远"的怪现象。其根本原因就是我们的欲望在不断地膨胀。

## 十不足

[明]朱载堉

终日奔忙只为饥,才得有食又思衣。
置下绫罗身上穿,抬头又嫌房屋低。
盖下高楼并大厦,床前却少美貌妻。
娇妻美妾都娶下,又虑出门没马骑。
将钱买下高头马,马前马后少跟随。
家人招下数十个,有钱没势被人欺。
一铨铨到知县位,又说官小势位卑。
一攀攀到阁老位,每日思想要登基。
一日南面坐天下,又想神仙来下棋。

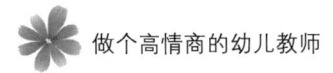

洞宾与他把棋下,又问哪是上天梯。

上天梯子未坐下,阎王发牌鬼来催。

若非此人大限到,上到天上还嫌低。

每个人对幸福都有一个不同的定义。每个人的定义不论怎样,你的欲望得到了适当的满足,就是你的快乐。你的欲望得不到适当的满足就是痛苦。按这个道理来讲,有一个很大的问题是,虽然你的欲望得到了适当的满足叫快乐,但是你的欲望是无穷无尽的,因此,你根本就没有幸福。

确实是这样,人类的欲望过多,而且许多欲望超越了自身的能力和真实需要,我们因此而焦虑、纠结、痛苦。在欲望与满足之间,我们应该向小动物们学习:小鸟不会试图比邻居多筑几个巢,狐狸不会因为自己只有一个洞可以栖身而烦恼,松鼠不会因为担心储藏的坚果只够吃一个冬天而不是两个冬天而焦虑,狗也不会因为没储藏足够的骨头养老而彻夜失眠。

动物比人类生活得舒心,它们只要满足了生理需要,就能"生活"得很好。人与动物相比有太多的"毛病":不仅要满足生存需要,还要满足精神或意义需要;不仅要为今天而忧虑,还要为明天而忧虑;不仅要适应环境和自身的现实,还要超越环境和自身的现实。在如何快乐地生活方面,小动物们有许多智慧值得我们学习。

幼儿教师要学会知足,然后才会常乐。

## 二、幼儿教师应对不良情绪情感的技能

不良的情绪情感状态对工作效率、工作质量及生活质量都有负面作用,因此,幼儿教师应该努力掌握调控不良情绪情感状态的策略与方法,争取尽快减轻不良情绪情感的负面影响,甚至完全走出不良的情绪情感状态。

### (一)职业倦怠与应对

面对有些单调的、干不完的工作,整日忙忙碌碌,你是否感到厌烦?休息

日园长还让加班,你是否感到十分不快?如果你对目前的工作有厌烦情绪,心里倍感压力,那么不妨看看下面的十二条建议,或许它们能帮助你恢复职业活力,改变你目前对工作的看法,让你重新爱上工作。

### 1. 努力精通工作的每一个环节

只有精通了工作中的各个环节,才能对自己的工作产生胜任感、轻松感,才不会为工作所累,工作才会从真正意义上变成一种精神享受,而不是一种负担。

因此,幼儿教师要下功夫在最短的时间内,理解、精通、熟练幼儿园的来园接待、晨检、早餐、集体教学活动、如厕盥洗、游戏活动、中餐、午睡、午点、区域活动、离园活动、家园沟通等各环节及其流程与要求,并将之做到得心应手,做到极致。工作规范,操作自动化、高效,工作将变得有效、轻松和愉快,工作就会成为一种享受。

### 2. 把幼教工作当作一项创造性的工作来做

幼儿教师有时是日复一日地重复工作,工作流程与要求基本不变。如果仅仅是应付工作,那么每天按照一定的程序重复即可,也不容易出现什么大问题,可是却很容易让人进入一种倦怠状态。

针对以往的保教工作、家长工作方式,你可以提出一个解决老问题的新方法或能提高工作效率的新方法,这是保持工作"振奋感"的好办法。

### 3. 努力形成自己的专业特长

一名幼儿教师只有在专业方面形成一定的特长,形成一定的不可替代性,他在幼儿园的工作中才会找到自己的位置,才会对自己的专业工作有自豪感和幸福感。因此,幼儿教师在达到合格的基础上,一定要努力在某一方面形成自己的专业特长。一旦形成了某种专业特长,这种特长就会被迁移到专业领域,进而成为自己独特的保教工作风格,专业自豪感会倍增,专业幸福感也会稳固而强烈。

### 4. 努力突破自己的弱项

每个人都有自己的强项,也有自己的弱项。如果我们存在的弱项严重影响工作的正常运转,那么这些弱项将会让我们的职业幸福感倍减,甚至消失,我们在工作时将毫无幸福感,只有焦虑、无奈、颓废,甚至绝望。

因此，如果我们在幼儿教育、家长工作方面确实存在严重的弱项，以至于影响我们的工作效果和工作效率，那么我们一定要以最快的速度弥补弱项，以免弱项成了我们的工作障碍，进而影响我们的工作心情，影响我们职业幸福感的获得。

**5．创建个人"成就档案"**

创建一个属于你的"成就档案"，档案中包括你获得的一切奖励、奖状，或者有关记载你的成就的资料——可以是幼儿园的奖励、上级部门的奖励，也可以是家长的表扬、幼儿的满意、保教工作中的小小得心应手之作。成就档案可以提醒你做过许多好事，让你在不被欣赏时，自己奖励自己，获得成长的机会。

**6．先完成"讨厌"的工作**

对于你不喜欢的工作，非但不能拖延，反而要优先完成。比如，你讨厌写工作总结或案例分析，那么你不妨提早上班或推迟下班，完成这项工作，解除心理负担。这样你就可以"愉快"一些，不再为烦心的工作而恼怒、情绪波动。

**7．与同事结为好友**

如果你和同事之间关系不良，那么你在工作时必然很不开心。你可以主动发起一些聚会，以建立良好的同事关系，与同事们聚一聚、聊一聊、吃一吃、喝一喝，培养私人友谊，共同解决工作、情绪上的问题，愉快体验自然会增加。

**8．主动找园领导聊聊**

我们在工作方面的许多抱怨都是以园领导为对象的，事实上，只要开启沟通的渠道，你也可以和园领导建立并保持良好的关系。你不如抱着诚恳的态度向园领导请教，让他指点你做好工作和自我成长的秘诀。交流多了，了解多了，许多误解和抱怨就消失了。

**9．童心化**

在幼儿面前，幼儿教师应该时刻保持一颗童心和快乐的心情。平时要放下架子，忘我地投入到幼儿的一切活动中：当小朋友们唱歌时，我们不妨展开歌喉和他们一起唱；当小朋友们跳舞时，我们不妨随着乐曲翩翩起舞；当小朋友们做游戏时，我们不妨全身心地加入，和他们一起跑、跳、追逐、嬉闹……如此一来，我们就能体会到幼儿教育工作中的快乐，身心也会特别放松。

## 10．正能量思维

面对种种困难，幼儿教师应该从积极的角度去思考和应对。

说明："★"代表正能量；"☆"代表负能量。

☆园长给你任务，你常说：园长，我做不到。
★园长给你任务，你常说：园长，我想办法做到。

☆园长让你参加市内教学活动比赛，你总是说：我不可能赢。
★园长让你参加市内教学活动比赛，你总是说：我一定要赢。

☆我做不好工作的原因是我有两个孩子要带。
★因为我有两个孩子，因此，我必须将工作做好。

☆我要是再年轻一点，我就会……
★我还很年轻，我要……

☆我只有中专毕业，我没有办法……
★我虽然只有中专毕业，但我要不断学习，3年内拿到专科学历，6年内拿到本科学历……

☆要是有个好师父带我，我的专业就不是今天的样子了。
★我要努力寻找一个好师父来带我，我还要努力实现自我提升。

☆在问题面前总是抱怨，总是束手无策。
★从不抱怨，相信方法总比问题多，努力一定能解决问题。

☆相信过去的经验是永恒有效的，不轻易改变保教工作的想法和做法。

★相信所有的经验都有其适用性，随着幼儿园工作环境的变化，一切都有变化的必要。

☆在保教工作改革方面，只说不做。
★在保教工作改革方面，有想法就努力尝试。

☆在家长工作方面，看结果做事。
★在家长工作方面，看趋势做事，有机会或没机会都努力去做。

☆只看到幼儿"难教"，家长"难缠"，因而对工作有畏惧心理，总是抱怨幼儿及其家长。
★既能看到幼儿和家长的优点，又能将幼儿的"难教"、家长的"难缠"当作专业成长的动力，因此，总是在感恩幼儿及其家长。

☆工作失败后总是找借口，从来不从自己的身上找原因——要么是家长有问题，要么是幼儿有问题，要么是……
★工作失败后总能说"都是我的错，如果我能……就……"，总能从自身找到改变的有效对策。

☆面对困难，总是说：不可能。
★面对困难，总是说：我努力试试，相信一定能解决，相信一定会变得更好。

☆不愿意与同事合作，不会与同事合作，总是挑剔同事。
★喜欢与同事合作，总是相信一加一大于二。

☆有报酬就干，没报酬就不干。
★有报酬或没报酬总是抢着干，相信"干"能长知识、长本领，因此得到干活的机会时，不是抱怨，而是感恩。

☆喜欢和消极的教师在一起扯是非，抱怨这个世界。
★喜欢和积极的教师在一起谈理想，谈生活，谈工作。

☆总是喜欢说：这个幼儿坏，那个幼儿没药救；这个家长凶，那个家长恶。
★总是喜欢说：这个幼儿有趣，那个幼儿有礼貌；这个家长为班里捐了许多玩具，那个家长为班里捐了许多书。

☆总觉得平时无事可做，因此天天玩手机，玩到颈椎都出问题。
★总觉得时间不够用，忙于做事，忙于看书和学习。

☆总想着，要是放假就好了，工作并痛苦着。
★爱幼儿，爱工作，工作并快乐着。

☆得过且过，没有目标，过一天是一天。
★总是不断向前——不断有追求的目标，日子过得忙碌而充实。

☆安于现状。
★知道并相信一分耕耘，一分收获。因此，不断耕耘，无问收获。

☆无论是家长工作，还是幼儿工作，只要遇到挫折，就想放弃。
★无论是家长工作，还是幼儿工作，遇到挫折，想到的是"一定能解决，一定能变得更好"。

☆似乎什么都想做，想法很多，但就是不行动。
★想法很多，但总是想好先做好哪件事，后做好哪件事。

☆总想找个更好的幼儿园工作。

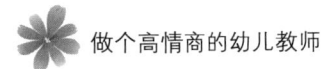

★一心想把当前幼儿园的工作做得更好。

☆时常努力地工作。
★总是在想,我该如何才能将家长工作、幼儿教育工作做得更有效、更高效。

☆总觉得,幼儿园是园长的,自己只是个打工的。
★总觉得,做好幼儿园工作,维护幼儿园的良好声誉是自己的本分。

☆等待时机,寻找更好的工作或幼儿园。
★抓住每个机会锻炼自己,提高自己的专业能力。

☆不喜欢读书,觉得当幼儿教师太容易了,没有必要那么辛苦。
★总是不断学习,不断思考,相信读书可以全方位地提高自己,并获得专业尊严和幸福。

## 11. 学会宣泄自己的负面情绪

心中有积郁,要学会宣泄,及时适度的宣泄会使我们的日子变得轻松。常用的宣泄方式有:找个挚友倾诉,写信给远方的朋友,写日记,到KTV[1]找适合自己心情的歌曲大声吼唱,极度悲伤时大哭一场……

## 12. 学习,学习,学习

如果你对工作失去了兴趣,也许是因为你停止了学习,停止了进取,停止了进步。你不妨参加一些提高自身专业素养或与工作有关的培训,这样可以拓展你的知识和技能,进而让你更有成就感。

作为人类灵魂工程师的幼儿教师,应该努力避免走进职业倦怠的状态,以

---

[1] KTV全称是Karaoke TV。Karaok是日英文的杂名,Kara是日文"空"的意思。KTV为提供卡拉OK影音设备与视唱空间的场所。

更加健康的心态培育祖国的未来、民族的希望。

（二）嫉妒情绪与应对

嫉妒是一种负性情绪，是指自己的才能、名誉、地位或境遇被他人超越或彼此距离缩短时，所产生的一种由羞愧、愤怒、怨恨等组成的情绪体验。这种体验很容易转化为对比较对象的不满和怨恨，因而在行为和语言上冷嘲热讽，甚至不惜采取不道德行为，通过打击对方达到自我心理上的暂时平衡，最终导致人际冲突和出现交往障碍，损伤自身，当然也损伤别人，损伤团队。正如黑格尔所说："有嫉妒心的人自己不能完成伟大事业，便尽量去低估他人的伟大，贬低他人的伟大性，使之与他本人相齐。"

嫉妒也是对别人的行为感到不满的一种思维方式，它产生于自信的缺乏。嫉妒会导致情绪上的低落，真正自信自爱的人并不会嫉妒，更不会因嫉妒别人而让自己心烦意乱。

当对同事有嫉妒情绪时，我们应该注意如下五点要求，以便早日从嫉妒中走出。

**1．在友好竞争中缩小差距**

幼儿教师要正确地认识自己和评价自己。当嫉妒心理萌发时，要积极主动地调整自己的心态，客观、冷静地分析自己，查找差距和问题。要学会扬长避短，充分发挥自身的潜能，缩小与嫉妒对象的差距，减小或消除嫉妒的心理。

竞争是医治嫉妒的特效药，嫉妒是无能和自私的化合物。我与你有差距，我就以你为目标，在竞争中自我能力得到开发与提高，自身价值得到体现，嫉妒感也会得以释放。

**2．将嫉妒变成动力**

我们嫉妒同事，说明人家至少在某方面比我们有优势，这就要求我们继续在专业上投入时间、精力，进而缩小差距，后来者居上。如果别人比我们优秀，我们一点嫉妒之意都没有，那就说明我们一点上进心都没有，这才是最可怕的。

当然，努力后还有差距，也应该接受，因为有些差距并非通过努力就能缩小。

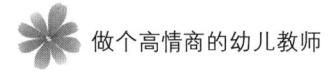

### 3. 要看到自己的长处，形成自己的优势

你有你的长处，我有我的优势；你有你的目标，我有我的追求。世界上没有两片相同的叶子，也没有两个相同的人。每个人都有自己的优势和劣势，不要拿自己的劣势与别人的优势比，要多看到自己的优势，并且努力把自己的优势发扬光大，自信心就会油然而生。有了强大的自信心后，就不会那么容易嫉妒别人。嫉妒别人往往是自信心不足的表现。

拿出一张纸片，在上面写出你的五点优势，然后确定其中的一点来作为发展的突破口——集中精力把自己在某一方面的优势发挥到极致，让别人在某一领域只能望你的"项背"。有此作为支撑，你会变得更强大，届时你就不会嫉妒别人。

### 4. 尊重比自己优秀的同事

别人比我们优秀，有先天原因，也有后天原因。不管出于什么原因，我们都应该发自内心地表达尊重和崇敬。要虚心地向他们学习，加速自己的专业成长速度。

面对优秀者，重要的是我们要有正确的心态，感恩他们为我们的发展树立了榜样。要在公开场合承认同事的优秀，并且大声说出来，这也可以化解我们的嫉妒心理。

### 5. 专注于自己的学习和工作

充实自己，提高自己的能力。我们要学会多参加有益的活动，学习各方面的知识，充实自己。嫉妒别人不如努力提高自己，实现自己生命的价值。

培根说："每一个埋头沉浸自己事业的人，是没有工夫去嫉妒别人的。因为嫉妒是一种游荡的情欲，能享有的只能是闲人。"只要专注于自己选择的目标和从事的事业，全身心地投入，孜孜不倦地钻研，就会获得成功的喜悦，也就无暇嫉妒别人了。

### （三）愤怒情绪与应对

当幼儿教师所追求的目标受到阻碍，愿望无法实现时，往往会产生愤怒的情绪体验。人人都会发怒。如果经常压抑、控制怒气，则会对自己的身心健康不利；但是让怒气自由宣泄，则会影响人际关系，影响别人对自己的看法，也可能会伤害身边的人。比如：在家里发脾气，有时可能会伤害家人，引起家庭矛盾；

在同事面前大发脾气,则会伤害同事间的感情;在班里对小朋友们大发脾气,则会让小朋友们觉得教师可怕,甚至充满恐惧,对小朋友们的身心健康不利。因此,幼儿教师要学会调节自己的怒气。

当你愤怒时,可以采取如下十一种方法进行调节。

### 1．寻找原因

诊断愤怒情绪——"我感到愤怒,因为……",这样你可以理解自己的愤怒及其原因,并确定其是否有道理。

一位园长对教师发火,原因是教师的工作有失误。这名教师不敢向园长生气,只好回家对孩子发脾气;孩子没办法,只好对猫发脾气。在这一系列的负面情绪中,只有园长发脾气有点缘由,其他都是无中生有。因此在发怒前,最好理性地分析一下你发怒的理由和对象是否合适,这样你的发怒会减少80%以上。

### 2．深呼吸

深呼吸是抑制强烈情绪和寻找理智与宁静的常用方法。真正有意义的呼吸,是把全部的注意力集中在呼吸上:把手轻轻放在丹田的位置,开始呼吸,感受空气从你的鼻腔进入呼吸道,到达肺部,流动到丹田,腹部慢慢地鼓起来,同时体会气息如何从腹部最终通过鼻腔出去。如果你在深呼吸时,还想着让你愤怒的人或事,就无法进入安静状态。

一般而言,把注意力完全集中在呼吸和身体的感觉上,5~10分钟后,你就会发现愤怒之火慢慢熄灭。

### 3．想象最佳结果

扪心自问:"在这种情况下,可能发生的最佳结果是什么?"这样可以让你的注意力集中在最理想的结果上,并在无意间摆脱因愤怒而产生的冲动。

### 4．停止讲话

在发怒的时候说话,对方也会用同样发怒的语气回应,形成恶性循环。如果在外表上保持平静,会留给我们时间让怒气消退一些。有人说:"当发怒的时候,数到10再说话;如果是大怒,要数到100。"我们不妨试一试。

### 5．语言暗示

在怒气准备爆发时,不妨冷静地想想:"这样发火对我来说不会在任何方面

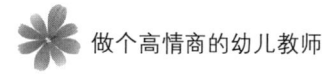

有所帮助,只能让整个问题变得更复杂。"即使我们的内心还存在一部分怒气,但这样的思考可以帮助我们控制愤怒情绪。

### 6. 离开引你发怒的情境

俗话说,眼不见,心不烦——这是有道理的。离开让你发怒的环境和人,或独处,或做另一件不相干的事——可以喝杯咖啡,可以听听音乐,都对消除怒气有好处。

### 7. 给怒气找个好出处

心中有怒气,可以向亲朋好友倾诉,求得对方的支持和安慰;或者和朋友一起唱唱歌,乐一乐;或者到心理咨询机构的宣泄室发泄内心的愤怒……

怒气宣泄出来,你的内心就会趋于平静。

### 8. 用疲劳法宣泄怒气

把自己愤怒的情绪宣泄到需要耗费体力的事情上。如游泳,拼命地游几个来回;又如跑步,一口气快速地跑十几圈。当累得满头大汗、气喘吁吁时,你会感到筋疲力尽,这时你的不愉快心情会基本平静,郁积的怒气也会消失一大半。

这种宣泄方法不至于使怒火郁积而危害身心,也不至于因怒气爆发而干出无法挽回的蠢事。

### 9. 学会有效地表达自己

从某种角度讲,发怒是因为我们不知道怎样表达自己的意见和想法,所以我们要学会有效地表达自己。

准确地表达愤怒,也是宣泄愤怒的一种有效方法。正确表达愤怒的方式是:只表达自己的愤怒情绪和事实。大家看看以下几种不同的表达愤怒的方式。

◎质疑、评价:"你懂不懂与家长交流的规矩呀?!"
◎质疑:"我感觉你不考虑我的感受。"
◎评价:"我很生气,你太缺德了。"
◎情绪、判断:"我很生气,因为你的行为违反了幼儿园的相关规定。"
◎情绪(但不明确):"我对你的行为方式感到气愤。"
◎情绪(描述事实):"我很生气,因为你和家长说我……我听到家长们在议论我的……"

除了"情绪（描述事实）"外，其他方式都于事无补，还可能会在恶化的同事关系上火上浇油。

## 10．使用ABCDE情绪排雷法

ABCDE理论是美国心理学家埃利斯提出的理性情绪疗法，是帮助求助者解决因不理性信念产生的情绪困扰的一种心理治疗方法。

A（Activating Event）——事件或情境，即诱发情绪和冲突的事件。

B（Belief）——信念，即对事情或情境抱有的信念（即你的态度、想法、评价、解释）。

C（Consequence）——结果，包括情绪结果（比如焦虑）、行为结果（比如攻击）、生理结果（如心悸、手脚冰凉）。

D（Disputing）——反驳，也就是重新审视信念是否正确，有没有其他角度来看这件事情，重点是接受不能改变的，改变可以改变的。找出你通常使用的有可能误导你、使你得出不准确结论或判断的错误的思维模式。

E（Effect）——激发的新观念、新收获、新行动。经过反驳后，如果对事情形成新的看法，找到新的有效办法，就能够帮助我们解决所面对的问题。

使用ABCDE情绪排雷法的具体步骤如下。

第一步，在C栏填写不愉快的感觉和你采取的行动。

| A | B | C | D | E |
|---|---|---|---|---|
|   |   | 园长对我发脾气，我很郁闷，我决定下午什么工作都不干了。 |   |   |

第二步，在A栏填写诱发难过情绪的事件。

| A | B | C | D | E |
|---|---|---|---|---|
| 园长到我们班教室，说我这个月教案没写好，还说我最近工作状态太差。 |   | 园长对我发脾气，我很郁闷，我决定下午什么工作都不干了。 |   |   |

第三步，在 B 栏填写你的内心语言，你在那一时刻的想法、信念。

| A | B | C | D | E |
|---|---|---|---|---|
| 园长到我们班教室，说我这个月教案没写好，还说我最近工作状态太差。 | 凭什么说我工作状态差。我认为我做得很不错。你凭什么对我发脾气。 | 园长对我发脾气，我很郁闷，我决定下午什么工作都不干了。 | | |

第四步，在 D 栏填写你对信念的思考、质疑和抛弃。

你可以试着问自己：我的想法一定是对的吗？可能有其他情况吗？他的行为一定是针对我吗？如何证明我的想法呢？如果有人遇到同样的事，问我该怎么办，我该怎么说？这样的想法对我有意义吗？

| A | B | C | D | E |
|---|---|---|---|---|
| 园长到我们班教室，说我这个月教案没写好，还说我最近工作状态太差。 | 凭什么说我工作状态差。我认为我做得很不错。你凭什么对我发脾气。 | 园长对我发脾气，我很郁闷，我决定下午什么工作都不干了。 | 园长也许今天心情不好。我的教案到底是哪里出了问题？为什么我给园长留下"状态太差"的印象？为什么我对批评特别敏感？ | |

第五步，经过这个反驳的过程，在 E 栏填写对比 D/B 后的感受和对自己所产生的影响，以及你打算如何行动。

| A | B | C | D | E |
|---|---|---|---|---|
| 园长到我们班教室，说我这个月教案没写好，还说我最近工作状态太差。 | 凭什么说我工作状态差。我认为我做得很不错。你凭什么对我发脾气。 | 园长对我发脾气，我很郁闷，我决定下午什么工作都不干了。 | 园长也许今天心情不好。我的教案到底是哪里出了问题？为什么我给园长留下"状态太差"的印象？为什么我对批评特别敏感？ | 再检查一下教案。等园长心情好的时候主动沟通一下。问问其他同事，求证一下园长是否对我有成见。调整自己对待批评的态度。 |

## 11. 采取与愤怒行为相反的行为

行为与行为互为因果。因此，当我们调节愤怒时，应该将愤怒行为转向与愤怒相反的行为，引导自己的情绪走出愤怒。比如，将愤怒时的牙关紧咬，怒目瞪着别人，咒骂、乱扔东西等愤怒行为转向相反的行为，如：做3次深呼吸，将紧握的拳头松开；面带一个浅笑；告诉令你生气的人，你很在乎他；听一些舒缓的音乐。非愤怒行为越多，愤怒消失得越快。[1]

总之，在愤怒时，我们要做的是接纳自己的愤怒情绪，而不是"压抑"自己的愤怒情绪，并且要给自己的愤怒情绪找到适当的宣泄出路，如此更加有利于身心健康，有利于建构良好的人际关系。如果一个人经常压抑自己的愤怒情绪，那么他最后一定会在某个时间点把累积的怒气一股脑儿地发泄出来，对人际关系造成更大的负面影响。

### （四）孤僻与应对

有些幼儿教师很孤僻，不愿与他人接触、交往，喜欢独来独往，却又时常感到寂寞、空虚。他们的内心很苦闷、压抑，感受不到温暖，容易消沉，这种消极情绪的长期困扰，对幼儿教师的身心健康十分有害。越不与人接触，其社会交往能力就越得不到锻炼，结果就越孤僻。为了早日走出孤僻状态，我们应该注意以下六点要求。

**1. 正确评价和认识自己**

性格有点孤僻的幼儿教师，在人际认识上有两种误区：只看到自己的长处、别人的短处，认为不值得和其他同事交往；只看到自己的短处、别人的长处，总认为自己不如人，怕被别人嘲笑、拒绝，从而把自己封闭起来。

因此，幼儿教师要正确地认识自己和同事，找到自己和同事各自的优点和缺点，并且完整地予以接纳，多与同事交流思想，交流专业，沟通感情，体会人际交往中的温暖。

**2. 学习交往技巧**

可多看一些有关交往的书，学习交往技巧——分享、交互、尊重、接纳、互

---

[1] 狄克．高情商是练出来的：美国大学里的高情商训练课[M]．程静，译．北京：北京联合出版社，2017：110-111.

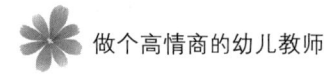

惠、主动、热情等。可积极主动地与同事们交流，与他们聊聊生活与专业，聊聊现在与未来。

要敢于与同事交往，虚心听取他们的意见。在每一次交往中，你都会有所收获，纠正认识上的偏差，获得友谊，愉悦身心，重树你在大家心目中的形象。久而久之，你就会越来越喜欢与人交往。

### 3．有计划，有准备

起初，可以尝试结交一个性格开朗、志趣高雅的同事，学习其与人交往的技巧，以及与人交往的态度。多与喜欢交往的同事在一起，你也会受到他们的感染，逐渐变得喜欢与人交往。

在与人交往前，要思考：对方有什么兴趣爱好、成长背景、专业特长、家庭情况；自己能与对方交流哪些有趣的、令人耳目一新的信息等。如此一来，在与人交往时，你就能找到许多共同的话题，让交往和交流变得十分顺畅、愉快，进而激发继续交往和交流的欲望。

### 4．主动热情

逐渐让自己变得主动热情。主动走出与人交往的第一步，主动与同事打招呼，主动向同事微笑，主动参与同事发起的专业或非专业活动，并且在其中发挥独特作用。比如，在教研活动中主动发言，在团队活动中主动承担任务，主动与同事商量活动程序与要求等。

你主动、热情了，你就会逐渐发现越来越多的同事对你热情了，你在幼儿园里就会感受到更多的温暖。

### 5．真诚地帮助同事

利用自己的专业优势，利用自己的社会资源，主动帮助同事排忧解难。主动帮助同事解决问题，会为我们积攒好人缘。另外，我们会看到自身存在的价值，更快、更好地走出封闭的自我。

### 6．学会独处

**案例2-6 缺乏独处的生活是一种灾难**

澳大利亚的一位动物学家从亚马孙河流域带回两只猴子。一只硕壮无比，一只瘦小赢弱。他把它们分别关在两只笼子里,每日精心喂养,观察它们的生活习性。一年后,大猴子莫名其妙地死了。为了不中断研究,他又让人从巴西带来一只猴子,这只更大,可是它不到半年也死了。为了弄清原因,他对两只猴子的尸体进行了解剖,可是自始至终都未找到原因。

后来,他重返亚马孙河,对那里的猴群进行研究,结果发现,凡是体大健壮的猴子,交往关系都比较好。其他猴子弄到食物时,它们总能分享到一份。但是这类猴子很少能静下来,它们一有空就在猴群中穿梭,与其他猴子追逐嬉闹。这类猴子一旦被捉住,很少能活过一年。那些善于晒太阳和闭目养神的猴子则不同,它们由于不入群,很少能分享到其他猴子的食物,这类猴子长得都比较弱小,但它们被捉住后却可以活下来。

这位动物学家后来得出结论,对猴子而言,缺乏交往的生活是一种缺陷,缺乏独处的生活则是一种灾难。猴子的世界是这样,人的世界何尝不是如此。

与人相处,有快乐;与自己相处,也有快乐。这才是心理健康的表现。

我们孤独,但我们不怪僻,我们独自一人时,也要享受幸福的时光,听听音乐,看看书,思考自己的人生,写写东西……

### (五)抱怨与应对

在幼儿园里,在同事群体中,我们随时随地可以听到这些话:"家长不讲道理。""家长太无理取闹。""家长太欺负人。""幼儿太调皮。""园长不仁道。""园长太霸道。""园长私心重。""园长对我有成见。""经常加班,没有奖金。""工资福利少。""任务重,压力大。"……这些是许多幼儿教师常常发声的对幼儿园工作的抱怨。

偶尔抱怨一两句很正常,但是一旦养成抱怨的习惯,就会形成抱怨的思维模式,丧失工作的责任感和使命感,忽略完成工作和自身成长带来的快乐和幸福。另外,园长也会讨厌,甚至想解雇一个不断抱怨领导、同事、家长和幼儿的幼儿教师。

抱怨给我们带来的都是消极的东西,对问题的解决没有任何益处。任何一位园长，都希望聘请一名能为幼儿园解决问题和带来价值的教师，而不是一个喋喋不休的评论家。要知道抱怨没用，它不能提升我们的能力和价值，也不能解决问题，它会让人失去更高的目标和更强的工作动力，在抱怨中浑浑噩噩地度过一生。

在工作中，当遇到一些坏的事情时（许多是自以为的"坏的事情"），我们总会抱怨两句，但是大多数人在抱怨后会继续干好自己的工作。当然，也有一些人只是抱怨，却不努力工作。我们要做一个不抱怨的行动者：与其抱怨幼儿园工资太少，不如想方设法为幼儿园多做贡献，为幼儿园创造价值，同时为自己创造价值；与其抱怨园长太严厉，不如努力把自己的本职工作做好；与其抱怨加班太频繁，不如在8小时内完成好自己的本职工作；与其抱怨幼儿园没有为自己的成长提供发展平台，不如打造自己的核心竞争力……其实，在每一种貌似合理的抱怨声的背后，都有一种更好的选择，那就是改变现状，做一个不抱怨的行动者。

抱怨使你思想肤浅、心胸狭窄，使你与园所的理念格格不入，使你的发展道路越走越窄，最后一事无成。所以说，抱怨的最大受害者是自己。

**1．每日反思**

我为什么要抱怨？我从抱怨中得到了什么？我有什么地方需要改进？有没有方法可以解决问题？我有没有赞美或表扬过同事和园领导？我有没有检讨过自己？我有没有为自己得到的而感恩？一味地抱怨会使人的思想摇摆不定，进而在工作上敷衍了事。因此，我们每天要积极地、不断地反思以改变自己，用积极的心态对待工作中的"磨难"！

**2．把抱怨的时间用来提高自身能力**

对于幼儿园来说，最不缺的就是挑刺、抱怨的教师，最缺的就是不抱怨、积极行动并解决问题的教师。与其过多地将时间放在抱怨上，还不如停止抱怨，全身心地投入到工作中，为更好地提升自身专业能力和完成工作而努力。

**3．把抱怨化作建设性意见**

喜欢抱怨的教师，其实心中早已有了对某些事情的看法或解决方法，可能是不被园领导重视或自身不够主动，所以只能抱怨。如果把你的想法从幼儿园的角度加以考虑，并且以园领导能够接受的方式主动提出或者积极实施，园领导应该会非常欢迎。

**4. 以园领导的心态工作**

如果你以园领导的心态工作，那么你就会站在全局的角度来思考自己的工作，确定这份工作在整个幼儿园工作中处于什么位置，你就会从中找到最佳的工作方法，把工作做得更出色。以这种心态进行工作，你就不会拒绝园领导安排的任务，你会认为这是表现和锻炼自己工作能力的一次机会。

**5. 闭上抱怨的嘴，迈出实干的腿**

与其诅咒黑暗，不如点亮蜡烛。抱怨并不能解决问题，只会把事情弄得更糟，只有实干才能让幼儿园的各种问题得以解决。成功的幼儿教师从来不会为了解释事情的结果而编造借口，也不会抱怨事情原本应该如何发展，他们只会积极地行动，更好地行动。

记住，在幼儿园里别诉苦，别抱怨。不要逢人就说你在幼儿园里的工作有多苦，时间长了你一定会成为幼儿园里最苦的那一个，被家长工作、幼儿保育和教育工作困扰许久还拿不出解决办法，只能说明你的专业能力有问题。在幼儿园里没人在乎你苦的过程，大家只在意你取得的结果。因此，在幼儿园里工作，再苦也不要说，不要抱怨。有问题，要努力解决；有苦，要想办法提高效率，并从中获得快乐。

## （六）消极被动与应对

许多教育者总是抱着"打工者心态"去幼儿园上班，他们没有想到这种"打工者心态"毁了他们的工作热情，毁了他们的工作主动性，毁了他们在专业上的主动进取精神，毁了他们的职业幸福感，让他们与成功无缘。

有"打工者心态"的幼儿教师总是这样想：我只拿这点钱，凭什么做那么多工作？我为幼儿园干活，幼儿园付我一份报酬，等价交换而已。我只要对得起幼儿园给我的这份薪水就行了，多一点我都不干，做了也是白做。幼儿教育工作，又不是为自己干，说得过去就行了，何必那么认真？我与园长只是一种雇用关系，工作做多做少，做好做坏，对自己意义不大，达到基本要求就行了。

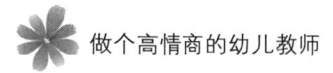

那么,幼儿教师到底是为谁工作呢?每名幼儿教师都应该问问自己。如果不在年轻时弄清这个问题,不调整好自己的工作心态,那么工作的意义就不大,你就没有激情,只有抱怨。

### 案例2-7 杰克的改变

杰克在一家贸易公司工作了一年,由于不满意自己的工作,他总是愤愤不平地对朋友说:"我在公司里的工资是最低的,老板也不把我放在眼里,如果再这样下去,总有一天我要跟他拍桌子,然后辞职不干了。"

有些人听了一笑了之,但是,其中有一个朋友问了一句:"你把现在这家贸易公司的业务都弄清楚了吗?弄懂了吗?"他老老实实地回答:"还没有!"

这时,他的朋友又说:"君子报仇,十年不晚!我建议你先静下心来,认认真真地工作,把他们的一切贸易技巧、商业文书和公司组织完全搞通,甚至包括如何书写合同等具体细节都弄懂后,再一走了之,这样做岂不是既出了气,又有许多收获吗?"

杰克听从了这位朋友的建议,一改往日工作时的散漫习惯,开始认认真真地工作,甚至下班之后,还常常加班加点地留在办公室里研究商业文书的写法。

一年之后,那位朋友偶然遇到他,就问:"现在你大概都学会了,可以准备拍桌子不干了吧?"杰克说:"可是,我发现近半年来,老板对我刮目相看了,最近更是对我委以重任,而且给我升职加薪。说实话,不仅仅是老板,公司里的其他人也都开始敬重和羡慕我了!"

幼儿教师可以从杰克的故事里得到一些启示:有所为,才会有所位;我们不仅是为别人工作,更是为自己工作!以积极的心态工作,不断进取,你就会成为一名不可替代的幼儿教师,你的专业地位、经济地位、社会地位就会不断提高。当你具有强大的不可替代性后,别人才会尊重你!

因此,幼儿教师必须扔掉"我在为园长打工"的心态,积极调整心态:充分认识到工作就是为了自己,而不是为了他人;抱着不断学习的态度,将每一次的工作任务都视为一个新的开始、一段新的体验、一扇通往自我成长的机会之门；每天都有自己的工作目标、成长目标，把工作作为一种锻炼、成长的机会，而且创造性地、高质量地完成保教工作；学会欣赏与幼儿互动、与家长互动的每个瞬间，热爱幼儿和家长，热爱所从事的保育和教育工作，与园领导、其他教师和谐相处。成功往往青睐那些自强不息、奋发向上的人！面对幼儿、家长和同事，要学会感恩、欣赏和给予，这样你就会觉得自己所做的一切都是对他人的回报，你的内心就会充实、快乐。

幼儿园就是一艘船。当你加盟了一所幼儿园，你就成了这艘船上的一名船员。这艘船是满载而归，还是触礁搁浅，取决于你是否与船上的所有船员齐心协力、同舟共济。

作为一名普通的幼儿教师，我们必须树立"这是我们的船"的理念——一所幼儿园的发展需要全体教师的共同努力，就像一艘船要破浪前进，需要全体船员各司其职，共同配合，才能顺利抵达目的地一样。

也就是说，每一个人都应该把自己服务的幼儿园看成是一艘船（一艘自己的船），这样你才会竭尽所能地贡献自己的力量，主动、高效、热情地完成任务，用心打造属于自己的"船"；还要将你的园长、同事看成是和你同舟共济的伙伴，你们是一艘船上的合作者，而且只有每一个人都努力做好自己的工作，这艘船才会乘风前进。

每一个人的命运都将和这艘船紧紧地捆绑在一起，与船同生死、共命运。所以，你不仅要为你的船贡献自己的全部能力，你还要保护你的船，不让它在中途抛锚。

我们要有"主人翁精神"——不管你在哪所幼儿园工作，都别把自己当成普通教师，而应该将自己视作幼儿园的主人，努力为幼儿园做贡献。

一个人的事业生涯，只有自己可以掌握。不管什么时候，你和园长合作，最终的受益者是你自己。

但是，这种心态在当今的幼儿园里却很少见。许多教师总认为："幼儿园是园长的，我只是替园长工作，付出得再多，干得再出色，最后得到好处的永远是园长。"

其实，你的利益和幼儿园的利益是一致的，幼儿园的发展是保障你的个人

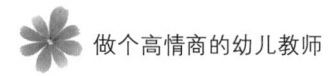

利益和发展前途的基础。如果你所服务的幼儿园发展得不顺利,你的个人利益就会受到影响;如果幼儿园经营不善,最后倒闭,你将不得不重新选择园所。

在现在的幼儿园团队里,工作范围的界定其实只是每个人所该做的最小范围。对工作有雄心和热情的教师,决不会将自己局限在固有的工作范围内,他们知道要想在工作上有一番成就,就必须不断寻找学习与发展的机会,扩大自己对幼儿园的贡献。

### (七)自卑情绪与调节

自卑是指自我评价偏低,自惭形秽,缺乏应有的自信,并伴有自怨自艾、悲观失望等情绪体验。长期被自卑情绪笼罩的幼儿教师,一方面感到自己处处不如人,另一方面又害怕别人瞧不起自己。

当我们感觉自己有自卑情绪时,可以采取如下五种措施来调节。

**1. 列出自己的优点**

多想想自己的长处和优点,然后拿出一张纸、一支笔,把它们一项项记下来,并且时常默念于心,慢慢地你就学会了接纳自己、欣赏自己。

自卑的幼儿教师往往只将视线放在自己的弱点、短处上,因而找不到自信心。

**2. 不要拿自己的弱项与别人的强项比**

任何人都有自己的弱项和强项,不要总拿自己的弱项与别人的强项比较,在看到别人有某项长处的同时,更要看到自己在其他方面的长处。

**3. 努力形成自己的强项**

根据自身的兴趣、天赋和经验,确定一个方向为自己在工作中的强项,并且持之以恒地用力,努力把它发扬光大,在本园、本区、本市内形成自己的专业优势,当同行谈到某一领域或某一问题,不约而同地想起你时,你在工作中就有了自己的强项。由此,我们的内心就会变得强大,自卑情绪就会自然而然地消失。

**4. 接纳并利用自己的弱项**

周国平先生说过:"我常说把自己的弱点变成自己的根据地,我不会搞人际关系，这让我吃了亏，更让我占了便宜，就是省了许多自己不擅长的事，把时间和精力节省下来做自己喜欢的事——读书和写作。"周先生的成功和思维为许多因弱项而自卑的幼儿教师提供了一个自我发展、自我强大的思路：心平气和地接纳自己的弱项，并且利用好自身弱项的另一面来发展自己、强大自己。

任何一项优点的背后都有其相对的缺点，任何一项缺点的背后都蕴含着相应的优点。发现自己的缺点，请不要自卑，要利用其背后所蕴含的优点来发展自己。

**5．进行自卑者行为训练**

内心有自卑感的幼儿教师可以通过以下行为训练来提高自己的自信心。

（1）努力坐最前排。无论是在幼儿园里，还是在外参加会议，一定要选择最前排就座。自卑感严重的幼儿教师往往会选择坐在最后一排，因为他们希望自己不要太显眼。你越是如此，你就越自卑。应该记住，自信的人、成功的人都是显眼的。

（2）正视别人。自卑者走路时，总是头低低的，不敢看前方，不敢看迎面而来的人，不敢与别人对视。要树立自己的自信心，就应该"反其道而行之"，越是害怕别人看到自己，越是害怕别人与自己对视，就越要抬头挺胸走路，越要有意识地与别人对视。当你走出这一步时，你的自信心就会逐渐回归。敢正视对方，等于告诉他：你很诚实，你很勇敢，你没有做亏心事，你不心虚。正视别人，不仅能提高自己的自信心，还能赢得别人的信任。

（3）走路速度提高20%。走路快，意味着我有许多事情要做，我有重要的事情要做，我是重要的，我是有价值的。加快走路速度，还可以提振整体的精神面貌，让人精神抖擞。

（4）让自己变得亮丽。穿着打扮虽然并不能从根本上改变一个人，可是我们不能否认，糟糕的外表和着装会阻碍自信心的提升。因此，幼儿教师要适当地化妆，适当地讲究穿着打扮，这些改变会让我们有个好心情，增强我们的自信心，提升同事对我们的好感，进而提升我们的人缘。

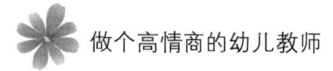

### （八）情绪低落、郁闷与调节

情绪低落、郁闷是幼儿教师最常见的一种消极情绪，大多源于工作、学习压力，或在生活中遭遇了挫折。幼儿教师在情绪低落时，常常会感到无精打采、压抑苦闷，对周围的人和事提不起兴趣，工作、学习效率明显下降，严重者会影响日常的生活和人际关系。

当我们情绪低落、郁闷时，可采取如下六种方法来调节。

#### 1. 接受现实

在工作、生活中，没有人能够事事如意。对于某些不能改变的人和事，要试着慢慢接受，改变自己看待问题的角度和心态，心情就会好一些。比如："我们不能命令家长做什么，但是我们能让自己按照最佳方式做事。""我们不能要求家长有风度，但是我们应该要求自己做事有原则。""我们不应该因为家长的缺点而不努力工作，埋没自己的才华，毁灭自己的前程。""我们不能改变园长的领导风格，但我们可以改变自己，努力接受园长的领导风格。"

面对家长、幼儿和同事，我们可能会心有不满。我们应以接纳的态度面对，并在力所能及的范围内将事情做得更好，这是一种比较现实的策略。

#### 2. 参加团队体育运动

参加一些团队体育运动（如篮球、足球、排球等），不仅有益于增加血液循环，调节心率，提高机体含氧量，对改善情绪状况也有良好的作用，同时能增加我们与人的交流合作，有利于我们走出低落的情绪状态。

如果每天进行30分钟以上的体育运动，你会感到精力充沛，情绪积极向上，注意力易于集中，心情有所改善，压抑、焦虑水平有所降低。

#### 3. 回忆快乐的事

要适时地肯定自己，想想小朋友们带来的快乐，想想家长们的敬意和佩服，回想我们做好本职工作时园长会心的笑……回忆那些使自己感到自豪和快乐的事情，并把它们写在纸上，时常默念，有利于我们从低落的情绪中走出，并逐渐变得快乐。

### 4．多接触乐观向上的人和事

可以尝试和乐观积极的人交往，学习他们看待事物的态度和方式；看内容乐观积极的书籍；看喜剧片，感受一下快乐的气氛；唱积极向上的歌曲，让自己逐渐发现到处都是阳光。

### 5．释放压抑的情绪

情绪压抑时要及时适度宣泄，这样会使我们的日子变得轻松些，宣泄的方式主要有：和亲友、家人倾诉谈心；找挚友倾诉；与网友沟通；写信给远方的朋友；写日记；到KTV找适合自己心情的歌曲大声吼唱；极度悲伤时大哭一场；若条件许可，还可以出去旅游一段时间，放松一下，让自己的心灵得到歇息。

### 6．学会自我安慰

这里提供给大家10句常用的自我安慰的话，当情绪低落、不开心时，大家可以用这些话安慰自己。

(1) 一切都会过去的。

(2) 别总是跟自己过不去。

(3) 用心做自己该做的事。

(4) 不要过于计较别人的评价。

(5) 每个人都有自己的活法。

(6) 喜欢自己才会拥抱生活。

(7) 不必一味去讨好别人。

(8) 木已成舟便要顺其自然。

(9) 不妨暂时丢开烦心事。

(10) 自己感觉幸福就是幸福。

## （九）伤心、悲伤情绪与调节

伤心、悲伤是幼儿教师因遭受到不如意或不幸的事而内心感觉痛苦的情绪体验。如与亲友离别，与恋人分手，或在生活、工作中遭遇挫折和变故等，均可导致这一情绪的产生。伤心、悲伤会让整个人的身心弥漫这种情绪色彩，进而影响工作，影响生活的效率和质量。因此，当幼儿教师遭遇伤心、悲伤情绪时，应该努力尽快从中走出，以便情绪、工作、生活回归正常状态。当幼儿教师遭遇伤心、悲伤情绪时，可以采取以下五种方式来调节。

### 1. 与亲友分享感受

遇到伤心事时，可以找一位信得过的亲朋好友（尤其是能够倾听你说话，但又不会审视或改变你的人），然后告诉他自己的遭遇和感受。有人陪伴，有人倾听，会让你感到好很多。

### 2. 自我诉说

遇到伤心事时，如果找不到合适的人倾诉，可以将自己的感受写在日记、博客、微博里，还可以关起门来唱一唱符合自己心情和愿望的歌曲。

### 3. 主动做点有意义的事情

遇到伤心事时，可以主动做点工作或其他有意义的事情，这会让我们变得更加积极，随着时间的推移，我们会在积极的行动中忘却悲伤。

遇到伤心事时，如果我们任由性子，什么事都不想做，将自己关闭在悲伤的心绪里，那么心情会变得越来越糟。

### 4. 做些让自己开心的事情

遇到伤心事时，可以做些让自己开心的事情。比如：买件自己喜欢的新衣服，找时间去旅游一下，吃些平时不舍得吃的东西，改变一下自己的发型，让自己焕然一新等。这一切改变都有助于我们走出原来的自我。

### 5. 采取与伤心、悲伤行为相反的行为

遇到伤心事时，可以采取与伤心、悲伤相反的情绪行为，以达到调整情绪的目的。比如：昂头走路，坐得笔直，听积极快乐的音乐，对他人微笑，保持与同事的视线接触，唱励志的歌曲，盛装打扮自己等。持续一段时间，你的心情定有好转。[1]

---

[1] 狄克. 高情商是练出来的：美国大学里的高情商训练课[M]. 程静, 译. 北京：北京联合出版社, 2017：115-116.

### （十）委屈、冤枉情绪与调节

委屈、冤枉是指受到自己认为不应该有的或者不公正的指责和待遇，感到自尊心受到伤害，不被人理解，并为此心里难过、不舒畅。园领导让我做自己不喜欢做但必须做的事情，我感到委屈；自认为今年工作做得很辛苦，并且业绩不错，可是在年终评选"先进"时，同事没有选我，我感到委屈；凭资历、经验和能力，许多人都认为我能够在园长换届选举中胜出，我也这样认为，可是结果却不是这样，我感到委屈。

当感到委屈、冤枉时，我们可以采取如下措施来调节。

**1．从积极角度看待所受的委屈**

我们平时在工作中或多或少都会受到各种各样的委屈，比如：明明很努力完成工作，但领导依然觉得我们做得不够好；明明马不停蹄地完成一项工作，但领导却觉得我们拖沓……相信不少职场人都受过这样的委屈。

古语云，"故天将降大任于斯人也，必先苦其心志，劳其筋骨，饿其体肤，空乏其身"。谁能承受更多的委屈，谁就拥有更多的成长机会和话语权。

**2．学会调整心态**

作为幼儿教师，受到委屈，除了坚持，最重要的是调整心态。有名幼儿教师曾对我说："我们园长每天都安排一堆工作给我做，工资就那么一点点，还总是拖着不让我入编。"我回复他："待遇这么低，又这么辛苦，你怎么不辞职呢？不过，我觉得，你可以把幼儿园里最好的东西学完后再跳槽，这样也不亏。"最后，那名幼儿教师听进去了，天天加班学习，保教工作技能和理念确实学到不少。

3年后，我再次碰到那名教师，问他近况如何，是不是跳槽了。结果，那名幼儿教师说："没有跳槽，我升职了。"

3年前，他抱怨园领导不公平，全部都是负面情绪。3年来，当他转换心态，把工作当成提升自己的一种手段时，他不仅干得开心，还能得到园领导的认可。

因此，在幼儿园工作中，无论我们遇到什么委屈，只要心宽大一点，就会发现，其实这些委屈没什么大不了的，获得成长和快乐才是最重要的。

在幼儿园里，上至园长，下到保育员，工作时都不可能事事顺心。如果我们

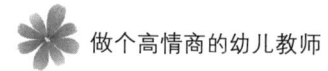

很"玻璃心"（受不了一丝委屈），有点委屈就闹情绪、发脾气，最终得到的很可能不是声援和支持，而是一枚难以下咽但必须吞下的苦果。试想一下，如果你是园长，你所在园所的教师受点委屈就越级告状，甚至嚷嚷得人尽皆知，你肯定也不喜欢这样的教师。

### 3．表达自己的委屈

当我们感觉到自己受委屈时，一定不能立刻咽气吞声，而是要快速做出判断——有没有解释的必要。如果有，就第一时间做出解释，这样能够让委屈你的人明白你是被冤枉的，你就不用受那些委屈了。

在感觉到自己受委屈，但找不到解决办法或者反驳机会时，你可以学会自嘲。这样你的心情就会好很多，学会适当自嘲是一种大智慧。

另外，你可以向可信赖的亲朋好友表达这种不愉快的情绪，寻求支持和安慰。如果实在觉得不便诉说，可以通过其他方式表达，比如：找个安静的地方，大哭一场；去KTV，大声吼出内心的郁闷；到一个空旷的地方，大喊几声；做自己喜欢的运动，出一身汗等。

### 4．追求内心平静

要意识到：并不是所有的付出都能得到相应的回报。我们做事更多的是为了内心的宁静，而不是为了所谓的回报。生命中有很多事，我们无力改变，只要问心无愧，真诚付出，就可以心安理得。

### 5．不要非理性地"闹"

受到委屈，受到不公的对待，可以选择在合适的时间和场合表达自己。但不要见人就诉怨，不分场合地和领导、同事争执，甚至要"上访"。我们要认真思考这样"闹"能得到什么，失去什么，而我们真正追求的又是什么——我们追求的是快乐，还是所谓的荣誉和地位？如果是前者，那么我们确实得认真思考：为了获得所谓的荣誉和地位而"闹"，其过程快乐吗？通过"闹"而得到所谓的荣誉和地位后，我们真的会快乐倍增吗？如果"闹"与快乐相悖，那么我们就应该放弃它。下面的一篇小短文，值得我们细读与思考。

跟同事争，你争赢了，团队散了；

跟老板争，你争赢了，平台悬了；
跟家人争，你争赢了，亲情没了；
跟朋友争，你争赢了，朋友少了；
跟爱人争，你争赢了，感情淡了；
跟谁争，争赢都是输，不如跟自己争；
把自己做大做强，自己才是真正赢家；
茶叶因沸水，才能释放出深蕴的清香；
生命也因一次次遭遇和挫折，
才能留下人生的幽香……
平和是一种修炼和一种为人的艺术！
温和且坚持，我们一起在路上！

**6．极大地提高自身的能力**

当一名幼儿教师的能力提高到一定程度时，他被冤枉、被委屈的次数就会变少。因此，与其在受委屈时自哀自怨，不如提高自己的专业能力和专业影响力。

面对委屈，要学会一笑而过。每个人都有幼稚的时候，也都有被别人算计的时候。所以当幼儿教师受委屈时，不要总想着自己吃亏了，要学着一笑而过，你会发现其实别人给你的委屈，是促使你奋进的动力！

面对幼儿园中的种种委屈，希望幼儿教师都能潇洒地笑对。

## （十一）职业压力、焦虑与应对

幼儿教师的职业压力是职业环境中因职业所赋予的要求、期待和职责，而导致个体身心过度疲惫、焦虑、紧张等情绪体验和情绪状态。

幼儿教师是情绪劳动（即要求员工在工作时展现某种特定情绪以达到其所在职位工作目标的劳动形式）工作者。作为幼儿教师，在面对幼儿及其家长时，无论自己的身体状况、情绪状态如何，都必须面带微笑，隐藏自己的不良情绪。这种矛盾的情绪表现如果长期存在，会使幼儿教师产生巨大的压力。业务学习多、观摩多、比赛多、教育保育任务杂、安全责任重、家长要求高、社会要求

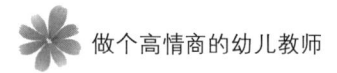

高……这一切无疑会让幼儿教师倍感压力。

长期的职业压力会对幼儿教师的身心造成伤害。在心理上，长期的职业压力会造成幼儿教师情绪失常和身心疲倦，出现不稳定情绪和不健全心理，比如，莫名地焦虑、压抑、悲观失望，常有受挫感、无助感，经常感到不安，进而导致幼儿教师性格脆弱、丧失自信心、对未来失去目标等。在生理上，长期的压力和紧张的工作易导致一些疾病，如内分泌紊乱、血压升高、消化功能紊乱、心脏病等。在行为上，压力会造成消极行为增多，如热情降低，精力不济，对工作失去兴趣等。

幼儿教师承担着几十名幼儿的教育、保育和安全工作，再加上家长和幼儿园对幼儿在园安全问题特别重视，不允许出现任何闪失，因此幼儿教师在上班时间常处于紧张焦虑状态。焦虑具有弥漫性，职业焦虑会影响幼儿教师的工作和生活，对幼儿教师的身心健康十分不利。

为了减缓甚至消除职业压力、焦虑对身心的负面影响，幼儿教师应该从以下几个方面着手。

**1. 树立正确的职业压力观**

要认识到社会上不存在没有压力的职业，幼儿教师这一职业也不例外。要认识到职业压力是不可避免的，职业压力有消极作用，也有积极作用，关键是看你如何对待这些压力。正能量的幼儿教师会利用职业压力来加速自己的专业成长——从这个角度来说，幼儿教师应该感恩职业压力，要不然他们很难找到专业发展的内在动力。

根据 ABC 情绪理论，我们可以得出这样的结论：职业压力的负面作用之所以困扰着我们，不是因为工作压力本身，而是因为我们没有正确地认识工作压力，没有理性地看待工作压力。因此，在面对压力时，要善于发现它积极的一面，充分发挥压力的积极作用。幼儿教师要学会与压力和平共处，保持积极乐观的态度，不怕失败，不怕困难，树立自信，积极迎接挑战。倘若遇到失败，不要气馁，要把失败当作经验加以积累，认真总结失败的经验教训，找出自身的不足，这样才能在失败中看到胜利的曙光。

要把职业压力当作提高专业素养的契机。要意识到，我们感觉到有职业压力，那么说明工作要求超越了我们的能力，也就是说压力是职业能力不足造成的。如果我们的专业能力足够强大，在处理保育工作、教育工作、家长工作等方面得心应手，那么我们就不会感受到工作压力。

当我们感受到职业压力时，要加强专业学习：向专家学习，向同行学习；通过网上学习，通过网下学习；看书学习，现场听报告学习，现场观摩学习……利用一切机会、一切平台，着实提高自己的专业能力，然后我们会对幼儿园工作有胜任感，职业压力也会自然而然地减轻，甚至消失。

如果家长工作让我们感受到压力，那么我们就应该努力学习与家长沟通交流及建立良好情绪情感关系的艺术；如果幼儿的心理行为问题让我们感到困扰，那么我们就应该研究如何有效应对幼儿的心理行为问题；如果幼儿园课程改革问题烦扰我们，那么我们就应该花一两年时间研究课程的理论与实践；如果同事关系处理不好，那么我们就应该学习人际突破的种种技术……一个个问题被突破，烦扰我们的问题一个个被解决，工作压力自然就会减少，甚至消失。

**2．统筹安排工作**

幼儿教师平时要学会根据事情的轻重缓急安排工作顺序，同时要学会根据重要性和紧急性对工作进行取舍，舍弃那些没有意义的事情。幼儿教师应该学会只做有意义的事情，如此一来，幼儿教师的许多工作也许都可以被舍弃。比如：消耗幼儿教师大量时间和精力的所谓"环创"，对幼儿的发展几乎没有意义；所谓的"记录"徒有形式主义，而毫无发展价值……如果只做有意义的事情，那么幼儿教师的工作至少可以减少三分之一，工作压力也会相应减轻。大家可以根据图2-2的四象限工作法，对自己的工作进行一一对照，相信你一定能发现统筹安排工作的技巧。

图2-2 四象限工作法

### 3. 列出最坏结果清单

当我们处于职业焦虑状态时，第一个方法就是坐下来，动手列一个清单，写下有可能出现的最差结果。比如，很多幼儿教师会为上公开课感到十分焦虑，此时就可以用写清单的方式，把那些脑海中盘旋的上公开课后的负面想象都写到纸上。这时你就会发现，原来最坏的情况也不会那么坏。上一次公开课没成功，效果不理想，其最坏的情况就是自己的专业能力会被大家小看。

把所有可能的糟糕结果都写下来，你很可能会发现，就算这些都发生了也没什么大不了，总是能找到变好的办法。因此，你的焦虑会大减。

### 4. 想办法

拿出一张纸，再列一个清单，写下最坏情况发生时，要想从"坏"变"好"，你可以做的20件事。如此一来你就会发现，许多担心的问题其实根本就不是问题，只要努力思考，总能找到解决的办法。

我们应该记住：解决职业焦虑的最好办法就是解决那个引发焦虑的工作问题。也就是说，别沉浸在焦虑里，要沉浸在行动里。

### 5. 利用ABCDE法写乐观日记

有职业焦虑习惯的幼儿教师，可以在每晚睡前写乐观日记，通过这个方法帮助自己及时处理当日的焦虑情绪，不要让焦虑积压。为了让乐观日记更加有效，幼儿教师可以采用积极心理学之父塞利格曼的ABCDE法写乐观日记。

A（Adversity，描述事件）：今天的公开课上得很不好。

B（Belief，阐述自己的原始信念）：一定是因为我的能力不够，我就是不如其他同事专业能力强。

C（Consequence，呈现以上信念导致的结果）：自我批判，失去斗志，没有勇气迎接新的挑战。

D（Disputation，让自己与以上信念辩论）：今天的公开课没有上好，并不是因为我的能力不够，之前我的许多公开课效果都很不错，这是同行们认可的，这充分证明了我的能力是可以的。今天的公开课没有上好，有一些外部因素，如计算机在使用时出现了故障。只要我不断反思，不断学习，今后的公开课一定会上得更好。

E（Energization，激发新的行动）：我要好好分析这次公开课不理想的原因，同时向其他上课上得好的同事学习，争取把下个月的公开课上好。

这个方法其实也是一个结构化写作的方法，它会改变幼儿教师的消极信念，坚持一个月，你的职业焦虑情绪一定会明显减轻。

**6．发现并铭记工作的快乐时光**

平时，幼儿教师要善于发现工作中的美与快乐。这些美与快乐包括：小朋友天真的微笑、无忧无虑的玩耍和进步，家长的感恩、尊重、满意、配合和支持，同事的体谅、支持和致敬，园长的肯定、鼓励、善意批评和帮助……

幼儿教师可以每天下班后用10~15分钟回忆当天工作中得到的快乐并记录下来，然后时不时地翻阅。在工作中有快乐，工作就不是负担，而是享受，工作的压力自然会减轻，甚至消失。

### 最后的买卖

泰戈尔

早晨，我在石铺的路上走时，我叫道："谁来雇用我呀？"

皇帝坐着马车，手里拿着剑而来。

他拉着我的手，说道："我要用权力来雇用你。"

但是他的权力算不了什么，他坐着马车走了。

正午炎热的时候，家家户户的门都闭着。

我沿着屈曲的小巷走去。

一个老人带着一袋金钱走出来。他斟酌了一下，说道："我要用金钱来雇用你。"

他一个一个地数着他的钱，但我却转身离去了。

黄昏了。花园的篱上满开着花，美人走出来，说道："我要用微笑来雇用你。"

她的微笑黯淡了，化成泪容了，她孤寂地回身走进黑暗里。

太阳照耀在沙地上，海波任性得浪花四溅。

一个小孩坐在那里玩贝壳。

他抬起头来,好像认识我似的,说道:"我雇你不用什么东西。"

从此以后,在这个小孩的游戏中做成的买卖,使我成了一个自由的人。[1]

"我"不论是谁,但是"我"是不去成人那里的,因为成人是为"用"所困的,他们的生活是不断地追求功利并充满诱惑的,就连人与人之间的交往也是要交换的,这势必是要被捆绑起来的。孩子那里才是"我"要去的地方,那里没有利益之争,有的却是绚丽多彩的游戏,这才是"我"想要的。泰戈尔和小孩子做成了最后的买卖,他得到了自由。

确实是这样,幼儿教师的职业幸福很大一部分来自孩子们,因为他们心地单纯,没有心计,没有尔虞我诈。和孩子们在一起,我们可以不用设防,可以和他们一样天真、单纯地生活着、快乐着!从这个意义上说,作为教师,我们每天都应该感恩孩子们,因为他们给我们带来了快乐,是他们改变了我们。

因此,强烈建议教师每天下午在和孩子告别时都隆重地感恩每一名孩子,给他们每人一个大大的拥抱,然后大声地对每一名孩子说:"谢谢你,今天你给我带来了……快乐!"此时,要努力说出该孩子的具体表现。

我们对每名孩子都怀有感恩的心,师幼关系就会融洽、温馨,我们的职业幸福感就会增加。希望各位教师都能和孩子们做成"最后的买卖",能体验到师幼互动中的快乐。

### 7.对自己的期望不要过高

幼儿教师的主要工作就是把小朋友们带好,这也是幼儿教师的基本任务。常言道,期望越高,失望越大。确实是这样,幼儿教师应该将自己的职业定位在"带好幼儿"上,做到了这一点,就没什么好指责的。如果幼儿教师将目标定位在"带好幼儿"上,那么其职业压力会减少一半以上。

在一些专家的"鼓励"下,许多幼儿教师的自我期望值过高——他们不甘心做能"带好幼儿"的普通教师,他们要成为"专家型教师"。他们不但要求自己带好孩子,还要进行科研、写论文、写专著。他们要成为"研究者""观察

---

[1] 泰戈尔.泰戈尔诗选[M].冰心,译.昆明:云南教育出版社,2009:426-427.

者""课程建构者""记录者"……这些未必恰当的职业定位是幼儿教师工作压力的一个重要源泉。因为自我期望值越高,期望越多,与现实的冲突就越激烈,产生的压力感就越大。作为一个特殊的教师群体,有的幼儿教师要求自己尽善尽美,并渴望得到别人的赞许和肯定,但很多时候却忽略了自身条件的限制,一旦受挫,便会增加心理压力和工作压力。高期望值需要个体付出更大的努力。

幼儿教师应该将职业定位在"带好幼儿"上,如果还有余力,再做点研究。但对绝大多数幼儿教师而言,能力限制其无法成为所谓的专家,他力所能及的就是做好具体的工作:把小朋友们带好,让小朋友们喜欢来幼儿园,让家长们放心和满意。当这些普通的幼儿教师有了成为"专家"的梦想时,他们宁静的生活就会被打破,各种相关的压力就会随之而来。

**8. 保持良好的人际沟通**

良好的人际关系,可以减少工作的压力,同时人与人之间的沟通与交流是舒缓压力的有效方式。在幼儿园工作中,幼儿教师要努力尊重每个人,关心每个人,友善地与每个人相处,善于发现每个人的优点,接纳并赞许每个人,积极主动地与每个人合作交流,乐于助人,这有利于与他人建立良好的情绪情感关系,进而有助于减轻工作压力,特别是减轻人际关系带来的压力。

幼儿教师要将同事变成好朋友。在一个幼儿园里,至少要有3~5个要好的朋友,有快乐可以分享,有困难、痛苦、焦虑也可以分享。积极情绪越分享其动能越大,消极情绪越分享其动能越小。幼儿园里良好的人际关系是我们管理职业焦虑的最后防线。在幼儿园工作中,如果在你觉得快要崩溃时,有一个温柔而智慧的同事对你说"来,跟我说说",那么你会觉得,这个世界还不算太坏!当然,反过来,我们也要努力成为同事心中的"最后防线"。

**9. 形成缓解压力的好习惯**

幼儿教师群体是充满竞争的群体,在这种竞争的环境中,我们要学会适当休息,学会适当娱乐。不要做"工作狂","明天"的工作,不要今天做,要不然"明天"的工作永远做不完。总是为"明天"的工作而忙个不停,最后你只能落个身心憔悴。

不要总是和时间"赛跑",否则你的身心健康都将受损!无论工作有多忙,

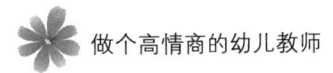

都要给自己的生活留下一点空间,去散步、聊天、聚会、旅游等,这些活动都可以让精神上绷紧的弦有松弛的机会。

娱乐,不是浪费时间,是为更好地工作积聚精神和力量。

体育锻炼不仅可以强身健体,还可以培养克服困难、勇往直前的良好意志品质,可以减轻心理压力;同时体育运动本身也是释放、舒缓压力,提振精神的有效途径。研究表明,压力反应会在机体中产生激素、葡萄糖等物质,适当运动会消耗、释放这类物质,维持机体处于健康的状态。运动也会暂时让幼儿教师从繁杂的工作中解脱,舒缓紧张的工作节奏,有利于调整工作状态。

不过,并非所有的体育运动都有这一功能。只有那些需要高度集中注意力的体育运动对舒缓幼儿教师的职业焦虑情绪才有效,比如打壁球、网球、乒乓球是有效的,而散步则在舒缓幼儿教师职业焦虑方面的功能非常有限,因为它太容易了,不需要调动很多的注意力。

幼儿教师可以有规律地开展体育活动,每周3次,每次1小时。坚持就会有效果。

心理学研究表明,长期的冥想练习可以使人提升专注力,平稳情绪。每天冥想15分钟,坚持半年,你的焦虑情绪会大大减轻。下面向大家介绍张慧老师的"三分钟注意力练习"。这个练习不限场合,没有环境和设备要求,坐着、躺着、站着都能进行,甚至在拥挤的地铁上也可以进行。

(1)第一分钟,叫作自我采访。问问自己:我脑子里现在在想什么?对此我心里的感觉是怎样的?我的身体有什么反应吗?

(2)第二分钟,把思维的角度收窄,把所有的注意力用来数呼吸,先不用在乎呼吸的方式,只需要把自己的注意力放到数呼吸上。

(3)最后一分钟,再次把注意力放大,要从呼吸放大到自己的全身,还要把注意力扩大到感受你周围的环境、声音、气味上。

这就是一个最小化的正念冥想练习。通过这个过程,你可以告诉自己:焦虑只是一种情绪,它不能绑架你,你随时随地可以把主导权掌握在自己的手里。

# 第三章

# 幼儿教师高情商中的自我激励技能

高情商中的自我激励就是幼儿教师在任何时候都对自己从事的幼儿教育工作充满激情，不怕挫折，不自怨自艾，永远进取。由于幼儿教师在许多方面受情绪影响，所以需要通过自我激励，激发工作的热情、干劲和自信，摆脱消极情绪的影响，以达成自身专业发展的目标。幼儿教师要学会自我激励，树立明确的职业目标和健康自信的生活态度，提高学习和工作效率，唤醒沉睡的生命激情，激励自己取得成就，将自己带入崭新的工作状态。

一般而言，一名能够自我激励的幼儿教师，在幼儿园里做任何事情的效率都比较高。善于自我激励的幼儿教师会专注于某一目标，能够对幼儿园工作保持高度、持续的热忱。

## 一、幼儿教师自我激励的目标

哈佛大学有一项非常著名的关于目标对人生影响的跟踪调查。该项调查的对象是一群智力、学历、环境等条件都差不多的年轻人，调查结果发现：27%的人没有目标，60%的人目标模糊，10%的人有比较清晰的短期目标，3%的人有十分清晰的长期目标。

25年后的跟踪调查发现，他们的生活状况发生了变化。

那些3%的人——几乎不曾更改过自己的人生目标。25年后，他们经过不懈的努力，几乎都成了社会各界顶尖的成功人士，其中不乏白手创业者、行业领袖、社会精英。

那些10%的人——几乎都生活在社会的中上层。其共同特点是短期目标不断被达到，生活质量稳步上升。他们成为各行各业不可或缺的专业人士，如医生、律师、工程师、高级主管等。

那些60%的人——几乎都生活在社会的中下层。虽然他们能安稳地生活与工作，但都没有什么特别的成绩。

那些27%的人——几乎都生活在社会的最底层。他们都过得很不如意，常常失业，靠社会救济，常常抱怨他人，抱怨社会，抱怨世界。[1]

上述调查结果告诉我们，人生目标对事业成功多么重要。因此，幼儿教师为了取得事业上的成功，必须明确自己的专业发展方向，并且要持之以恒地用力。

### （一）做个有教育信仰的幼儿教师

教育信仰是幼儿教师对幼儿教育活动在个体和社会发展过程中的价值及其实现方式的极度信服和尊重，并以之为幼儿教育行为的根本准则。幼儿教育活动在个体和社会发展中的价值性是整个幼儿教育活动的出发点，也是整个幼儿教育活动所努力追求和实现的东西。幼儿教师的教育信仰包括信仰认知、信仰情感和信仰意志三个心理因素。它是从相信到坚信以至崇敬的认识过程，以"信"为基础，是信仰认知、信仰情感、信仰意志的统一。信仰认知是教育信仰的基础，信仰情感是教育信仰最直接的动力之源，信仰意志对教育信仰过程起调控和保证的作用。[2]

信仰是人的行动指南，信仰是行动之母。在心理上，信仰表现为对某种事物的仰慕和向往；在行动上，则表现为以某种思想体系为准则来解释和改造世界。在教育信仰的引领下，幼儿教师会感到精力充沛，精神饱满，进而促进其专业迅速成长，促进其将自己的人生理想和价值定位于献身幼儿教育事业。

教育信仰是幼儿教师个体人生幸福的内在需要。幼儿教师是人类灵魂的工程师，是一份神圣却清贫的职业。在当前的社会环境下，是什么力量支撑幼儿教师有如此毅力固守这份清贫和平凡呢？显然，这不是源自外在的物质性力量，而是源自内在的精神性力量——教育信仰对幼儿教师来说是最重要的一

---

[1] 阮晓波，程旭辉. 与官员谈领导情商[M]. 北京：国家行政学院出版社，2010：86-87.
[2] 吉喆. 论幼儿教师教育信仰的养成[J]. 教育理论与实践，2016（17）：42-44.

种精神力量和动力来源。教育信仰能引导幼儿教师在面对利益纷争和艰难困苦时,努力迎接挑战并坚守自己的职业良知,坚定地认同幼儿教师职业以及与这种职业相关联的生活方式。只有有教育信仰的人,才能在幼儿教育这个行业内坚持下来;只有有教育信仰的人,才能全身心地爱幼儿,爱工作;只有有教育信仰的人,才会愿意将自己的青春和智慧奉献给幼儿教育事业。

为了树立正确的幼儿教育信仰,我们应该注意以下六点要求。

**1. 将教育之爱放在首位**

幼儿教师必须深刻理解幼儿保教工作的意义,发自内心地热爱幼儿教育事业,具有崇高的职业理想,愿意为幼儿的发展、为幼儿教育事业的发展贡献自身的聪明才智。如果幼儿教师没有这样的教育信仰,那么他有再多的专业知识和技能,也很难在幼儿教育领域做出好成绩。

相对于幼儿园保教工作所需要的知识与技能来说,对幼儿教育工作的态度,特别是对幼儿教育事业的挚爱,应该是一名教师根本的专业素养。如果幼儿教师没有具备这种根本的专业素养,那么他就没有恒心面对幼儿教育这种没有止境的工作,也没有毅力固守幼儿教师的这份清贫和平凡。陶行知先生曾表示,真正的教育家要有孔子之热忱,要博爱,还要有忘我精神。这也正是幼儿教师必须具备的教育信仰。

**2. 努力学习幼儿教育知识**

幼儿教师的教育信仰建立在其对幼儿教育理性认识的基础上。因此,幼儿教师要努力学习幼儿教育相关知识:既要学习国内的幼儿教育知识,又要学习国外的幼儿教育知识;既要学习当代幼儿教育家的幼儿教育主张,又要学习近代、古代幼儿教育家的幼儿教育主张;既要学习纯幼儿教育知识,又要学习普通教育知识;既要学习幼儿园教育知识,又要学习幼儿家庭教育、幼儿社会教育知识;既要通过教育专著来学习,又要通过报刊、网络来学习;既要通过各种文献来学习,又要通过现场听讲座和观摩交流来学习。只有这样,幼儿教师才能更好地把握幼儿教育的各种关系,进而建立起更加合理、科学的幼儿教育信仰。一般来说,对幼儿教育事业知之愈深,就爱之愈切,信之愈笃,行之愈坚。[1]

---

[1] 石中英. 教育信仰与教育生活[J]. 清华大学教育研究,2000(2):28-36.

教育信仰是教师对教育信念的一种坚信和仰望。幼儿教育信仰首先是一种教育信念，但不是所有的教育信念都会成为幼儿教育信仰。只有被教师认定具有最高价值并在精神层面占统摄地位的教育信念才能被转变为教育信仰。幼儿教育信念存在于意念层面，而教育信仰不仅停留在意念层面，还具有实践的倾向。[1]

### 3．向教育名家学习

幼儿教师应该多读世界伟大教育家的传记、专著，特别是多读那些对幼儿教育影响较大的教育家（如，卢梭、蒙台梭利、杜威、布鲁纳、加德纳、皮亚杰、苏霍姆林斯基、陈鹤琴、陶行知、梁漱溟、蔡元培等）的传记和专著，从中感悟他们对教育的挚爱和执着，体会他们赋予教育事业的崇高理想和从事教育工作的强烈责任感，进而受到震撼和激励，感悟他们的深刻思想，感受他们对教育本质、教育规律以及教育应然状态的深刻认识，感受他们对世界和人性理解的深度，从而正确地认识幼儿教育本质，形成正确的幼儿教育理念，确立科学、理性的幼儿教育信仰。

### 4．对原有的教育信仰进行审视

任何一种教育信仰都有生成基础。如果生成基础发生变化，那么相应的教育信仰也应该随之变化。这要求幼儿教师对原有的幼儿教育信仰具有一种清醒的批判力，根据自己对幼儿教育实践和理论知识的新感悟、幼儿教育研究的新成果、社会发展对幼儿教育提出的新要求，对原有的幼儿教育信仰进行及时检视，从而建立新的幼儿教育信仰，创造出适合时代发展要求的幼儿教育。[2]

### 5．形成坚定的教育意志

教育意志是幼儿教师教育信仰形成和践行的支柱和保证，它在幼儿教师的信仰认知和信仰情感转向为教育实践的过程中表现为一定的自制力。顽强的教育意志赋予幼儿教师内在的自制力，使幼儿教师的心态更加稳定，执着于其所信奉的幼儿教育价值和理想追求，使幼儿教师克服幼儿园工作中的各种困难和

---

[1] 韩大林，陈秋枫．论教师教育信仰的功用及养成[J]．内蒙古农业大学学报：社会科学版，2008（5）：135-136．
[2] 石中英．教育信仰与教育生活[J]．清华大学教育研究，2000（2）：28-36．

阻力，为实现自己的幼儿教育理想信念不惜牺牲一切。

**6. 借鉴名家的教育信仰**

在下述的教育名家教育名言中，是否有适合你践行的教育信仰？如果有一些完全适合你，那么你就可以直接使用；如果有一些需要进行一定的修改才能适合你，那么你就可以根据自己的需要改造后使用。

◎波莉亚：学习任何知识的最佳途径是由自己去发现，因为这种发现理解最深，也最容易掌握其中的规律、性质和联系。

◎布鲁姆：学习中经常取得成功可能会引发更大的学习兴趣，并改善学生作为学习者的自我概念。

◎第斯多惠：应当考虑到幼儿天性的差异，并且促进独特的发展。不能也不应使一切人都成为一模一样的人，并教以一模一样的东西。

◎蔡元培：教育者，非为已往，非为现在，而专为将来。

◎哈钦斯：教育的目的在于能让青年人毕生进行自我教育。

◎林肯：事实上教育便是一种早期的习惯。

◎卢梭：做老师的只要有一次向学生撒谎撒漏了底，就可能使他的全部教育成果从此为之毁灭。

◎卢梭：问题不在于教他各种学问，而在于培养他爱好学问的兴趣，而且在这种兴趣充分增长起来的时候，教他以研究学问的方法。

◎卢梭：要尊重幼儿，不要急于对他做出或好或坏的评判。

◎卢梭：做老师的人经常在那里假装一副师长的尊严样子，企图让学生把他看作一个十全十美的完人。这个做法的效果适得其反。他们怎么不明白，正是因为他们想树立他们的威信，他们才反而摧毁了他们的威信。

◎马卡连柯：教育工作中的百分之一的废品，就会使国家遭受严重的损失。

◎马卡连柯：我的基本原则永远是尽量多地要求一个人，也要尽可能地尊重一个人。

◎马卡连柯：培养人就是培养他对前途的希望。

◎马卡连柯：凡是不善于模仿，不能运用必要的面部表情或者不能够控制自己的情绪的教师，都不会成为良好的教师。

◎培根：习惯真是一种顽强而巨大的力量，它可以主宰人的一生，因此，人从幼年起就应该通过教育培养一种良好的习惯。

◎裴斯泰洛齐：每一种好的教育都要求用母亲般的眼睛时时刻刻准确无误地从孩子的眼、嘴、额的动作来了解他内心情绪的每一种变化。

◎萨克雷：播种行为，可以收获习惯；播种习惯，可以收获性格；播种性格，可以收获命运。

◎苏霍姆林斯基：把一个学生的缺点和毛病公诸集体，是一种非常细致的事情，要很有分寸，讲究方法，要有很高的技巧。集体对个人施加的影响应当是含蓄的、潜移默化的，而且最主要的是使学生认识自己，对自己负责。

◎苏霍姆林斯基：道德教育的核心问题，是使每个人确立崇高的生活目的。……人每日好似向着未来阔步前进，时时刻刻想着未来，关注着未来。由理解社会理想到形成个人崇高的生活目的，这是教育，首先是情感教育的一条漫长的道路。

◎苏霍姆林斯基：很难想象还有什么比由于不公正而产生的情感上的麻木更能摧残幼儿心灵的了。

◎苏霍姆林斯基：教育者的个性、思想信念及其精神生活的财富是一种能激发每个受教育者检点自己、反省自己和控制自己的力量。

◎苏霍姆林斯基：没有爱，就没有教育。

◎苏霍姆林斯基：没有自我教育就没有真正的教育。

◎苏霍姆林斯基：每个人都是一个完整的世界，一个思想、感情和感受的世界。个人怎样"影响"集体，集体又怎样"影响"个人，对此我们是无权视而不见。让学生感到孤独，感到对他的痛苦和欢乐无人做出反应，这是教师的道德所不容的。

◎苏霍姆林斯基：世界上没有才能的人是没有的。问题在于教育者要去发现每一位学生的禀赋、兴趣、爱好和特长，为他们的表现和发展提供充分条件和正确引导。

◎苏霍姆林斯基：我们手中掌握的是世界上最宝贵的财富人。我们如同雕刻家雕琢大理石那样在塑造人。……只有相信人的人，才能成为真正的教育能手。

◎苏霍姆林斯基：我的教育信仰在于使人去为他人做好事，并发自内心深处去做，在于建造自我。

◎苏霍姆林斯基：让每一个学生在学校里抬起头来走路。

◎苏霍姆林斯基：一个无任何特色的教师，他教育的学生不会有任何特色。

◎陶行知：好的先生不是教书，不是教学生，乃是教学生学。

◎陶行知：教师的职务是"千教万教，教人求真"，学生的职务是"千学万学，学做真人"。

◎陶行知：你要教你的学生教你怎样去教他。如果你不肯向你的学生虚心请教，你便不知道他的环境，不知道他的能力，不知道他的需要，那么，你就有天大的本事也不能教导他。

◎陶行知：培养教育人和种花木一样，首先要认识花木的特点，区别不同情况给以施肥、浇水和培养教育，这叫"因材施教"。

◎陶行知：人像树木一样，要使他们尽量长上去，不能勉强都长得一样高，应当是立脚点上求平等，于出头处谋自由。

◎陶行知：要想学生好学，必须先生好学。唯有学而不厌的先生才能教出学而不厌的学生。

◎陶行知：要学生做的事，教职员躬亲共做；要学生学的知识，教职员躬亲共学；要学生守的规则，教职员躬亲共守。

◎陶行知：因为道德是做人的根本。根本一坏，纵然使你有一些学问和本领，也无甚用处。

◎陶行知：在教师手里操着幼年人的命运，便操着民族和人类的命运。

◎乌申斯基：教师的人格就是教育工作者的一切，只有健康的心灵才有健康的行为。

◎叶圣陶：教是为了不需要教。……就是说咱们当教师的人要引导他们，使他们能够自己学，自己学一辈子，学到老。

◎叶圣陶：教师之为教，不在全盘授予，而在相机诱导。

◎赞科夫：当教师把每一个学生都理解为他是一个具有个人特点、具有自己的志向、自己的智慧和性格结构的人的时候,这样的理解才能有助于教师去热爱幼儿和尊重幼儿。

### (二)做个有教育理想的幼儿教师

幼儿教育理想,是幼儿教师在学习和工作过程中形成的对幼儿教育未来的美好想象和希望。

教育理想是幼儿教师工作的指路明灯。没有教育理想,幼儿教师的工作就没有方向。有了幼儿教育理想,幼儿教师的教育行为就不再是盲目的尝试,而是有目的、有计划地为教育理想的实现而努力。

幼儿教育理想定了,幼儿教师工作的努力方向就明确了,这样有利于集中精力以幼儿教育理想为核心开展工作,进而提高幼儿教育工作的效率。

幼儿教育理想是幼儿教师对从事的幼儿教育工作的向往和追求,是激励幼儿教师专业工作的内在精神动力,它超越工具理性的功利追求,更多体现的是一种价值理性的追求,它诠释的是幼儿教师因"教育工作的意义"而工作,而非因"被雇用,为谋生"而工作。

教育理想激励幼儿教师在专业发展上不断有追求,推动他们不断提高专业素养,进而不断提高幼儿教育工作质量和工作效率。

苏格拉底说:"世界上最快乐的事,莫过于为理想而奋斗。"加里宁说:"只有向自己提出伟大理想,并以自己全部的力量为之奋斗的人,才是最幸福的。"如果幼儿教师有了职业理想,那么工作不仅仅是为了生活,更是为了理想。看到教育理想在自己的努力下逐渐实现——幼儿的成长与爱戴,家长的支持与满意,园长的肯定与鼓励,自身的专业成长与快乐——职业幸福感会油然而生。对于有教育理想追求的幼儿教师来说,幼儿教育工作和家长工作方面的困难不是困难而是磨炼,幼儿教育工作和家长工作方面的挫折不是挫折而是动力。有了教育理想,幼儿教师就会苦中作乐,工作中的一切艰难困苦都是一种享受。

在树立正确的幼儿教育理想方面,幼儿教师可以从"理想中的幼儿园""理想中的班级""理想中的幼儿教师""理想中的幼儿""理想中的幼儿教育活动""理想中的活动区"等几个方面进行思考,并将之具体化。

优质的幼儿园教育是一种源于幸福生活,为了幸福生活的教育。优质的幼儿园教育关照幼儿和教师在教育活动过程中的生活质量,幼儿和教师在优质的幼儿园教育过程中都能获得满足感和幸福感。

### (三)做个优秀的幼儿教师

幼儿教师工作的最初5年的目标应该是成为一名优秀的幼儿教师。下面向大家介绍一下优秀幼儿教师与普通幼儿教师的区别。

#### 1．关于刚入职时

普通幼儿教师:最看重工资的高低,在一无所长的前提下,没有想过学习丰富的保教工作经验和职业技能。

优秀幼儿教师:选择一所幼儿园,他们更看重的是能否学到东西,能否在专业上有所长进,他们利用一切机会学习保教工作经验,踏踏实实地学习业务技能。他们相信只要有先进的、丰富的经验和能力,以后无论到哪所幼儿园都能赢得高薪。

#### 2．关于对待问题

普通幼儿教师:在保教工作实践中,他们会发现各种各样的问题。对于这些问题,他们往往以抱怨的态度对待或者绕开问题,而没有想方法解决。比如,与家长有冲突,他们不是研究冲突的根源与措施,而是想办法躲避这些家长。

优秀幼儿教师:在保教工作过程中,他们碰到问题后会冷静地分析原因,并通过各种手段解决问题,培养一种解决问题的意识和能力,进而提高保教工作质量。

#### 3．关于执行力

普通幼儿教师:对于园领导交代的事情,本着"能做就做,不能做就慢慢磨"的态度,执行效果较差。

优秀幼儿教师:对于园领导交代的事情,积极解决,遇到困难时主动与园领导沟通,寻找解决办法,执行效果好。

#### 4．关于个性

普通幼儿教师:他们个性张扬,以自我为中心,不善于处理自己与同事、园

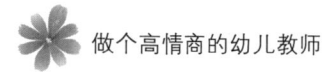

领导的关系，往往给人一种很浮躁的感觉。

优秀幼儿教师：他们为人谦虚低调，能协调好与园领导、同事的关系，人际关系非常好。

### 5．关于下班后

普通幼儿教师：他们下班后往往通过看电视、玩游戏等方式，度过一段休闲的时光，极少主动反思与学习，也很少为明天的幼儿园工作做准备。

优秀幼儿教师：他们下班后会抽出时间回顾当天的工作内容，反思自己的长处和短处，并规划好第二天的工作内容和形式。他们还会在线下看书，在线上听专业讲座。他们能充分利用一切机会提高自己。幼儿教师的优秀与否，不仅体现在上班的8小时之内，更体现在下班后的时间。每晚抽出2小时阅读、进修、思考或参加有意义的专业演讲、讨论、讲座并持之以恒，你会发现，你的专业知识和专业能力会有一个由量变到质变的过程。

### 6．关于工作流程

普通幼儿教师：他们工作杂乱无章，搞不清楚幼儿园工作最重要的是什么，也弄不清楚幼儿园一日活动的流程与要求，工作忙起来后往往手足无措。

优秀幼儿教师：他们能很好地做好幼儿园一日活动规划，一日活动能够有序、规范地进行。

### 7．关于家长沟通

普通幼儿教师：他们和家长沟通时往往比较被动，往往是家长问什么，他们就回答什么，没有感情的加入，家长体会不到教师对孩子的爱，也体会不到教师的专业水准，家园关系缺乏内在的信任感。

优秀幼儿教师：他们能很好地处理与家长的关系，他们不仅主动与家长交流孩子的发展和教育情况，还让家长感受到教师对孩子的深爱以及处理教育问题的专业性。他们不仅能够得到家长的认可，还能得到家长的尊敬。

### 8．关于视界

普通幼儿教师：由于缺乏理论基础，他们在思考问题时，往往纠结于某个个别问题，有时为了应对某个孩子的单个问题，不惜影响整个班级的全面工作。

优秀幼儿教师：由于基础理论雄厚，他们在思考问题时，能从整体角度出发,很好地协调各种教育要素之间的关系,进而更容易取得预期的教育效果。

**9. 关于批评**

普通幼儿教师:他们对忠言逆耳理解得不透彻,总认为自己想的是对的,把园领导、同事、家长或幼儿的意见或建议不当一回事,我行我素,保教工作低效,甚至不断重复错误。

优秀幼儿教师:他们能谦虚地接受批评,认识到自己所犯的错误,积极总结经验并加以改正,努力不犯"二过"!面对园领导的批评,他们会使用"话留三分"的技巧,即"部分同意"园领导的批评意见,而不是全部接受或者反对对方的话。如,园长说"你总是为一点小事就发脾气",你不要这样回应"是,是,是,我就是这样的人",或者说"不,不,不,我不是这样的人,你误解我了",而应说"没错,我有时也发现自己容易被激怒"。当园长抱怨说"面对我提的意见,你总是不接受",你的回应应是"没错,有好几次,你提的意见,我没有接受"。对园领导的意见如此,对同事、家长和幼儿的意见也应如此。

**10. 关于职业规划**

普通幼儿教师:他们没有职业规划,过一天是一天,对自己没有长远的设想,得过且过。他们时不时会出现无聊空虚的感觉,因为心中没有成长的目标,所以在专业上进步很少,甚至不断退步。

优秀幼儿教师:他们有自己的职业规划——1年、2年、3年、5年规划,有自己的上升计划,知道自己在专业上想要什么,也知道如何努力。他们的日子过得充实而有成就感,他们每天都在进步。

## (四)做个具有"不可替代性"的幼儿教师

做个具有"不可替代性"的幼儿教师——这是我时常给学生提出的专业发展建议。幼儿教师的不可替代性主要表现在:"人无我有,人有我优,人优我特。"具有不可替代性的幼儿教师应该是"合格+不可替代性",对一般幼儿教师来说,合格是基础,不可替代性是努力方向。

有些幼儿教师舞蹈技能很强,但她们不会教孩子跳舞,孩子跟其学舞蹈,没有快乐,没有成长,那么这些教师的舞蹈技能强是没有意义的,是不可以被称为"不可替代性"的。幼儿教师的"不可替代性"必须与保教工作、家长工作的效率和质量相关。幼儿教师的不可替代性主要体现在对孩子发展、家长服务、团队贡献和园长工作的理解和支持上。

幼儿教师的不可替代性具有相对性和发展性。幼儿教师的不可替代性是相对本园、本地区的幼儿教育状况而言的。幼儿教师的不可替代性是不断发展的，当你的某种不可替代性被同园、同地区的人拥有时，这种不可替代性就会消失，就不再是不可替代性。有些不可替代性可以让我们一直领先，有些则是暂时领先。因此，我们要不断提升，不断超越自己，不断超越同行。

我们可以把所有的幼儿教师分为以下几类：

A．认为自己"可替代"，实际上也可替代；

B．认为自己"可替代"，实际上不可替代；

C．认为自己"不可替代"，实际上也不可替代；

D．认为自己"不可替代"，实际上可替代。

假设你是园长，你最喜欢哪一类幼儿教师，最讨厌哪一类幼儿教师呢？我相信不出意外的话，你的答案应该分别是"B"和"D"。

如果要求D类人为"不可替代"找出一个理由的话，他们给出的答案往往是这样的：

——我在幼儿园里拥有很高的职位，应该是不可替代的。

——我是幼儿园里学历最高的人，当然不可替代。

——园长一直很赏识我，总该是不可替代的吧。

但是高学历、高职位并不代表高能力、高效率，更不应成为不可替代的理由。而受园长赏识的教师，或许只是因为他的潜质，而并不代表他已经不可替代。所以，一名教师是否不可替代，与职位、学历等都没有必然的因果关系。

要为"不可替代"找到充分的理由，你可以从以下角度考虑：如果你现在就宣布离职，在幼儿园内部会产生怎样的连锁反应？比如：

——在幼儿园运行的某一个或某一系列环节上，是马上出现问题，还是一切如常？

——幼儿园园长对你的离职会有何感想，是遗憾、沮丧，甚至痛心疾首，还是根本就无所谓？

——任何人取代你的职位后，是很快能胜任，还是会倍感任务的艰巨？

为了让自己更深入地理解"不可替代"的含义，你不妨寻找现实中的一些实例。

提到"不可替代"，你的脑海里会立即浮现哪些人的名字？把它们一一写下来，通过比较、分析，你会更清楚地知道自己离"不可替代"到底有多远。

幼儿教师要充分认识到在专业上具有不可替代性的意义，要充分显示自己在工作等方面的价值。如果没有个人的专业价值，那么在幼儿园里就不会引起人们的注意，也就不会在专业方面出人头地。所以要确定自己能做什么，自己的优势在哪里，并且持之以恒地努力，让自己的专业优势发扬光大，让自己的专业优势无人可及。

我曾在一个有400多人的培训现场，与幼儿教师交流以下4个问题。

"你是个合格的幼儿教师吗？""是的。"在正常情况下，几乎所有的幼儿教师都会这么回答。

"你是个优秀的幼儿教师吗？""应该是吧。"至少有20%的幼儿教师会给出肯定的答案，尽管态度不那么坚决。

"你是个卓越的幼儿教师吗？""嗯，这个嘛……"这一次，极少有人能够理直气壮地说"是"。

"你是个具有不可替代性的幼儿教师吗？"教师们沉默，长久地无语……

估计绝大多数的教师最终都会给出否定的答案。

不要只做一个优秀的幼儿教师，而要做一个具有不可替代性的幼儿教师——"优秀"已过时！

"优秀"已经是个相对过时的概念，在竞争激烈的幼儿园里，连"卓越"都变得岌岌可危。你的学历高，有人学历比你更高；你的资历长，有人资历比你更长；你的责任心强，有人责任心比你更强；你的教学成绩好，有人教学成绩比你更好。所以，对于一个幼儿教师来说，尽管学历、资历、责任心和业绩都非常重要，但仅仅拥有这些远远不够，你必须尽快、尽力、尽早发现和挖掘自己身上的"优势"，把自己塑造成一个具有不可替代性的幼儿教师。

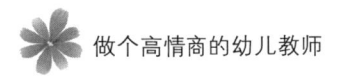

幼儿教师职业发展三大步——从平凡到优秀，从优秀到卓越，从卓越到"不可替代"的时代已经到来！

未来最受园长欢迎的是什么样的幼儿教师？唯一的答案是：具有不可替代性的幼儿教师。

未来幼儿园常青的秘诀是什么？唯一的答案是：拥有一批具有不可替代性的幼儿教师。

未来幼儿教师永远能够与幼儿园一起成长的秘诀是什么？做具有不可替代性的幼儿教师。

当前幼儿园之间的竞争异常激烈，幼儿园的生存靠什么？靠教师！

各方面待遇好的幼儿园都在努力搜寻优质师资。进入这些待遇好的幼儿园难，进入后留下来与幼儿园一起成长的教师更难——一不小心就会被裁掉。

面对幼儿园的竞争，面对幼儿教师就业岗位的竞争，只有那些具有不可替代性的幼儿教师才能进入待遇好的幼儿园工作，只有那些具有不可替代性的幼儿教师才不会被幼儿园裁掉，也只有那样的幼儿教师，才能升职加薪、与幼儿园一起成长。

比尔·盖茨说："这个世界不会在乎你的自尊，而是期望你先做出成绩，再去强调自己的感受。"所以，过程比动机重要，结果比过程更重要，幼儿园需要的"结果"就是你必须成为一个具有不可替代性的幼儿教师。

为了让大家能真正成为具有不可替代性的幼儿教师，下面给大家提出一些建议。

**1．选择一个适合的方向，并持之以恒地用力**

选择自己感兴趣的、有一定潜质基础的方向，然后持之以恒地用力，在实践上不断探索，在理论上不断学习、吸收，3~5年定能见效。

**2．建立个人的专业品牌**

在同事中，甚至在更大范围的同行中，建立你的个人品牌。好的个人品牌能达到三种效果：让人觉得真实可信、与众不同、可以被信赖。

做一个具有"独一无二"特性的幼儿教育工作者——你的说法和做法都很特别且高效，别人在听到或读到你的名字时，会想到你很特别的主张和做法。

这意味着你需要不断超越。

要建立你的品牌，还要推广你的品牌。你不推广自己，其他人也不会推广你。因此，教师可以通过博客、微信公众号、微博等网络平台推广自己。

在网络平台上，你可以不断发表体现自身专业理念的文章，这样可以极大地促进你的专业发展，还可以让你逐渐成为大家关注的对象。

### 3．对自己狠一点

年轻时，对自己狠一点，逼自己努力，再过5年，你将会感谢今天发狠的自己，恨透昨天懒惰自卑的自己。

一分耕耘，一分收获。相信努力一定会有收获。在专业上投入多少，在专业发展上就有多大的收获。这是一个从量变到质变的过程，不断努力一定能不断向前发展。

多看专业书，多听专业讲座，多参加专业研讨会，多进行专业思考和反思，持之以恒，定会不断向前发展，定会发生质的变化。

## （五）做个具有专业成长能力的幼儿教师

幼儿教师专业成长是其在幼儿园保教工作中，主动地、积极地、持续地参加各种正式与非正式的学习活动，促进保教工作的专业知识与技能的获得，内化幼儿园保教工作专业规范，形成专业精神，表现专业自主性，并实现专业责任的历程。幼儿教师专业成长涉及教师本身持有的想法、知识内涵、技能、态度、意愿、外显行为，或者内在情意的改变。

幼儿教师专业成长能力能够促进其专业素养的发展和提高。这是一种保证幼儿教师不断跟上，甚至引领幼儿园教育变化的能力，它对提高幼儿教师个人的专业声望和幼儿园教育的社会声望有十分重要的意义。

幼儿教师在师范学校中学到的只是基础的专业知识、技能和态度，要想胜任不断变化的幼儿园工作，还需要不断地学习和成长。

幼儿教师的工作对象是全班二三十个幼儿及其家长。他们具有不同的成长经历，具有不同的兴趣爱好、价值观和行为习惯，因此，幼儿教师必须不断学习和研究，才能有效应对幼儿教育工作和家长工作。

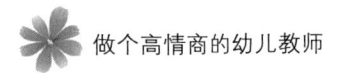

一名幼儿教师要想永远跟上幼儿园发展的步伐,一定记住要不断成长,停止成长就意味着放弃,意味着可能要被出局。

为了更好地促进自身的专业成长,幼儿教师在专业发展方面应注意以下策略与方法。

**1. 明确幼儿教师专业成长的方向**

在追求专业成长的过程中,幼儿教师可以将体现专业水准的《幼儿园教师专业标准(试行)》当作其专业成长的方向。具有专业水准的幼儿教师一般具有以下特质。

(1) 具有专业精神。好的专业学前教育工作者在任何情况下都能为工作本身着想,他们不会因为看到一个孩子来自贫民区,态度就与对待一个富商或高官家庭的孩子有所不同,也不会因为最近自身的情绪变化就影响自己的工作。

相比之下,我观察到专业水平低的学前教育工作者,常常把自己的情绪带到工作中。比如:最近和男朋友吵了一架,一周的工作都会受影响;早上接待家长时被某家长"委屈"了两句,后几天接待该孩子或其他孩子时就没有好脸色。这些都是缺乏专业水准的表现。

幼儿教师有一份教育信仰,对教育有一种神圣感,教育就开始成为一种天职性的实践。具体指向有:对职业有认同感与责任感、奉行教师的道德准则、追求自我价值的体现、深刻理解幼儿的发展、具有对幼儿的爱、致力于幼儿道德养成的示范与引导、对所有幼儿负责。

具有专业精神的幼儿教师有五个特征:具有"传道授业者"的精神,献身幼儿教育工作;乐于在专业工作实践中体现自己的个人价值与社会价值;确立对儿童一生的学习和发展负责的信念,具有高度的责任感,致力于不断完善"促进儿童身心充分发展"的教育方案;有近期和远期的工作目标和自我发展目标,并努力实现自我追求;在与儿童、家长、领导、同事交往的过程中表现出良好的职业道德、文化修养、工作作风及人格魅力。

(2) 遵守专业流程。开展学前教育工作需要一定的程序,有专业水准的学前教育工作者在面对一个教育情境时,能够按照专业程序来应对,而不是随意应对。在面对学前教育问题时,他们会对儿童进行一系列的观察和检查,排除那些可能性极小的情况，然后一步步找出问题的原因和教育对策。而缺乏专业水准的幼儿教师，在面对学前教育问题时则显得没有章法，完全凭经验行事，很少能找出问题的真正原因，更不能找出有效的对策。

（3）遵守行业规范。每个行业都有它的专业规范，作为一名具有专业水准的教师，一定要遵守行业规范。一名幼儿教师给我讲了她的经历：

有一天，有名家长在接孩子离园时晚到了25分钟，被罚了50元，因为他有一对双胞胎（她规定家长晚接孩子要交罚款：迟到时间≤30分钟，1元/分钟；迟到时间＞30分钟，5元/分钟）。第二天，园长得知此事后，让该教师取消这项规定，并且将罚款还给家长。她知道这名家长和园长是很好的朋友，因此拒不接受园长提出的建议。为此，园长很生气，钱还在她的手里……

她问我："我这样做，有什么不妥吗？我该怎么办？"

我说："你如此处理问题很不专业，你破坏了'行规'。你赶快到园长那里认错，并将罚款还给家长。"

（4）精益求精。有专业水准的幼儿教师愿意花功夫寻找工作的更好答案，而不是交差了事。幼儿教育工作看似简单，其实并不简单。"简单的事天天做好就是不简单，容易的事天天做好就是不容易。""每名教师把知道的事、明白的事、简单的事做好，就是有专业水准的教师。"在日复一日的工作中，一名有专业水准的教师能将简单的事情做到极致！

没有专业水准的幼儿教师则是在混日子，没有工作目标，每天都是简单地重复程序性工作，失败或成功都不知道原因在哪里。

（5）有完整的专业知识体系。有专业水准的幼儿教师常常有完整的领域知识，或者掌握成体系的专业知识和技能，而没有专业水准的幼儿教师常常只掌握零星的专业知识点。因此，前者具有分析问题，解决未知问题的能力，后者常常只能应用已知的一些知识。在面对未知的教育问题时，后者提不出任何有实际意义的建议，而前者则能够应用广博的专业知识，找到一个可行的解决方法（即使这种方法未必是最佳的）。

（6）不断学习和进步。具有专业素养的幼儿教师总是在动态中不断地追求进步，并且不断地进步（一流的幼儿教师都是不断学习和进步的），精通工作中的每一个环节，时常体验到工作的快乐。

没有专业水准的幼儿教师，从不注重学习和使用新知识、新技能，几年后原来的一点点专业资本逐渐丢失，工作上难以成功，时常体验到工作的单调乏味，进而产生职业倦怠。

（7）专业能力发挥良好且稳定。有专业水准教师和没有专业水准教师的区别并不在于后者组织不好一两次教育活动，或教育不好一两个孩子，而在于他们偶尔组织一两次教育活动后，可能伴随着多次教育上的失败，比如孩子对活动不感兴趣，或者孩子根本不听他们的，他们在工作时常常感觉到很吃力。相比之下，有专业水准的幼儿教师，发挥良好且稳定，教育上的失败只是偶尔出现，并且他们很快就能找到应对的有效措施。

（8）善于控制自己的情绪。有专业水准的幼儿教师能很好地控制自己的情绪，不会因为一次教育活动不如愿而放弃所有的教育，也不会因为组织好一次教育活动而得意忘形。而没有专业水准的幼儿教师，一次教育活动没有达到预期效果就会怨天尤人，甚至向孩子们发泄负面情绪。

总之，有专业水准的幼儿教师对幼儿教育的认识会越来越清晰，越来越深刻，他们对工作也会越来越得心应手，越来越热爱自己的工作，他们还会逐渐具有一份教育信仰，对待幼儿教育有一种神圣感，幼儿教育开始成为他们的天职性实践。

**2．反思中提升专业能力**

华东师范大学叶澜教授说："一个教师写一辈子教案，不一定能成为名师，如果一个教师写三年反思，就有可能成为名师。"所以，反思应该成为幼儿教师的一种职业习惯，我们应该在持续的反思中，不断地提高自己的专业水平，不断地精通自己的各项工作及其各个环节。

幼儿教师在完成一天的工作后，可以花10分钟左右的时间回顾当日所做的工作，然后按照如下顺序写出一天中的几点收获。你可以使用如下开头：

★我学到了……

★我惊讶的是……

★我开始想……

★我再次发现……

★我感到……

★我想我将……

持之以恒地积累，持之以恒地思考，我们的专业水平定会不断提高。

**3．论文写作中提升专业能力**

教育研究论文写作有利于教师把平时积累的经验系统化，有利于把长期积累的经验提高到理论的高度，有利于教师教育理论素养的提高。而幼儿教师教育理论素养的提高，又有利于他们创造性地工作和减少实践中的"盲从"和"盲目模仿"。

另外，论文发表或获奖有利于扩大幼儿教师的专业影响力，进而提高其在同行们中的地位，有利于提高职业成就感，这种成就感会给其带来持续的快乐。

**4．阅读中促进专业成长**

读书可以丰富知识，拓宽视野，启迪思维，增长智慧；读书会让我们变得有思想，变得深刻；读书可以滋养心灵，净化情感，愉悦精神，陶冶情操；读书可以提高我们的专业素养，加快我们的专业成长。细心的教师常常会发现，几乎所有的特级教师都有一个共同的嗜好——读书，他们充满智慧和灵气的教育活动正得益于其广博的知识积累和深厚的文化底蕴。

相信，通过日积月累和持之以恒的努力，阅读定会让我们的专业能力获得质的飞跃。

## 二、幼儿教师自我激励的策略与方法

幼儿教师在明确自身的专业发展方向后，就应采取适当的策略与方法，不断激励自己，以饱满的精神和充沛的精力，不断努力地追求既定的目标。

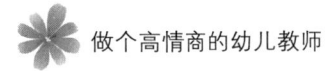

## （一）从现在开始努力

某杂志对全国60岁以上的老年人进行抽样调查，发现他们的人生后悔情况如下。

第一名：75%的人后悔年轻时努力不够，导致一事无成。

第二名：70%的人后悔年轻时选错了职业。

第三名：62%的人后悔对子女教育不当。

第四名：57%的人后悔没有好好珍惜自己的伴侣。

第五名：49%的人后悔没有善待自己的身体。

为了以后不后悔，我们应该从今天开始努力，开启一种不断拼搏进取的生活。

想好了，就去行动；行动了，才有机会。幼儿教师应该从此刻开始，向着心中的目标，试着做，好好做，努力做，拼命做，相信"一分耕耘，一分收获"。

## （二）相信自己的潜能

"自我意象"的发现是心理学和个性创造领域在21世纪最重要的发现之一。不管我们发觉与否，每个人的心中都有一幅心理蓝图或者自我肖像。自我肖像就是心理学上所说的自我意象，即关于"我属于哪种人"的自我观念，它建立在自我信念之上，对我们的个性发展和潜能发挥具有十分重要的意义。

不知道你是否听过下面这则寓言。

一天，一个喜欢冒险的男子爬到养鸡场附近的一座山上，他发现了一个鹰巢。他从巢里拿了一枚鹰蛋并带回养鸡场，把鹰蛋和鸡蛋混在一起，让一只母鸡来孵。孵出来的小鸡群里有了一只小鹰。小鹰和小鸡一起长大，因而不知道自己的真实身份。起初，它很满足，过着和鸡一样的生活。

但是，当它逐渐长大后，它的心里就有一种不安的感觉。它不时地想："我一定不是一只鸡!"只是它一直没有采取什么行动。直到有一天,一只了不起的老鹰翱翔在养鸡场的上空,小鹰感觉到自己的双翼有一股奇特的新力量,胸膛里的心脏正在猛烈地跳动着。它抬头看着老鹰,一种想法出现在心中:"养鸡场不是我待的地方。我要飞上青天,栖在山岩之上。"

它从来没有飞过,但是它的内心有着力量和天性。它展开双翅,飞升到一座矮山的顶上。在极为兴奋之下,它又飞到更高的山顶,最后飞上了青天,到了高山的顶峰,它发现了伟大的自己。

看完这则寓言,你有何感想?

我想,这种情况在我们的现实生活中确实大量存在。

在现实生活中,我们中的许多人本来就是"鹰",具有翱翔在白云间的能力,但由于长期生活在"鸡群"里,所以总认为自己仅仅是一只普通的"鸡",没有意识到自己是一只可翱翔在蓝天的"鹰",因而一直在"鸡群"里与"鸡"为伍,过着平庸的生活。这不但是个人的悲哀,也是社会的悲哀。

如果你是一只生活在"鸡群"里的"鹰",某一天,你突然强烈地意识到这一点,那么你搏击长空的潜能就能够得到开发,你就能够成为一只饱经风雨、远离"鸡群"的真正的"鹰"。

人的潜能十分巨大,我们能做的比我们想到的要多得多。在幼儿教师专业发展方面,我非常赞成这样的观点——"你想什么,什么就是你!"我们的自我意象对个体发展具有十分重要的导向作用。我们的自我意象决定着个人成就的界限,决定着我们能做什么和不能做什么。扩展自我意象,就等于扩展我们的"潜在领域",发展适当的自我意象能使我们富有新的能量、新的才华。

人的潜能很多,我们能做的事情是无限的。对大多数人来说,不怕做不到,只怕想不到。发展心理学指出,一般人的中枢神经细胞有一百多亿个,一生中充分利用的仅是其中的百分之几。只要我们有想法,并努力付诸行动,充分开发和利用个人所具有的潜力,就一定能创造辉煌!

以我自己为例,我于1988年从华中师范大学学前教育专业毕业,大学四年来只写过毕业论文《谈谈幼小衔接问题与对策》,直到1995年中国学前教育研究会召开第五届年会，我们教研室必须得有人写一篇论文并参会，当时的教研室主任谢小我老师就动员我写。我只好硬着头皮收集资料，然后开始写作大学毕业后的第一篇论文《谈幼儿园数学教学中的引导发现法》。幸运的是，当时这篇论文竟然入选了由南京师范大学出版社出版的会议论文集《继往开来　再创辉煌》，该文还在1995年第6期的《学前教育研究》上发表，然后学校里的许多领导和教师都认为我是个能写论文的人，我也认为是这样。从此，我的论文写作一发不可收拾，至今为止，我总共在各类报刊上发表了250多篇大大小小的论文，并且曾在一年内发表了43篇论文。

因此，我很想对大家说，相信自己，并付诸努力，你真的会变成你意想中的那个样子。请相信自己！

### （三）一切都还来得及

在网上看到如下材料：

有一名员工被收费站裁员了，她非常悲愤地说："我都36岁了。除了收费，啥也不会。到这个岁数，学东西都学不了，也学不会了。我这下半辈子可怎么办呢？"

而一位100岁的老奶奶说："我特别后悔60岁的时候没有开始练小提琴，如果当时练了的话，我现在已经是一个有40年经验的小提琴手了。"

不必悲观，一切都来得及，看准了目标，迈开步子向前走就行！目标明确，不断向前，就会有机会。后悔，停滞不前，一辈子就只能在后悔中度过。

### （四）相信时间的力量

马尔科姆·格拉德韦尔教授总结出"1万小时定律"，即在任何领域取得成功的关键跟天分无关，成功的唯一要素是坚持练习1万小时。一个人在10年之内，对他所从事的专业进行1万小时的练习；每周练习20小时，每天3小时，他就能在这个行业内获得成功。

哈佛有一个著名的理论：人的差别在于业余时间，而一个人的命运取决于晚上8点到10点之间。每晚抽出1.5小时用来阅读、进修、思考或参加有益的演讲、讨论，你会发现，你的人生正在发生改变，坚持数年后，成功会向你招手。

1万小时，可以成就一个人的专业梦想！

### 每天要对自己讲10遍

一个字：干。

二个字：主动。

三个字：我先来。

四个字：积极思考。

五个字：责任是我的。

六个字：有谁需要帮助。

七个字：目标一定会实现。

八个字：一切的工作为了爱。

九个字：我要成为多给予的人。

十个字：只有结果才能证明实力。

十一个字：谢谢你们让我有机会付出！

每天要对自己讲10遍，并且连续讲，10年后一定会有奇迹发生在你身上！

### 每天进步一点点

$1.01^{365} = 37.8$

$0.99^{365} = 0.03$

$1.02^{365} = 1377.4$

$0.98^{365} = 0.0006$

不知道大家看了上述数字的变化后有什么感受，这充分印证了古语："积跬步以至千里，积怠惰以致深渊。"因此，我们应该每天努力前进一小步，每天比

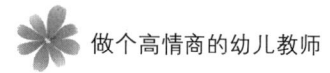

别人多进步一点点，一年下来就跨了一大步，十年下来你就将别人远远地甩在了后面。

请相信时间的力量！

### （五）努力发展自己，成就自己

给年轻教师两个建议：接近优秀教师，让优秀教师的态度、想法影响你；走出去学习，让精彩的世界影响你。

当你的周围充满正能量时，你就会成为一个正能量的人。

### （六）形成积极的工作态度

#### 1．培养积极的工作态度

经常与有活力、事业心强、工作业绩不错的行内人士交往，这对培养积极向上的精神状态有帮助。对于工作，要多看事物的光明面，但也不要回避问题，要勇敢接受挑战——面对困难，更多地想到的是如何解决，而不应是如何逃避。

在自己感兴趣的地方努力，那是勤奋；在自己不感兴趣的地方努力，那是刻苦。经济学家兰斯博格说："千万不要在你没兴趣的领域追求成功，因为你得跟那些真有兴趣的人竞争。没有兴趣，你怎么争得过人家？"

#### 2．对幼儿教育工作保持热情

优秀与平庸的幼儿教师的一个重要区别就在于他们对幼儿教育工作是否有热情。优秀的幼儿教师对工作充满热情，他们一提到工作就会精神大振，就会兴奋，就会充满活力；相反，平庸的教师则是一提到工作就会倦怠。

一个热爱工作的人往往比不热爱工作的人，愿意多付出一些额外的努力，因此在工作方面也往往表现得更为卓越。

#### 3．别诉苦，别抱怨

在幼儿园里工作，再苦也不要说，不要抱怨。有问题，要努力解决问题；有苦，要努力想办法提高效率，并从中获得快乐。

# 第四章

# 幼儿教师与园领导交往中的高情商技能

处理人际关系是情商的一个重要组成部分，它是指能够很好地与他人沟通，处理好人际关系。高情商的幼儿教师能够很好地与园领导、同事、家长和幼儿进行有效的沟通和交流，并能与他们建立良好的人际关系，这样幼儿教师能够在幼儿园工作中左右逢源，并且成为佼佼者，让幼儿教育工作变得更加有效、高效、顺畅，工作时的心情更加舒畅。

本章主要谈谈幼儿教师在幼儿园工作过程中，如何高情商地与园领导交往，进而为自己的幼儿园工作创造一种融洽、和谐的工作环境，促进幼儿园工作更加高质量地、高效地完成。

幼儿教师在与园领导交往的过程中，应该注意以下情商要求。

## 一、理解园领导的良苦用心

当你自认为辛苦、艰难和委屈时，请从积极和善意的角度认识、理解园领导给你带来的困惑、压力，甚至委屈。

### （一）园领导总在你面前说教

园领导总是喜欢"教训"你，这并不是因为你的幼儿保教工作和家长工作做得不够优秀，而是他想让你在专业上变得更优秀！

因此，当园领导时常在你面前数落你的"不是"时，请多点善意的理解。如果园领导不是出于善意，那么当你获得孩子和家长的认可时，他就不会露出欣慰的微笑。

### （二）园领导对你总是严格要求，甚至有点严厉

园领导对你严厉，不是他对你的要求高，而是幼儿的成长要求和家长的教育要求越来越高！

当你对园领导的要求有抵触时，你或许从未看出园领导眼中的焦急——他真心为你的专业成长感到焦急，也为幼儿和家长的高要求而焦急。

### （三）园领导时常批评你

园领导批评你，不是因为你所犯的错误不可原谅，更不是有意与你作对，而是提醒所有教师要注意：幼儿园保教工作、家长工作来不得半点马虎！他希望园所内的所有教师都能够从错误中找到专业成长的方向。

当你工作不顺畅时，你或许想不到园领导暗自难过的表情和焦急的内心。园领导真的为每名教师面临的专业困境焦虑，他由衷地希望大家都能工作顺利。

当面对园领导的批评时，幼儿教师思考的重点应该是"我应该从哪里入手解决问题"，而不是"领导说得对不对"，要学会说两句话。第一句话是"你说得对，我很受益，请你展开讲讲"。注意，这一句话能让园领导的情绪逐渐恢复平静，你和园领导的对话就不会以情绪激动收场，而是变成前辈的勉励、领导对下属的勉励。第二句话是"我有以下几点计划（或想法），请你看看思路对不对"。这句话强调的是，无论是当面表达，还是事后书面表达，在受到批评后，一定要主动给园领导反馈。给园领导反馈，不是为了认错，而是告诉园领导从他的批评中你收获了什么。这既是对你与园领导关系的主动修复，也是让园领导看到你的进步和真诚。你与园领导之间的关系会因此重新进入良性循环系统，进而把园领导的批评转化成促进你与园领导之间良性互动的契机。

### （四）园领导时常给你重任

园领导时常给你压"担子"，不是他认为你"人善""老实可欺"，而是他认为你有潜力，你能成长，所以才给你重任。

因此，请不要抱怨园领导总是给你重任，而要努力完成园领导所给予的重

任,并在完成重任的过程中提高和发展自己。

幼儿教师不仅不应该抱怨,还应该注意感恩,因为园领导的重任能够让你快速地成长。当园领导不再用重任来"为难"你时,那才是可怕的,因为那样说明园领导基本上放弃你了。

所以,当园领导对你委以重任时,一定要大声地说:"我能行,我努力试试看!"面对重任,面对问题,你总是不断地努力做出最好效果,你就会变得越来越棒,甚至会在某些方面超越本园的其他教师。

面对重任,不断努力,定会不断进步!面对园领导给予的重任,如果你总是说"我不行",当连续说三年"我不行"后,你真的就不行了。

### (五) 园领导总是让你干活

园领导总是让你干活,却很少让别人干活,不是他偏心,而是他想让你快速成长,同时这说明他很认可你的工作能力!

因此,当园领导让你干活时,你不仅不应该抱怨,还应该感恩,感恩他给予你发挥作用和发展能力的机会,感恩他给予你发现自身价值的机会。

### (六) 园领导放弃你

园领导从来都渴望所有的教师能够一起成长。当你入睡时,你或许想不到:他时常失眠和惊慌,只是担心大家的努力没有收获!

请注意:只有园领导不理你,才是真的放弃你!所以平时请不要嫌弃园领导的啰唆和苛刻。

……

从今天开始,请各位幼儿教师,试着理解自己的园领导。虽然有时园领导的处事方式可能让你难以理解,甚至难以接受,但请相信:园领导一定希望你能有个无比灿烂的明天。

请各位幼儿教师改变心态,多一些理解,少一些抱怨,努力进步,别让园领导放弃你!

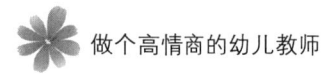

## 二、了解园领导最不喜欢的五种教师

了解园领导最不喜欢的五种教师,并且努力让自己不成为这五种教师,如此,你才会被园领导接受和重视。

### (一)对本职工作敢说"不知道"的人

教师对分内工作——保教工作、家长工作——说"不知道",原因可能是"没记住",最可能的原因是"没干过"。无论是"没记住",还是"没干过",都属于失职的范畴。

一名敬业的幼儿教师,就算真的不知道分内的某些事,也不会轻易将"不知道"三个字说出口。对于知道的事,要努力做得更好;对于不知道的事,要努力学会去做,然后努力做好。

### (二)对工作推说"不会做"的人

教师对分内工作推说"不会做",原因可能是"干不了",最可能的原因是"不想干"。无论是"干不了",还是"不想干",都与"称职"二字相距甚远。幼儿园支付工资给教师,不是为了换取一句"不会做",而是应该做的工作就得做,并且要做好。

### (三)出问题说"不怪我"的人

教师在出现问题时忙说"不怪我"——这是在表露一种不敢担当的心态。"不怪我"——这是没有担当责任能力的3岁小孩可以说的话。作为一个成年人的幼儿教师,如果还要坚持把这三个字挂在嘴边,那就和小孩子的担当能力没有任何区别。好教师在面对问题时必须勇于担当,努力从问题中找到原因和对策,而不是用一句"不怪我"了之。

## （四）没有感恩之心的人

得到园领导、同事的帮助从来"不言谢"，年终得了大红包也"不言谢"——这是一个不懂感恩的人。不懂感恩并不可怕，可怕的是：不懂感恩的人通常会恩将仇报。对于这种具有恩将仇报"可能性"的教师，纵使能力和素质较高，园领导也不会喜欢，也会谨慎对待。

## （五）看到危险信号"不吱声"的人

教师看到危险信号"不吱声"，原因可能是"没想到会有危险"，最可能的原因是"等到危险发生后幸灾乐祸"——面对已经发生的危险，他时刻挂在嘴边的话是"我早就预想到是这样了，我就是不说"。那些"等着看热闹""等着幸灾乐祸"的人，不会得到园领导的喜欢。

# 三、努力成为园领导赏识的幼儿教师

作为一名幼儿教师，要让园领导赏识你是件极不容易的事。下面向各位介绍一下，如何让园领导赏识你的一些技巧。

## （一）珍惜现有的幼儿园工作

任何一份工作都来之不易，因此要倍加珍惜。幼儿教师可以做出的努力有：努力将本职工作做好；尽职尽责，决不推卸责任；主动干活，任劳任怨。

### 案例4-1　关键是用心

关颖毕业于某著名高校的学前教育专业，到市里某品牌幼儿园工作快8年了，比她后来的同事陆续得到了升职的机会——到各分园当园领导、副园领导、保教主任，她却原地不动，心里颇不是滋味。

终于有一天，她冒着被解聘的危险，找到总园领导理论："总园领导，我有过迟到、早退或违章乱纪的现象吗？"总园领导干脆地回答："没有。"

"那是总园领导对我有偏见吗？"总园领导先是一愣，继而说："当然没有。"

"那为什么比我资历浅的人都可以得到重用，而我却一直在一线做普通教师呢？"关颖继续问道。

总园领导一时语塞，然后笑笑说："你的事我们等会儿再说，我手头上有个急事，要不你先帮我处理一下？"

"外地的一家幼儿园准备到我们的青秀分园考察，了解我园的教育理念和运营状况。她们有加盟的倾向，你联系一下他们，问问他们何时过来。"总园领导说。

"这真是个重要的任务。"临出门前，她还不忘调侃一句。

15分钟后，她回到总园领导办公室。

"联系到了吗？"总园领导问。

"联系到了，他们说可能下周过来。"

"具体是下周几？"总园领导问。

"这个我没细问。"

"他们一行多少人？"

"啊！您没让我问这个啊！"

"那他们是坐火车，还是飞机？"

"这个您也没让我问呀！"

总园领导不再说什么，他打电话叫苏小菲过来。苏小菲比关颖晚到幼儿园一年，现在已是一个部门的负责人了，苏小菲接到了与她相同的任务。一会儿工夫，苏小菲回来了。

"哦，是这样的……"苏小菲答道，"他们是乘下周五上午10点的飞机，大约晚上12点到。他们一行5人，由他们的业务副园领导带队。我跟他们说了，我们幼儿园总部会派人到机场迎接。"

"另外，他们计划考察两天的时间，具体行程等他们到达后双方再商榷。为了方便工作，我建议把他们安置在附近的文泽酒店，如果您同意，明天我就提前预订房间。"

"还有，下周天气预报显示有雨，我会随时和他们保持联系，一旦情况有变,我将随时向您汇报。"

苏小菲出去后,总园领导拍了拍关颖说:"现在我们来谈谈你提的问题。"

"不用了,我已经知道原因了,打搅您了。"关颖自觉地离开了总园领导的办公室。

任何一所幼儿园都迫切需要工作积极、主动负责的教师。优秀的幼儿教师往往不是被动地等待别人安排工作,而是主动了解自己应该做什么,然后全力以赴地完成。

### (二)忠诚于幼儿园

幼儿园领导不喜欢对幼儿园不忠诚的教师:如果一名教师很有能力,却从未把自己的能力放在幼儿园的建设与发展上,那么这样的教师绝对不能得到园领导的喜欢;相反,一名对幼儿园忠心耿耿的教师,一定能得到园领导的欣赏。

对幼儿园忠诚要做到:站在园领导及幼儿园的立场上思考问题,与园领导分享你的想法,时刻维护幼儿园的利益,琢磨如何为本园赢得社会效益和经济效益。比如:努力钻研业务,在省、市、区各项比赛中为幼儿园争光;努力做好家长工作,为幼儿园赢得良好的口碑;当有人对本园教育工作有误解时,主动化解等。

### (三)对工作富有责任感

勇于承担责任的教师,对幼儿园有重要意义。一名教师的工作能力可以比别人差,但一定不能缺乏对工作的责任感。凡事讲条件,不愿意主动做,一定会失去园领导的信任。在与园领导的交往中,为了体现我们的责任感,应该注意以下六点要求。

(1)把幼儿保教工作做好,把每个家长交代的事情做好——家长交代的事情有大事和小事,但没有重要的事和不重要的事,所有的事都是重要的。

(2)答应园领导的事,一定要说到做到,并且努力做出最佳效果。

(3)做错了事,要勇于承担责任,并且努力对后果进行弥补,绝对不要找借

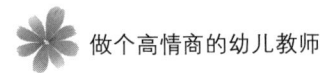

口,努力将负面效果控制在最小范围内。

(4) 对于家长提出的问题要负责到底,要自己努力解决,如果自己解决不了,就努力寻求其他路径解决,不让问题在自己的手上一拖再拖。

(5) 不要推诿责任。努力工作是你的职责,尽职尽责是你立足于幼儿园的基础。把属于自己的工作推给别人,不是聪明,而是愚蠢,除非你不能胜任它。推诿工作是一种逃避,是一种不负责任的行为,更是一种无能的表现,这会让领导及其他教师从内心深处瞧不起你。

工作出了问题,要勇于承担责任,并努力找到有效对策,将损失降到最低。你若不想做,总会找到借口;你若真想做,总会找到方法——只为成功找方法,不为失败找借口。

(6) 靠谱。靠谱的意思是:"凡事有交代,件件有着落,事事有回应。"如果你是一名年轻教师,不妨把这句话放到手机或计算机的屏保上,或者将其贴在你的办公桌上,以时时提醒自己。

### (四) 以结果为价值取向

幼儿园要的是结果,而不是过程。无论是家长工作,还是幼儿保教工作都要富有成效,都要追求一个好的结果。反对只说不做,也反对做而无效。

无论苦干,还是巧干,做出成绩的教师才会受到园领导的肯定。幼儿园领导重视的是你有多少"功",而不是有多少"苦"。为此,我们应该注意以下六点要求。

(1) 凡事到你的手上,一开始就一定要想办法把每项工作做好。

(2) 一定要铭记:办法永远要比问题多。

(3) 有效地工作,而不仅仅是努力地工作。

(4) 不制造"问题"。在工作过程中,我们是解决问题,而不是制造问题。作为下属,工作的底线就是不给园领导制造问题。

(5) 无论是保教工作,还是家长工作,当出现问题时,要努力解决问题。

(6) 向园领导汇报问题时,一定要提供几个可供选择或思考的方案,而不只是提出问题——带着方案提问题,当面沟通,当场解决。

## （五）爱岗敬业

很多幼儿园领导考察教师的首要条件就是爱岗敬业，其次是专业水平。因此，为了体现出爱岗敬业精神，幼儿教师要注意以下六点要求。

(1) 幼儿教师工作的根本目的在于提供高质量的保教服务，然后获得相应的报酬（工资、专业发展、专业地位等），而并非仅仅在于获取工资报酬。

(2) 提供超出报酬的服务与努力。无论是在保教工作方面，还是在家长工作或幼儿园的其他工作方面，要努力做到比园领导的预期更好。

(3) 愿意为幼儿园工作做出适当的个人牺牲，愿意在时间、精力、财力上有更多的投入，成就幼儿园，成就自己。

(4) 模糊上下班概念。上班时间努力做好各项工作，下班时间利用一切机会提高自己的专业素养水平。特别是在年轻的时候，要多在工作和专业上付出时间、精力、财力和物力，为一生的专业发展和工作奠定良好的基础。

(5) 提前到园。每天至少比规定的上班时间提前15分钟到园，并且一到幼儿园就做好工作准备。这种习惯让我们能将工作做得更好，让我们更加从容，心态更好。

(6) 重视幼儿园保教工作中的每一个细节。幼儿园工作需要教师有足够的细心和耐心，在不断重复的工作中，把知道的事、明白的事、简单的事、重复的事做到极致。事实上，"简单的事天天做好就是不简单，容易的事天天做好就是不容易"。对此，幼儿教师要有足够的心理准备。

下面为大家提供"九段秘书"的案例，期待大家能从中悟出"九段幼儿教师"的具体要求，把幼儿园各项工作和各个环节的目标、内容、活动形式、流程与要求做到标准化、模式化、高效化。

### 案例4-2 九段秘书

#### 一段秘书的做法

发通知——使用电子邮件或在黑板上发布会议通知，准备相关会议用品，并参加会议。

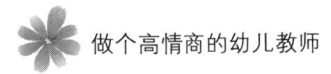

**二段秘书的做法**

抓落实——发通知后,再打电话与参会人员确认,确保每个人被及时通知到。

**三段秘书的做法**

重检查——发通知、落实到人后,在会议当天前30分钟提醒与会者参会,确定有无变动。对临时有急事不能参加会议的人,要立即汇报,以保证总经理在会前知悉缺席情况,给总经理时间以确定缺席者是否必须参加会议。

**四段秘书的做法**

勤准备——发通知、落实到人、完成会前提醒后,确定会议室环境、设备及会议物品已准备妥当,可满足开会需求。测试会议可能用到的投影、计算机、音响等工具是否工作正常,并在会议室门口贴条说明此会议室开会的具体时间。确保桌椅数量充足、空调已提前打开,准备好需要的白板、笔、纸和本等。

**五段秘书的做法**

细准备——发通知、落实到人、完成会前提醒、测试设备后,还要了解这次会议的性质是什么,议题是什么,议程怎么安排,然后给与会者发放与议题相关的资料,以供他们参考。提前发放资料的目的是让与会者有备而来,以便大家在开会时提高效率。

**六段秘书的做法**

做记录——发通知、落实到人、完成会前提醒、测试设备、提供相关会议资料后,在会议过程中详细做好会议记录(在得到允许的情况下,做好录音备份)。会议结束后,就大家讨论的问题、做出的承诺、领导的安排、部门间的配合、会议成果进行整理,形成会议记录。

**七段秘书的做法**

发记录——会后整理好会议记录(录音)给总经理,请示会议内容没有问题后,根据总经理的要求,决定是否将其发给参加会议的人员,或者其他人员。

**八段秘书的做法**

定责任——将会议上确定的各项任务,一对一地落实到相关责任人,经当事人确认后,形成书面备忘录,将其分别交给总经理与当事人。以纪要为执行文件,监督、检查执行人的执行过程和最终结果,定期跟踪各项任务的完成情况,并及时汇报给总经理。

**九段秘书的做法**

做流程——把上述过程做成标准化的"会议"流程,让任何一个秘书都可以根据这个流程复制优秀团队,把会议服务做到九段,形成不依赖于任何人的会议服务体系。

真诚愿你成为一位"九段幼儿教师"——把幼儿园的各项工作做规范,做极致。

## (六)珍惜幼儿园的平台

如果你所在的幼儿园是一所优质的幼儿园,那么,请认真阅读下述案例。

**案例4-3 僧人和老驴**

山上的寺院里有一头老驴,它每天都在磨房里辛苦拉磨,天长日久,驴渐渐厌倦了这种单调而辛苦的生活。它每天都在思考:外面的世界那么大,那么精彩,我想去看看。

不久,机会终于来了。僧人带着它下山去驮佛像,它高兴得不得了——终于有机会去看看外面的世界了!

来到山下,僧人把佛像放在驴背上,然后返回寺院。由于驴身上背着佛像,所以当路上的行人看到驴时,他们都虔诚地跪在两旁,顶礼膜拜。

一开始,驴大惑不解,不知道人们为何要对它叩头跪拜,慌忙躲闪。可一路上所有的人都是这样,驴不禁飘飘然起来——心中暗暗得意——真没想到人们如此崇拜它。当再看见有人路过时,它就会趾高气扬地走在大路的中间,心安理得地接受人们的跪拜。

回到寺院里,这头老驴认为自己身份高贵,于是怎么也不肯拉磨了。它说它要下山,山下有那么多人崇拜它,它要开启一种新的生活,它不想在寺院里如此卑微地死去。

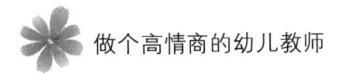
做个高情商的幼儿教师

僧人无奈，只好放它下山。

走在大街上，驴看到逛街的人很多，于是就大摇大摆、目中无人地走来走去，然而令它没有想到的是，老百姓们竟然追着打它——因为大家觉得它不仅挡了路，还气味难闻……

老驴好不容易逃回寺院，此时它已遍体鳞伤，它实在不明白人们为什么这样对它——昨天膜拜，今天却大打出手！

后来它向僧人求解，僧人叹息一声："你果真是一头老蠢驴！昨天，人们跪拜的是你背上驮的佛像，而不是你。今天你光着身子下去，气味难闻，碍手碍脚，人们当然不再跪拜你，而要追打你。"

在许多优质的幼儿园里，存在着许多不能正确认识自己的教师，他们名声不小，以至于他们认为那是真实的自己，却万万没有想到这些所谓的好名声实际上有赖于优质的幼儿园这一平台。当离开这一优质平台后，他们才会看清自己：其实，自己什么都不是！

因此，请各位享有优质平台的幼儿教师，一定要努力看清自己，不要盲目自大，应该珍惜平台给予的机会，努力借助于优质平台发展自己，展现自己，为优质平台添砖加瓦并贡献自己的力量。

## （七）工作有效、高效

做出成绩的幼儿教师才会受到众人的肯定，而不是晚上加班备课要人尽皆知。园领导重视的是你为园所带来了什么，而不是听你说自己花了多少时间，付出了多少努力。

园领导只看你的工作效果，不看你的工作过程。因此，想得到园领导的重用，请用工作效果（幼儿发展效果、家长工作效果、为幼儿园争取的社会荣誉等）来说话。

园领导喜欢善于发现问题，也善于解决问题的教师，而不喜欢工作无方法，只是单纯努力工作的教师；园领导不喜欢制造问题的教师，而喜欢既能发现问题，又能提供有效解决方案的教师。我们的工作不是制造问题，而是解决问题。

幼儿园缺少生源,我们能为幼儿园做什么?家长到幼儿园无理取闹,我们能为幼儿园做什么?幼儿园被家长投诉,我们能为园领导做什么?园领导正在与不讲道理的家长争吵,我们能为园领导做什么?……

各位教师,请多想想:我们能为幼儿园做什么?我们能为园领导做什么?

### (八)积极主动

园领导喜欢做事积极主动的教师。幼儿教师可以参考以下建议,让自己在工作中变得积极主动。

(1)站在园领导的立场上思考问题。

(2)提供超出幼儿园所给报酬的服务与努力——努力一定会有回报。

(3)重视工作中的每一个细节——细节决定成败,决定品质;把明白的事情做好,把天天重复的幼儿园工作做到极致。

(4)从"要我做"到"我要做"——永远主动。

(5)主动分担一些"分外"事——没有钱也要做。

(6)先做后说,给园领导一个惊喜——家长工作、幼儿保教工作等都可以努力做好,给园领导一个惊喜。

(7)错就是错,绝对不要找借口——在工作中出了问题,要多从自身找原因,决不推卸责任。

(8)要相信"办法永远要比问题多"——在幼儿园工作中,碰到问题时不要抱怨,要努力寻找解决办法,把问题处理得恰当。

(9)有效地工作,而不仅仅是努力工作。工作仅仅是手段,不是目的,工作要为有效地解决问题服务。

(10)带着方案向园领导提问题,而不要仅仅提问题。许多幼儿教师经常喜欢向园领导提出各种问题,但从未提出过建设性方案,这很容易让园领导将你视为"异己""爱挑剔的人"。

### (九)具有"人才""人物"的素养

细心的园领导会发现幼儿园团队中的人分为四种:人员、人手、人才、

人物。

**【人员】**

这种人就是只到幼儿园领工资,不爱做事。幼儿园给他安排一点点与自己无关的工作,他都不愿干。要干也要讲条件,做什么事都讲"报酬"。

**【人手】**

这种人就是你在幼儿园里安排他做什么,他就做什么;如果不安排,他绝对不会做。这是等着下命令的人。这种人工作时没有主动性,对幼儿园没有主人翁精神和归属感。

**【人才】**

这种人就是每天发自内心地为幼儿园做事,做事有责任心、有思路、有条理,知道把幼儿园的事做好了,自己也是受益者,同时真心为幼儿园操心。

**【人物】**

这种人就是心无杂念,全身心地投入幼儿园工作,用灵魂去思考和做事,决心把幼儿园的各项工作做好,立志要成就一番事业——成就幼儿园,成就自己!

幼儿园的发展要靠人才,要靠人物,因此每名幼儿教师都要努力让自己成为幼儿园里的人才和人物。如果你现在是人员和人手,就要努力向人才和人物的方向发展;如果你现在是人才,就要努力向人物的方向发展。

幼儿教师要在专业上不断追求上进,成就自己的专业品性和能力,从而更好地成就幼儿园。

## 四、与园领导的关系要得体

幼儿教师与园领导交往时要努力做到:园领导满意,自己不违心,同事不侧目。作为一名普通的幼儿教师,要关注幼儿园领导的需要,成就他们,也成就自己。在关注领导的正常需求时,我们要做到不卑不亢,保持人格的独立性和尊严。另外，我们与园领导的关系模式不要让同事们误认为我们是拍马溜须的"马屁精"，否则，我们虽然有可能会赢得领导的喜欢，但我们在幼儿园里的日子不一定会好过。

为此，我们首先要把保教工作和家长工作做好、做精，这是一切的前提。其次，要主动、及时地与领导沟通自己的工作，例如，我们得到家长的肯定和表扬，孩子们取得进步等，让领导为我们的工作成绩感到高兴。班级工作问题也要与园领导沟通，听听他们的建议，这是一种对领导的尊重。不过，在向园领导沟通问题时，要让领导做选择题，而不是主观题，要说"此事的背景和进度是……我建议的做法有三个（请注意不要超过三个），分别是……这么考虑的原因是……您有什么建议？"，从而帮园领导聚焦问题、引发思考。在反映问题时，不能说"……我办不了，你来帮帮我"，而要说"……问题，请给点思路，我继续干"。前者是"甩锅"，而后者不仅能体现教师的责任心，还能让领导获得掌控感。

## 五、尊重园领导

园领导代表一定的组织，而不是代表他个人。所以，幼儿教师对领导应该尊重。作为下级，我们应该懂得尊重领导者，这不仅是对领导者个人的尊敬，还是顾全大局、支持幼儿园工作的表现。特别是在正式的、严肃的工作场合，要讲究礼节，维护领导者的威信。比如，在园领导没有做决定前，有什么意见和建议可以尽管提出，但一旦他已拿定主意，就不要再议论。园领导考虑的是全盘情况，与你的个人意见有冲突在所难免。有意见要当面提，不要背后议论领导的"不是"。

在园领导面前，要不卑不亢，不要见了园领导就畏惧。对园领导尊重不是恭维，不是畏首畏尾、低三下四，更不能奴颜婢膝地讨好园领导。过分恭维不仅得不到领导者的好感，反而会降低自己的人格和威信。另外，一个在园领导面前战战兢兢的人，不会得到园领导的欣赏，也不会与园领导建立紧密的合作关系。

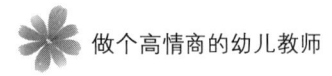

## 六、对园领导要怀有感恩的心

感恩是现代人应该具备的一种素养,感恩是对施恩者的一种鼓励。对园领导常怀感恩之心的教师,很容易得到园领导的关注和认可,进而激发园领导更多地向你"施恩"——给你更多的支持和鼓励。

幼儿教师要感恩园领导,感恩他们为你搭建成长的平台并提供展示的机会。要感恩他们的表扬和鼓励——这是你前进的动力;感恩他们的批评和意见——这是对你工作的警醒;感恩他们的"压担子"——这是你成长的契机;感恩他们的宽容——这让你很快就从错误和挫折中走出;感恩他们的严厉——这是在加速你的成长;感恩他们的关爱和友善——这让你感受到人间的温暖。

对园领导的感恩,要通过行动表现出来:将工作做得精益求精;得到园领导的嘉奖或"重用",要真诚地说"谢谢";园领导生病了,要打电话问候一声;出差学习要带回点小礼物送给领导,或者回来后向领导当面汇报学习的新收获,进而感恩领导;坚决支持领导的工作……

## 七、有效化解与园领导的冲突

在工作过程中,我们要努力与园领导沟通和交流,尊重园领导,与园领导和谐相处。但是,有时候与园领导发生各种矛盾也在所难免。此时,我们就需要分析矛盾的原因,具体对待并及时解决问题。

### (一)与园领导产生误解

幼儿教师与园领导产生误解,主要有两种形式:园领导误解教师或教师误解园领导。针对不同的误解,应该采取不同的应对措施。

(1)园领导误解教师。我们的措施应是:主动与园领导沟通,积极与园领导接触,将自己的本意以适当的方式告诉园领导;佯装不知园领导的误解,用行动向园领导表明自己的真实意思。

(2)教师误解园领导。我们的措施应是:主动与园领导沟通,当面道歉,并说明自己存在认识问题,而并没有恶意;做几件正确的实事向领导表明自己纠正错误的态度,证明自己明白园领导的正确及自己的错误所在。

### (二)对园领导有意见

随着与园领导打交道的次数的增加,幼儿教师会发现自己对园领导的意见越来越多,对此许多幼儿教师很纠结,年轻幼儿教师更是真的不知道应该怎么办。

事实上,对园领导有意见,分为两种情况:一是"对园领导的处事方式有意见"——对园领导的工作指令有意见,对园领导的做事风格有意见;二是"对园领导的待人方式有意见"——对园领导对待自己的方式有意见,对园领导对待他人的方式有意见。我们应该把这两种情况分开解决。

**1. 对园领导的处事方式有意见的应对策略**

当幼儿教师对园领导的处事方式有意见时,应该注意以下三点要求。

(1)反思和提醒自己。每当你对园领导的处事方式有不满情绪时,请反复提醒自己:你和园领导的立场不同、视角不同、决策背后的逻辑也不同,所以也许你眼中的不合理安排未必真的不合理,在园领导的视角下那样做才最合理。因此,当你对园领导的处事方式有不满情绪时,要多设身处地地体谅、理解园领导。

(2)主动与领导沟通。在一般情况下,沟通要遵循"谁比较迫切,谁要发起沟通""谁资源匮乏,谁要发起沟通"的原则,因此,在大多数情况下,幼儿教师应该主动发起和园领导的沟通。幼儿教师可以以这些句式与园领导进行沟通:"某某园领导,您的要求我听明白了。为了后期更好地执行,我想再多了解一下,您最后希望达成的结果是什么?要求标准是什么?""您要求的这个时间点出于什么特别的考虑或原因吗?"如此交流,你可能会更加正确和具体地了解园领导,进而你的不满情绪会渐渐消失,转而心平气和地支持园领导的决定。

另外,幼儿教师还可以利用与园领导沟通的机会,主动地听听领导做出每一项决策时所使用的思维方式,这是一种很好的对领导力的学习。

(3) 不从个人角度反对领导的提议。请看下面的案例。

**案例4-4  给园长的建议**

园长:"有家长向我反映,每天下午留在值班室里的孩子总是进行看书、看电视等形式单一的活动。因此,我建议今后教师应根据幼儿的兴趣开展分组活动。"

教师甲:"教师工作一整天够辛苦了,还要开展分组活动,这和开兴趣班有什么区别?人家兴趣班还收费呢!"

教师乙:"园长,我非常理解您体谅家长以及为孩子着想的心情。但是这样做,我们会感到很为难,因为我们害怕不能很好地完成这项工作。值班教师的首要任务是保证孩子的安全,而值班教师并不认识所有孩子,管理工作本来就有难度,再加上值班教师辛苦了一天,精力已经大打折扣。如果还要进行分组活动,教师很容易顾此失彼,万一有孩子跑出去怎么办?为了照顾个别家长的要求而变换形式,可能会让更多的家长对我们的工作不放心。所以,园长,您愿意暂时不考虑让值班教师开展分组活动吗?"[1]

在案例中,相比之下,教师乙的意见较容易被采纳,而教师甲则有可能受到批评。教师甲完全从个人角度反对领导的提议,并没有提出反对的理由以及具体的请求。而教师乙先对领导的顾虑和感受表示理解,又用清晰的语言明确地提出请求(即此刻想要的回应),领导则更容易采纳其意见,冲突会更容易解决。

**2. 对园领导的待人方式有意见的应对策略**

当幼儿教师对园领导的待人方式有意见(比如,自己没有得到应有的重用,没有得到应有的待遇等)时,应该注意以下四点建议。

(1) 先想想"你为幼儿园做了什么"。幼儿教师一定要相信,在大多数情况

---

[1] 黄莎莎. 浅谈非暴力沟通理论对幼儿教师交际口语的启示[J]. 河南教育:幼教, 2019 (11): 12-15.

下,都是"有所为,才有所位"。幼儿教师没有被园领导安排到所期待的"位",多是由于自己在幼儿园里所为的效果还不够,努力还不够,因此仍需要继续努力。

事实上,每名园领导都焦头烂额,有一堆想法急着落地。每名幼儿教师都应该好好研究一下,自己能为园领导承担什么责任、做什么贡献并将之做好,做到极致(甚至不等园领导安排就做没人做的事情并做好)。如果别的同事先于你采取行动,那么你就有可能逐渐被边缘化。

(2)多关注幼儿园现阶段急需解决的难点问题。如果你能主动出力,即便该任务不在你的本职工作范围内,园领导也会因此更看重你。

(3)将园领导当成导师。平时,我们不要把园领导当成领导,而要把园领导当成导师——带着自己的问题,找个时间点(最好是节点,比如每半年、每1年或入职3个月等),跟领导进行深入沟通。沟通的目的不是要求领导改变待人方式,而是从希望更好地完成本职工作的角度请教对方:"您是我的领导,但我在内心还把您当成我的导师,我想跟您汇报一下这段时间我在工作方面(保教工作、家长工作、专业发展等)的主要得失。我还有一些困惑想请教您,看您对我有什么建议。"如此,领导会了解你正在做些什么,想些什么,明白你的努力和方向。同时,你将园领导当成导师,他会感觉到你在追求上进,不断努力,他会逐渐关注你的努力和进步,也会适时让你承担你能胜任的工作。

(4)自己的功劳、苦劳要让园领导看得见。在现实中,有的教师只会埋头干活,不会在领导面前展示自己的所为,因而他们并没有得到领导的赏识和支持,在幼儿园里经常有"怀才不遇"的感觉,日子过得相当压抑;相反,有的教师做得不是很多,但他们善于在领导和同事面前展现自己的功劳和苦劳,因而他们往往会获得领导的赞赏、同事的羡慕……相信大多数教师都想做后者,而不想做前者,因此,教师不能只会一味地埋头苦干,还要学会一些展现自身功劳和苦劳的艺术。

### (三)当领导发火时

在与园领导交往时,领导发火了,幼儿教师应该从以下三点来应对。

**1．先让领导的火气发出来**

静静地听和看领导发火，什么也不要说，因为领导正在气头上，你说什么，他都无法听进去。当他发完火后，也不要急于与他沟通和交流，而是跟他说："我能理解您为此事很生气。以后有机会我再与您沟通和交流。"

**2．事后用事实和行动向园领导解释**

当园领导发火时，你说再多，他都无法听进去。这时可以和领导说，以后再向他好好解释相关的事情。而事后解释的最有效办法就是用事实和行动向领导解释。

**3．注意"十不"**

当园领导生气时，请努力做到以下"十不"。

（1）不马上反驳领导，或愤愤离开。前者是火上浇油，后者会拉大你和园领导间的裂痕。

（2）不中途打断园领导的话而为自己辩解。园领导在愤怒地宣泄时，最佳的应对方式就是平静地、专注地听，因为领导需要找到宣泄愤怒的对象，如果你不看、不听，那么他会更加愤怒。

（3）不要表现出漫不经心或不屑一顾，因为这样会更加激怒园领导。

（4）不文过饰非，嫁祸于人。因为这样做的后果十分严重，这关系到你的人品问题，涉及你日后在园的生存问题。

（5）不故意嘲笑领导，嘲笑是对人的一种不尊重。

（6）不用刻薄的、含沙射影的语言给予园领导某种暗示。

（7）不对园领导进行批评。就算领导有错，你也只能就事论事，不能就事论人，取笑园领导的愚蠢或不道德，否则你很难在幼儿园里立足。

（8）不转移话题，或假装没听懂对方的话。这种无视是对领导的藐视，很不礼貌，并不具有建设性。

（9）不故作姿态，虚情假意。造作会让领导觉得你很不真诚，这样会在你和园领导之间造成交往的障碍。

（10）不灰心丧气，影响工作。不要因为园领导对你生一次气就觉得天要塌下来，其实没有那么严重。园领导发火只能说明他的观点和需要与你不同而已，并不能说明你有错,更不能说明你不行。因此,没有必要太在意领导的一次发火。过好自己的日子,做好自己的工作,一切照常就好。不要太在意园领导的发火,以免影响自己的工作和生活。如果园领导发火是因为对我们的工作感到失望,那么要感恩园领导,并改进自己的工作;如果园领导发的是无名火,那么要等园领导平静后,用自己的语言或行动告诉园领导真实的情况。

### (四)受园领导冷落时

当你受到园领导冷落时,可以通过以下两种措施来应对。

**1. 调整心态,别太在意园领导的眼光**

园领导冷落自己时,正是自己不用干过多的杂务事之时,这也正好是可以用来提高自己的时间,请珍惜这一难得的时机,提高自己,成长自己。

**2. 让自己变成幼儿园里的"香饽饽"**

当受到园领导冷落时,幼儿教师可以从以下三个方面持续用力,让自己逐渐成为幼儿园里的"香饽饽"。

(1)不断追求工作的新鲜感。面对你已经拥有的,一定要珍惜。时间久了,对于工作、幼儿和家长,你也许会感到厌烦。要学会及时调整自己,在看似每天重复的幼儿园保教工作面前,不断创新,让自己有一种常新的感觉。如此一来,你就会不断创造佳绩,赢得园领导和同事的认可和肯定。

(2)做个敢于吃亏的人。别人不愿意承担的工作任务,你去做;别人不愿意帮的忙,你去帮——你愿意做,愿意多做,不斤斤计较,不怕吃亏,每天努力地做自己的事情,帮领导和同事做事情……在做事的过程中,你会不断地成长——只要是有利于幼儿园的事情,不管什么你都愿意做,不管什么你都能做,并且都能做好,你必然会是幼儿园里的"香饽饽"。

#### 案例4-5 幼儿园来了个"傻"老师

幼儿园来了个新老师C,她有点土,但很听话。其他老师把所有的工作都推给她做,但新老师不介意,默默地帮他们完成工作。

副园领导见C老师勤快,就叫她帮忙做很多事情,可她一点都不介意,义

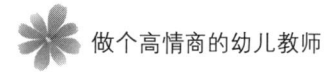

务帮副园领导做事……

终于有一天，园领导要开分园，副园领导要去管理新园。副园领导居然跟园领导建议提拔 C 老师。

其他的老教师都在议论：为什么那么多的老教师都比 C 老师工作时间长，而且经验丰富，能力强，而 C 老师会被提拔呢？

副园领导给他们答案：因为她不怕吃亏，默默地把副园领导所做的事情都学会了，而那些老教师却怕吃亏，每天只做自己的事情，能偷懒就偷懒。

最后，老教师们都没话可说了。

（3）努力出色地完成各项工作任务。无论是幼儿的保育教育工作，还是家长工作，你要比别人做得更好；别人做得同样好时，你要比别人做得快；别人做得同样快时，你要比别人的成本低；别人的成本同样低时，你要比别人的附加值高。

复杂的事情简单做，你就是专家；简单的事情重复做，你就是行家；重复的事情用心做，你就是赢家。

总之，把平凡的工作干得有声有色，做到极致，把平凡的工作干得不平凡，让人感到你是最棒的，你必然会得到园领导的赏识，进而成为幼儿园里的"香饽饽"。

### （五）被园领导嫉妒时

如果你因某方面的能力确实比园领导强，而遭到园领导的嫉妒，你可以通过以下三种措施来应对。

**1．帮助园领导，成就园领导**

在专业和管理方面，给园领导适当的帮助，让他获得成功，让你在园领导的心目中成为"自己人"，这可以在一定程度上减少园领导对你的嫉妒。

**2．公开表示对领导的尊重**

在专业和管理方面，公开表示对他的尊重，而不是藐视，这有利于减轻领导对你的嫉妒。

### 3. 适当地赞美领导

平时要适当地赞美领导，让领导看到自己的长处和强项，这样会减少他对你的嫉妒。不过，夸领导的分寸和场合很难拿捏。夸赞园领导时要注意：不要夸他的特点，而要夸他的影响。原因很简单，一个园领导最重要的素质不是自己的本事有多大，而是自己有多高的领导影响力。比如，夸园领导"带班带得很好""跳舞跳得很好"不如夸"我们某某领导特别愿意教年轻教师，他把他的……经验手把手地教给我们，我们都觉得很受用，也学得特别快。在他的教导下，我们的带班能力有了很大的提升"。这就叫作夸影响，而不是夸特点。如此夸奖和赞美领导，领导一定会笑纳。

## （六）与园领导发生分歧时

当你的意见、主张与园领导发生分歧时，可以通过以下两种措施来应对。

### 1. 当面提出不同的意见

当与园领导就某一问题意见相左时，要当面提出不同的意见。幼儿教师可以选择私下进言，免得在公开场合引发尴尬，令对方下不了台。另外，幼儿教师要注意选择时机。在园领导心情好时，在园领导内心平静时，在园领导希望听取意见并改进工作时，在取得领导的信任后，向领导提出不同的主张，领导才容易听取和接受。

### 2. 适当地克制与忍耐

当园领导处事不公时，作为下级的幼儿教师首先要态度冷静，克制自己的感情，不要拍案而起。克制可使双方有时间重新揣度自己的意见是否正确，从而获得修正的机会。对于非原则性问题，即使园领导批评得不对，也不必斤斤计较，耿耿于怀。当然，在原则问题和重要问题上，如果园领导处置错误，则应进行合理的申辩。

该忍不忍，会把自己与园领导的关系搞僵；该辩不辩，也不可能分清是非，真正与园领导建立融洽和谐的交往关系。

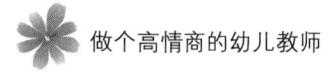

### （七）看不惯园领导的某些行为时

当你看不惯园领导的某些行为时，可以通过以下三种措施来应对。

**1. 检查自己的思维方式**

只要领导的行为不损害他人，不损害社会的利益，幼儿教师就不要太在乎园领导的细节行为。在合法、合德的前提下，要理解和尊重领导的生活和工作方式。有些幼儿教师看不惯领导的穿着打扮，看不惯领导有那么多异性朋友，其实，这些都没有妨碍别人，你只需想想如何过好自己的生活即可。

**2. 千万不要在背后批评领导**

领导是站在全局看问题和行事的，他们的许多说法、做法与普通教师有区别是很正常的。如果我们真的对领导有意见，就应当面与领导交流，切不可背后议论园领导。

**3. 学着理解和适应**

园领导有自己的处事方式，我们作为下属，应该努力适应领导，而不是努力改变领导。如果真的无法适应，自身情绪又很受影响，那么可以想办法离开。

### （八）园领导之间有冲突时

当园领导之间发生矛盾，甚至出现不团结的现象时，作为下属的幼儿教师要格外谨慎。

首先，在感情和态度上要保持"中立"（不一定是公正，而是中立，不选边站），不要介入。幼儿教师对园领导之间的许多情况可能了解得不是很清楚，我们可能只看到相关方面的冲突，但根本不知道问题的实质所在，因此，轻率介入无助于矛盾的解决。同时面对园领导间的冲突，无论你站哪一方，不管这方有理无理，你都注定会遭到另一方的记恨，并且这种恨会成为你今后与相关领导交往时无法逾越的障碍。

其次，与有矛盾的相关园领导接触时要保持同等距离，不可亲近一方，而疏远另一方，不要搞人身依附，否则会加剧园领导之间的矛盾。作为下属，我们要努力促进领导团结，而不是分裂。

最后，幼儿教师可以视情况和可能多做一些疏通工作，以消除园领导间的误会，增进园内的团结。

### （九）当园领导不信任时

当园领导有意无意地表现出对你不信任时，请不要抱怨，不要记恨领导，也不要懈怠自己的工作，而要用你的行动，用你的发奋工作，用你的优异业绩赢得园领导的信任。

事实证明，工作勤奋，保教工作得到幼儿的喜欢和家长的称赞，出色地完成各项幼儿园工作，得到园内外同行的认可，就能赢得园领导的好感、信任和器重，这些都是幼儿教师与园领导建立良好人际关系的条件和因素。工作不勤奋、幼儿不喜欢、家长意见大、同行不认可的教师，通过其他途径、手段和方法，也可能与园领导关系亲密，但这类亲密往往不为同事们所称道，一般来说也难以持久。所以，发奋工作，将工作做到极致，令幼儿及其家长满意、社会满意，是与领导建立良好关系的正确途径和方法，其他的都是歪门邪道。

### （十）面对脾气不好的领导

由于个人修养问题，由于内心承受的压力过大，幼儿教师与园领导交流时，时常会碰到园领导脾气不好，这时我们应该按照如下要求去做。

#### 1．要在合适的场合委婉地提出意见

如果你在一所完全不适合你的幼儿园里工作，而领导又是个脾气很坏的家伙，你最好主动去找他，在没有别人在场时，诚恳、友好地表达你的感受：他的坏脾气和错误给你带来的伤害。面对这样的园领导，要么全力以赴，要么辞职。

#### 2．当说则说，不当说时绝对不可说

幼儿教师在表达自己的意见和想法时，要考虑自己将要说的话是否恰当，是否符合自己的下属身份，以及园领导是否能够接受。对于"当说"的话，可以委婉地说；对于"不当说"的话，绝对不要说。在幼儿园里工作，要么遵从园领导的管理，要么就离开他，不要在背后讲他的坏话——这也是一种道德底线。

## 八、与不同性格类型园领导交往之道

园领导有各自的性格和爱好,因此,幼儿教师在与不同性格的园领导交往时,要注意根据园领导不同的性格和爱好,采取不同的交往策略,方能取得较好的交往效果。

### (一)与多疑型园领导相处之道

多疑型园领导一般表现为:过度警惕,对幼儿教师的一言一行都得琢磨;不信任幼儿教师,凡事都要问个究竟;怀疑幼儿教师背着自己说坏话。与这类园领导相处,应该注意以下七点要求。

**1. 做事应小心谨慎**

凡事都要掂量,从园领导的角度考虑问题,反思自己的行为是否有破绽或漏洞,是否有引起园领导不放心的地方。多疑的园领导看到你谨小慎微、事事处处都为了他,疑心自然会消除不少。

**2. 注意常汇报、多请示**

这种类型的园领导会时常想:我给教师们交办的事情进展如何?教师们在执行任务的过程中做了什么手脚?聪明的幼儿教师在做事的过程中,不仅要考虑如何做好,还要考虑"园领导现在想了解哪些情况?我该怎样汇报才能让他放心?"。汇报、请示是最能使领导放心,不至于产生过多疑虑的方法。而少汇报、少请示的幼儿教师则容易引起此类型园领导的猜疑——"这家伙怎么不来问问我?是看不起我吧?""或许在搞小动作!"时间长了,这种类型的园领导可能会找你的麻烦。

**3. 善于给多疑型园领导鼓气**

多疑型园领导一般会缺乏自信心、底气不足,需要在关键时刻得到教师们的激励,消除重重疑虑。园领导在考虑问题时,所站的角度与普通教师不同,所以矛盾多、疑问多,需要教师们替领导释疑,鼓起领导的勇气。

### 4. 曲直相宜，不可直言

在多疑型园领导面前说话时，特别要注意拿捏好分寸，因为一句不经意的直话，很可能就会引起领导的猜疑。此外，与此类型园领导谈话不能太直，否则会让对方产生疑心。可是，话说得太含糊也不行，有时转弯抹角会导致领导对你产生一种油嘴滑舌、不诚实的感觉。由此看来，和这种领导说话需要曲直相宜，该曲则曲，当直则直。要做到这一点，一定要下功夫了解你的园领导，特别是对园领导的经历、性格、兴趣、爱好、工作方式、情感特点等都要详细了解，以免在谈话时触碰到领导的某个痛处，造成"祸从口出"的悲剧。

### 5. 坚决执行，绝对不可拖延

作为下属的幼儿教师在接受该类型园领导交代的工作时，如果犹犹豫豫，迟迟未决，园领导就会怀疑你的工作能力和办事效率。他不但要对你的能力产生怀疑，还会联想到其他方面，甚至认为你是一个工作态度不端正的人。如果你接受任务后没有马上行动，他会怀疑你在故意掂量他的轻重，或者故意同他"较劲儿"。

### 6. 信守诺言，不可违约

守信是传统的做人原则之一，人与人相处时忌讳言而无信，在多疑型园领导面前更是如此。多数多疑型人都心胸狭窄，并且固执己见。一旦在此类型园领导面前失了信，违了约，就算不是故意的，要想恢复也非常困难。所以，在与此类型园领导交往时，许诺的事情一定要想方设法实现，没有把握的事情宁愿不说。切不能答应了园领导，转身又置于脑后。否则，园领导就会怀疑你讲话的可靠性，你从此将被置于园领导不信任的眼光之下。

### 7. 切勿逞强，冒犯多疑型园领导

多疑型园领导非常忌讳作为下属的幼儿教师看不起自己或到处寻机让自己出洋相。所以，在与此类型园领导相处时，要常常提醒自己"不要出格"，要尽量把表现的机会让给园领导，自己只做一些幕后工作，甘当无名英雄。

和多疑型园领导打交道，存在一定的难度，因此，要小心，再小心。

### (二)与平庸型园领导相处之道

平庸型园领导一般都具有一些共同特点:能力差却事事都想插手,决策武断却听不得建议,水平不高却时刻担心身边的人看不起自己,成绩不多却常争抢下属的功劳。与这样的园领导共事,应该注意以下四点要求。

#### 1. 尊重园领导

平庸型园领导知道自己的分量,他们的自尊心十分敏感,唯恐教师们看不起他们,也担心教师们与其唱对台戏,让其难堪。他们对尊重自己的人十分感激。自作主张的行为恰恰最戳中他们的痛点。幼儿教师应该心中有领导,而且态度恭敬。与此类型园领导相处,尊重和服从是第一原则。

#### 2. 要真心替园领导补台

平庸型园领导考虑问题可能不全面,领导力较差,专业能力较差,并且缺乏应有的才能,难免犯错。对于他们没想到的方面,教师要多提醒;当他们的指令有错误时,不要到处声张,在执行的过程中修正这个错误,事后及时汇报即可。如果真心地辅助他们,幼儿教师就会得到更多的感激,就能够得到更大的信任。

#### 3. 不能有意无意地喧宾夺主

即使自己的保教工作能力再强,园领导的专业能力再弱,幼儿教师也要明白自己的身份和角色,不要处处彰显自己比领导强,这会在无形中削弱他们的领导权威。所以幼儿教师要处处维护园领导的威信,多称赞他的长处——他的专业能力不行,就夸他的非专业能力;他的能力不行,就夸他的修养;他的修养不行,就夸他的长相;他的长相不行,就夸他的气质……这样才能与其和谐相处。

#### 4. 辅助领导出谋划策

平庸型园领导一般决策水平不高,拿不出好主意,易受教师们影响,忠诚为之献策献计的人往往能得到他们的重用。此类型园领导在遇到棘手问题而束手无策时,很注意留心观察作为下属的教师们的反应。对于那些袖手旁观、不替其分忧解难的教师,他们可能会记恨在心。

不要小看平庸型园领导,他们之所以能够升到园领导的位置,必然有他们的理由和根据。有些缺点是可以克服的，但有些弱点并不是能够弥补的。一言以蔽之，要尊重和善待平庸型园领导。

### （三）与武大郎开店型园领导相处之道

武大郎开店型园领导的主要特点是嫉贤妒能，不敢重用水平比自己高的幼儿教师，怕水平高的幼儿教师抢了他的位置。与此类型园领导相处，表现才能时要有度，发挥专长时要避免比领导更突出。在这样的领导面前，要时不时地在某些方面表现"差"一些，谦虚谨慎，把功劳归于集体，这样才能避免此类型园领导对自己的妒恨。

### （四）与优柔寡断型园领导相处之道

优柔寡断型园领导的特点是：凡事得多思而后行，办事迟疑，缺少气魄。跟随此类型园领导工作通常会很累，即使是已经决定好的事情，只要有人有其他意见，他就会改变计划，下属就要从头再来。

不过，此类型领导者能给作为下属的幼儿教师创造表现自我的好机会。如果你是一个工作能力强、有主见的幼儿教师，在园领导犹豫不决时，你能够有理有据地分析事实，并给出正确的提议，那么你就能成为领导身边的得力助手，得到领导的赏识。

对于此类型园领导，幼儿教师一定要有耐心。幼儿教师要在不让领导感到有失身份的前提下，支持他、增强他的信心。在给他提建议时，可以先将可行性分析做好，把利弊得失、风险汇报清楚，并做好三份方案，这样才能真正帮助优柔寡断的园领导做出决策，同时会增加他对你的信赖。

园领导会在什么情况下对你委以重任？在你能够为他分忧解愁的时候。请各位幼儿教师铭记这一点。

### （五）与咄咄逼人型园领导相处之道

强势是咄咄逼人型园领导的特点。此类型园领导分两种：一种是真的有管理水平；另一种是狐假虎威。

对于有水平的咄咄逼人，他的谈锋一般指向你的要害部位，实行"重点攻击"，令人一开始就处于被动位置。对于狐假虎威的咄咄逼人，他一般外强中干，内心不自信，外表装自信，对幼儿教育专业能力、管理能力弱的最好伪装就是咄咄逼人，显得自己精明强干。咄咄逼人型领导具有一定的威严。幼儿教师在此类型园领导手下工作，要时刻小心谨慎，注意保教工作各环节的细节，不要出现任何纰漏，否则就很有可能被此类型园领导无限放大，当众指责。因此，面对此类型园领导，我们应该注意以下四点要求。

### 1．适当示弱

面对咄咄逼人的园领导，幼儿教师如果针尖对麦芒，那么只会两败俱伤，因此，要说服自己适当地在咄咄逼人的园领导面前"示弱"，这样会得到意想不到的和谐。

### 2．用坚定沉稳的姿态面对

面对一个强势且喜欢咄咄逼人的园领导，要把你的姿态亮出来，让对方知道，你不挑事，但也不怕事。当你的沉稳、干练和精明显露出来时，咄咄逼人的园领导自然要畏惧你几分。面对咄咄逼人的园领导，你越"善"，越容易被他欺负。

### 3．冷不丁地夸赞他

当园领导咄咄逼人时，有时候不要对其进行反击，而要反其道而行地夸赞他，比如，竖起大拇指夸赞他声音洪亮，眼神直盯对方脑门，这样往往容易让其不知道如何应对，完全打乱其咄咄逼人的思维惯性。

### 4．冷静、耐心、沉着

与咄咄逼人的园领导相处，要学会"以静制动""反守为攻""后发制人"。这是幼儿教师能站稳脚跟的最有效办法。

## （六）与霸道专横型园领导相处之道

霸道专横型园领导个性强，个人能力突出，能把握全局，在工作过程中重任务、重实际，在领导过程中章程健全、纪律严明、组织运行有序。此类型园领导有魄力，敢做敢当，比较霸道和自我。他们开会时喜欢"一言堂"，工作时喜欢"我说了算"，他们无法接受不同的意见。与霸道专横型园领导相处，应该注意以下三点要求。

**1．以服从为主**

霸道专横型园领导独断、霸道、强势，因此在工作中，作为下属的幼儿教师要以服从为主，否则容易自寻麻烦，弄僵彼此的关系。

**2．提意见要巧妙**

如果你有更好的意见和建议，请委婉地向霸道专横型领导提出来。与他们沟通时，你的语气不宜比其霸道，要学会承认他们的优点和经验，不要因他们的专横而看不到其任何优点。

**3．不得已时，走为上策**

如果你的园领导明明知道自己的决策是错误的，却依然独断专行，大包大揽，最后要作为下属的教师为他的错误买单，长此以往，这样霸道的领导已经不值得追随了，你可以选择离开。

## 九、服从领导

下属服从领导是发挥整体功能的要求，也是民主集中制的体现。幼儿园是一个大系统，教师是系统中的一个成员。如果每名教师都是脱离园领导核心的游离分子，那就不能形成一个具有凝聚力的整体，幼儿园就不可能办好。

幼儿教师服从领导，执行园领导的决策，是其具有组织观念的一种表现。幼儿教师的工作岗位在幼儿园里，因此必须在幼儿园的总目标、总任务的指导下工作，在园领导的指挥下行动，否则幼儿园的奋斗目标就不可能实现。

幼儿教师要服从园领导的安排，听从园领导的指挥，做好任务的执行工作，在工作中要主动请示和汇报，自觉接受园领导的领导。不要以为自己的想法比园领导更高明，作为下属，服从园领导是一种美德。

为了更好地服从领导，我们应该注意以下四点要求。

### （一）服从是职业生活应遵守的一条底线

你选择到某所幼儿园工作，在一定程度上是因为你认可该园的园领导，如

果后期你觉得园领导不是理想中的样子，那么你可以有两种选择：如果完全不能忍受，就离开；如果留下，就要学会忍受，学会闭嘴，学会接纳，学会服从。

幼儿教师没有底线的一种表现是：不认可园领导，不能忍受，却又留下，然后在幼儿园里利用各种歪心思搞垮幼儿园，搞垮园领导——这不能说明你有"本事"，只能说明你的人品很有问题。

阿里巴巴的彭蕾曾说："无论马云的决定是什么，我的任务都只有一个，就是帮助这个决定成为最正确的决定。"确实是这样，园领导聘用你不是为了让你努力证明他是错误的，而是要你努力成就园领导，然后成就自己。

### （二）对园领导不要抱怨

要多看到园领导的优点，多从积极角度来理解园领导，多一份对园领导的体谅。对园领导不要总是发牢骚，不要只提出问题，而要积极地提出解决问题的方案。这种积极态度有利于我们与园领导建立积极的人际关系。

面对园领导，请停止一切抱怨。遇到问题时，请先思考——只反映问题是初级水平，思考并解决问题才是高级水平。在向园领导反映问题时，不要仅仅反映问题，至少要拿出3个解决问题的方案以供园领导选择——这才是具有建设性的，才能体现你的能力和价值。

### （三）与领导为善

不要与园领导为敌，不要见了园领导就反感，不要"只要是园领导支持的，我都要反对"，否则在上班时间，甚至业余时间，我们很难拥有好心情。

每位园领导都在不停地寻找能够给他提供帮助的人，排斥那些阻碍他的每件事和每个人。幼儿教师千万不能带头激发其他教师的不满情绪，向园领导施压，因为并非每位领导都有宽阔的胸怀。你向园领导施压，如果对方心胸狭隘，那么他会动用一切力量来与你斗，你在幼儿园里的日子会非常难过，因为大多数园领导都比我们拥有更丰富的资源。当然，如此与领导"斗法"是处理与园领导矛盾的一种低情商的表现，甚至有点突破道德底线。

## （四）服从而不盲从

每位园领导都希望作为下属的教师能服从自己，这是正常的心理反应。因为下属服从领导者，是领导者实现领导的基本条件，是维护上下级关系的基本组织原则。但是，这种服从不是毫无条件的服从，不是一味地唯上媚上。如果幼儿教师一味地附和园领导，那就成了盲从，必然会给工作带来损失，也不利于自己的专业成长。

### 你是一位喜欢与园领导作对的老师吗？

你是一位喜欢与园领导作对的老师吗？请对下面的问题进行"是"或"否"的回答。

1．你不喜欢按照本园领导的要求行事吗？

2．你是否认为本园绝大多数的规章制度都不合理，都应该被废除？

3．如果本园领导再次叮嘱同一件事，你会感到厌烦吗？

4．你欣赏与本园领导对着干的老师吗？

5．你经常从反面来考虑幼儿园的事情吗？

6．你是否对本园领导计划和安排的工作指手画脚、很讨厌，而故意不按本园领导的要求做？

7．是否本园领导越是让你用心工作，你就越是不用心工作？

8．本园领导的很多话都有漏洞、有问题吗？

9．在幼儿园里，你喜欢与众不同——说与众不同的话，做与众不同的事吗？

10．违反幼儿园里的某些规定，你不仅不感到难过，反而感到一丝快乐吗？

11．本园领导的批评常常引起你的反感和愤怒吗？

12．你是否认为本园领导有很多缺点和错误？

13．在幼儿园里，对于别的老师不敢干的事，你是否总想尝试一下？

14．你是否觉得本园领导不应为一些小事大惊小怪、小题大做？

15．你蔑视本园领导的专业能力和领导能力吗？

16. 对于批评你的园领导,你都感到讨厌和怨恨吗?

17. 在幼儿园里,你习惯按照大多数人说的做吗?

18. 在幼儿园里,对于你感到没有意思的事,无论别人怎么说,你都不会好好干吗?

19. 在幼儿园里,你特别爱做令人大吃一惊的事吗?

20. 在幼儿园里,大家对你很不重视吗?

21. 在幼儿园里,一旦决定干一件事,不管别人指出这件事多么有问题,你是否都不会改变主意?

22. 你是否总是对园领导表扬的同事有反感,不想理那个同事?

23. 你喜欢干一些能引起很多同事注意的事吗?

24. 当被领导说得火冒三丈时,你会偏不照他说的做吗?

25. 你讨厌那些当领导的同事吗?

26. 对伤你自尊心的人,你是否要给他添一些麻烦,让他感到你不是好惹的?

【评分规则】

第17题答"是"记0分,答"否"记1分;其余各题答"是"记1分,答"否"记0分。各题得分相加为总分。

【得分说明】

总分为0~7分的教师:对本园领导的逆反心理很弱。只干该干的,不去干不该干的。

总分为8~17分的教师:对本园领导存在一定的否定倾向。激动时可能丧失理智,意气用事,有时会做一些不该做的傻事。

总分为18~26分的教师:对本园领导有相当严重的逆反心理。所想和所做总是与众不同,与习俗和规定不符。如果不能清醒地意识到这一问题,不能努力地加以克服,那么你只能是一个不受大家欢迎,特别是不受本园领导欢迎的"独行者"。

期待每名幼儿教师都能与园领导成为相互的支持者、成就者。

# 第五章

# 幼儿教师与同事交往中的高情商技能

幼儿教师在与同事交往时,应该注意以下高情商的要求,以求营造相互体谅、相互欣赏、相互支持、相互促进的正能量的幼儿园工作环境。

## 一、尊重每一个同事

在工作的过程中,要尊重每个人——不管他地位高低,有无背景,有无能力,都应该给予尊重。

尊重是现代人应该具有的一种素养。别人尊重我们,不是因为我们优秀,而是因为别人优秀,优秀的人对谁都会尊重。尊重园领导是一种天职,尊重幼儿园里的同事是一种本分,尊重幼儿及其家长是一种常识,尊重幼儿园里的专业对手是一种大度,尊重所有人是一种教养,可以说,尊重的魅力是无限的。

任何一个同事都不可能尽善尽美,我们没有理由以严格挑剔的目光审视幼儿园里的每一个同事,我们也没有资格用不屑一顾的神情伤害幼儿园里的任何一个同事。假如我们在某些方面不如别人,我们也不必以自卑或嫉妒代替应有的自尊。只有学会尊重同事,才能赢得同事的尊重。其实,尊重同事,就是尊重我们自己。

在与同事交往的过程中,为了更好地表现出对同事的尊重,我们应该注意以下七点要求。

### (一)无条件地尊重每一个同事

面对每一个同事,我们都应该把他们背后的东西(家庭背景、职位、才能、

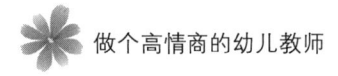

性别、资源、长相、民族、品行等）全部去掉，将其当作一个人来尊重。

别人不尊重我们，不能成为我们不尊重他人的理由，否则，我们也是缺乏现代基本文明素养的人。有同事尖刻地嘲讽你，你马上尖酸地回敬他；有同事毫无理由地看不起你，你马上轻蔑地鄙视他；有同事在你面前大肆炫耀，你马上加倍证明你更厉害；有同事对你蛮不讲理，你马上对他胡搅蛮缠；有同事对你冷漠，你马上对他冷淡疏远……最后，你所讨厌的同事的不良特质，也全部变成了你的特质，你自己也成了你最讨厌的人的样子。

### （二）尊重同事的个性

只要同事的"个性"不违法，不违德，不损害他人利益，不败坏社会风俗，我们就应该无条件地尊重同事的个性语言和个性行为。从这个角度讲，同事的另类穿着打扮、行为方式、做事方式、信仰、爱好等都值得我们尊重。

### （三）尊重同事的想法

在与同事交流的过程中，我们可以不同意他们的观点，但我们要绝对尊重他们的观点、表达权、发言权，尊重他们这个人。每个人的经验和知识背景不同，经历不同，逻辑不同，没有必要强求一致，不用刻意说服别人，更不要随意贬低别人及其主张。在有异见的同事面前，请在心中提醒自己："我不同意你的想法，但我仍然尊重你的发言权，尊重你这个人。"

### （四）绝对不在背后议论同事的是非

我们不是当事人，无法真正理解同事，因此作为旁观者，我们绝对不应该在背后议论别人的是非。这是我们与同事交往时必须坚守的一个底线。

对于同事的恋爱、交友、结婚、离婚等私事，我们都不应该议论。我们不是当事人，不了解全部情况，虽然我们常说"旁观者清"，但事实上，旁观者真的很难做到"清"。当同事与园领导或其他同事有冲突时，我们可以与当事人交流，但绝对不应该议论其中的是非。

**案例5-1　听到家长说同事"坏话"**

张老师和黄老师、利老师搭班带中(3)班的幼儿。经过1年多的磨合,张老师和利老师配合得很默契,可是他们与黄老师配合得不是很协调。黄老师很有个性,不听取其他两位老师的任何意见,张老师为此有些烦恼。

有一天,张老师在无意中听到她们班的几位家长议论黄老师的工作。其中一位家长问她:"张老师,你对黄老师怎么看?"张老师微笑地对家长们说:"我平时看到的黄老师工作积极负责,而且很有爱心,哪个孩子想妈妈了,她总是很耐心地安抚。黄老师工作也很细心,我们这个班的孩子刚刚来园两个星期,她就能发现哪个孩子睡觉容易出汗,哪个孩子喜欢踢被子等,并且主动告诉我们,提醒我们注意适当关照这些孩子……"

上述案例中的张老师没有因为对黄老师有看法而在家长说黄老师"坏话"时落井下石,张老师的这种做法不但能够改善家长对黄老师的看法,而且有利于她和黄老师建立良好的人际关系。

### (五)让同事感觉到自己重要

在与同事交流的过程中,要注意倾听,要善于发现、记住并说出别人的优点。平时要多想一想:"我能替某某同事做什么?"如此,我们也会赢得同事发自内心的尊重。

平时,我们可以多向同事寻求帮助,多向同事请教,多听同事的意见,多支持他们的工作,设身处地地多理解和支持他们的主张,这些做法都有助于让同事感觉到自己重要。能让同事感觉到自己重要的人,一定能赢得同事的好人缘。

### (六)不要揭穿同事为保存尊严使用的伎俩

没有人愿意与那些不顾他人脸面的同事交往。对于同事为了保存尊严使用的伎俩,你可以看透,但绝对不可以说透。我们的聪明不能用在看透并公开说透同事的小伎俩上,否则,同事的脸面被我们弄没了,人家也会找机会让我们丢脸。

### （七）与同事谈话交流时体现出对同事的尊重

为了在与同事进行谈话交流时体现出对同事的尊重，我们应该注意以下八点要求。

#### 1. 让微笑成为一种习惯

微笑是一种积极情绪的输出，是"你好，我喜欢你，我非常高兴见到你"的非言语表达。微笑应该成为我们与幼儿园同事交往时的一种习惯。微笑，是善意的象征，也是轻松的标志，它能给同事们带来内心愉悦，使同事们乐意与你相处。

如果你与幼儿园里的同事相处得不是很好，不妨多对他们微笑，请相信：坚持微笑、友善，迟早会感动他们，进而得到他们的微笑、友善。

#### 2. 真诚地对同事感兴趣

如果你对别人真诚地感兴趣，那么，2个月内你就能比一个只要别人对他感兴趣的人在2年内所交的朋友还要多。如果你总是通过在别人面前表现自己，进而想让别人对自己感兴趣的话，你将永远不会得到很多真实而诚挚的朋友。

因此，平时在与同事交往之前和交往过程中，我们要多研究各位同事的幼儿教育专业兴趣和非幼儿教育专业兴趣，这样我们才能真正发自内心地对同事们表现出兴趣。在与同事谈话交流时，要多谈大家都感兴趣的话题，或者只谈对方感兴趣的话题。

#### 3. 做一个耐心的听者，鼓励同事多谈他自己

学会认真倾听是同事交往中特别重要的一种方法，也是一种姿态。假如对方兴致勃勃地与你谈论一件幼儿教育专业上的事，突然发现你表情木然，目光呆滞，毫无兴趣，那么他会马上变得懊恼，认为你对他缺乏必要的尊重，彼此间的交流也变得索然无味，可能会马上停止，甚至会影响到你们以后的交往。如果你希望与同事保持一种良好的交往状态，那么你就要学会倾听。

一位同事跟你讲话，他总是希望听众能够听完他发表的意见，如果你对此漫不经心，或者毫不在乎，那么就会在一定程度上伤害他的自尊心，他原来对

你的好感也会消失。因此,如果想赢得同事的好感,那么当同事跟你说话时,你就要用心听。有学者这样说:"以同情和理解的心情倾听别人谈话,我认为这是维系人际关系、保持友谊的最有效方法。""做一个好听众往往比做一个演讲者更重要。专心听他人讲话,是我们给予他人的最大尊重、呵护和赞美。"你耐心地听同事讲话,就相当于告诉你的同事:"你是一个值得我倾听的人。"

因此,请对想跟你说话的同事说:"请告诉我一切!"这句话足以让你的同事激动和感激你。因此,想让别人喜欢你,首先要做个好听众。

为了让同事感觉你是个专注的听众,在听同事讲话时,你可以通过一些肢体语言或口头语言表示你在认真地听,如:与讲话的同事保持稳定的目光接触;不看、不玩手机;适当地点头以表示理解;提供简单的口头信息,如"明白了""好的""是的"等来鼓励同事继续表述;适时地提出一些问题,让同事的讲话进一步深入,不要一言不发,只知道点头或看对方的眼睛。适当的提问能让讲话的同事更深刻地体会到你真的在很认真地听,如"谁""什么""什么时候""什么地方""为什么""后来呢""如果……会怎么样呢""你说……""你感觉……""你是不是觉得有点……""你想说的是不是……"等追问、支持性提问或引导性提问,可供大家在倾听同事说话时参考使用。这样做不仅表示你在认真地听,还意味着你在鼓励同事继续说下去。

在倾听的过程中,当你有同感时也可以做出确认性反馈,如:"我非常理解你现在的感受。""我真的为你感到高兴。""这件事真的有点为难你了,遇到这样的事我也会感觉到……"这样做不仅可以鼓励同事讲下去,还可以增进你和同事的情感。

**4. 有话好好说,切忌争吵**

与同事说话时态度要和气,不能用命令、责怪的口吻与其说话。与同事意见不能统一,这很正常。对于那些原则性并不是很强的问题,没有必要争得面红耳赤。如果你一味地好辩逞强、好抬杠、好反驳,那么你将无法获得同事们的好感,这将会让同事们对你敬而远之。

**5. 适当地附和对方的主张**

在与同事交流的过程中,如果你能谈谈与对方相同的意见,那么对方自然

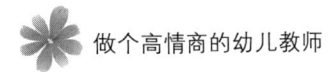

会对你感兴趣,而且产生好感。谁都会对赞同自己意见的人表示接纳和亲近。假如我们非要反对某个同事的观点,也一定要找出某些可以赞同的部分,为继续对话创造条件。此外,除非谈话对象是非常知心的同事,否则不要谈论令对方不愉快的伤心事。

### 6. 不要热衷于探听同事的家事

在交流的过程中,能让外人知道的家事,同事自然会说;别人没有说的,你就不要诱导别人说。每个人都有自己的家庭秘密。有时,即使你的同事一不小心说出了心中的秘密,也请你不要去探听。如果你有喜欢探听的爱好,即使你没有恶意,同事也会忌你三分,进而这将成为你与同事沟通和交流的无形障碍。

### 7. 就事论事,不对同事进行负面评判

与同事交流时,要坚持就事论事,对事不对人,对人不做任何负面评判,这是对同事的一种尊重。

平时,有些教师时常会碰到这样的情况——你很想跟同事理智、平静地探讨一个问题,但是没说几句,对方的情绪就非常激动,觉得你在挑他的毛病。比如,你发现一个原本与你配班的、勤快的年轻教师,在过去的一周里,每天上班都比平时晚,你想跟她谈谈她最近的工作表现。于是在周五教师集中午饭时间,你约她坐在一起吃饭。吃饭时你对她说:"我发现你最近经常迟到,我觉得你变得散漫了。"相信这位年轻教师会马上生气地回应你:"我怎么迟到了?不就那几分钟吗?我每天下午晚回家你怎么没有看到?"这样的对话,一上来就带着火药味。

因此,当我们与同事交流时,要谈事实,不评判同事。如果你平时观察同事们说话,你会发现,很多时候同事们自以为在描述事实,但实际上是用自己的经验"评论"别人。比如几个常见的句子:"你从来不负责任。""你特别懒。""你每次都迟到。""你经常不拖地。"……以"你从来""你每次""你经常""你总是"开头的句式,其实都是评判。评判会让同事觉得你言过其实,或者觉得你在给他贴标签、指责他,这很容易造成同事产生逆反心理,让双方的冲突升级。

为了在交流中避免出现评判同事这一现象,我们可以将评判同事的内容转

换成不带感情色彩的陈述。只要我们照实说出事实,然后表达出我们的感受即可。请看如下表述。

面对一位年轻的配班教师在家长面前说你的"坏话"。

不应该这样对这位同事说:"当了解到你在家长面前说我的'坏话'时,我非常生气,你这种人太没有修养了,太缺乏职业道德了。"

应该这样对这位同事说:"当了解到你在家长面前说我的'坏话'时,我非常生气,因为我认为教师不应该这样做。"

这样一来,你既表达了自己的感受,又避免了用评判激怒对方和自己。

你想借同事的电动车外出一下,却被她拒绝了。

不应该这样对这位同事说:"借个电动车,你都不愿意,你这人太小气了,难怪你在幼儿园里朋友那么少!"

应该这样对这位同事说:"我是第一次向你借车,你都不借给我,我非常难过,真的非常难过。"

如此说不见得能让你达到目的,但基本不会导致事态进一步恶化,因为你只是坚定地表达自己的感受而已。而直接说她"小气"反而可能惹怒她,你想达到目的就更加不可能。

## 8. 尽可能不要对同事说"你错了"

你指责同事时说"你错了",这几乎等同于贬低同事的智力、自尊,这时已经不再是对与错的问题,而上升为尊严之争。你指责同事时说"你错了",等于你在宣称:我比你聪明,而你是一个无知的笨蛋。如此伤害同事的自尊,你自然也会成为同事中不受欢迎的人。

我们应该从今天开始不再说"你错了"这三个字。即使同事真的错了,你也应该这样讲:"啊,你慢着,我有另一个想法,不知道对不对。假如我错了的话,希望你们给我纠正。让我们共同来看看这件事。"这等于告诉同事:"我可能不

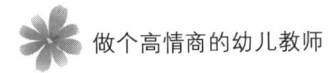

对,让我们一起来寻找正确的答案吧。"相信,没有人会反对你这样的提议。[1]

## 二、互惠互利

人际关系心理学家认为,人与人之间的交往在本质上是一种社会交换,这种交换同市场上的商品交换所遵循的原则一样,即人们都希望在交往中得到不少于所付出的。其实,不只是得到的不能少于付出的,如果得到的常常大于付出,也会令人们的心理失去平衡。因此,互惠互利是人际交往的一个基本原则。幼儿教师在与同事交往时,要照顾彼此的利益,努力实现双赢、多赢。为此,我们应该注意以下六点要求。

### (一)努力成人之美

在平日的工作中,要互相帮衬,相得益彰。要注意相互补台,而不要相互拆台,一起垮台。

在幼儿园里,年长者有年长者的优势,年轻人有年轻人的优势,万万不可互相轻视。在幼儿园里,能多干一点就多干一点,总有人会记得你的付出。在幼儿园里,千万不要破坏幼儿园的规则,那样就是拆自己的台。一定要把属于私人的事限制在私人的空间里,否则,关键时刻没有人认可你。在幼儿园里,要尽量远离那些整天满腹牢骚的人,远离那些整天怨天尤人的人,远离那些鼓动你不好好工作的人,远离那些鼓动你闹矛盾的人,远离那些鼓动你与领导对着干的人——因为这些人都是在害你。

多和富有正能量的教师在一起,多和想干活、能干活的教师在一起,平时多干活,少说话,更要少说负能量的话,多看到别人的长处,多做成人之美之事,相信经常成人之美,定会不断地成自己之美。

另外,我们还可以向同事索取助人的机会。乐于索取助人机会可以创造出与同事合作的机遇。你应当像乐于帮助别人一样,乐于向他人索取帮忙的机会,

---

[1] 朱凌,常清. 情商高就是说话让人舒服[M]. 延吉:延边大学出版社. 2018:138.

有些机会靠自己索取才能获得。帮助同事，成全同事，也是不断地、积极地增加自己的人际资本。有时向他人索取帮忙的机会，可能会遭遇拒绝，但这没有关系。主动索取，总会有更多的机会来帮助别人；建立良好的人际关系，定会有助于自己的专业成长。

### （二）在同事中努力让自己的付出多于回报

幼儿园里的社交在本质上就是不断地用各种形式帮助其他教师取得专业和生活上的成功——与同事共享你的知识与资源、时间与精力、朋友与关系、同情与关爱，从而持续地为其他教师提供价值以及价值创造的能力，同时提高自己的价值。

你为其他教师提供价值，其他教师才会与你建立良好的联系。所以要多为其他同事考虑，能帮就帮，成全别人就等于成全自己。

### （三）慷慨大方

在与同事交往时，通行的原则不是贪图同事的便利，而是慷慨大方。不占同事的便宜，应该成为同事交往的一个原则。比如：大家一起坐出租车时，努力坐在前排，并在下车时主动付款；和同事到外面吃早餐时，努力帮同事一起付款……这些小慷慨定能不断提高自己在同事中的好人缘。

### （四）适当向同事求助

在与同事交往的过程中，可以向同事求助。这不是示弱，而是一种非常重要的交际方式。在向同事求助的过程中，你可以展示自己的品行、智力和魅力。向同事求助的方式和方法得当，能拉近自己与同事的距离，找到他人替自己分担繁重的任务；反之，向同事求助的方式和方法不得当，在不该开口的时候求助，会损害自己与同事的关系，而在需要帮助时放弃求助，则会让自己陷入不应有的困境。

向别人求助，不仅有助于自己，也有助于别人——帮助别人发现和实现自己的价值。这有利于增进彼此的感情和亲密度。如果同事总是被你帮助，而总得不到帮助你的机会,那么这种关系可能会变成他内心的一种负担。我们应该如何向同事求助,才更有利于促进同事之间良好关系的建立呢?

**1. 分清求助的事是"小忙",还是"大忙"**

如果是小忙,就是举手之劳,同事基本上不需要牺牲自己原有的工作节奏或利益来帮你。如,你们班有个家长要晚接孩子,你有急事必须马上离开幼儿园,你让正在看管她们班未能按时回家的孩子的同事帮你一起带这个孩子——你让该孩子的家长届时到同事的班接他的孩子。

小忙要动用"私人化"的沟通方式,同事帮的是"你",而不是事。这相当于你欠了同事一个人情。无论结果如何,你都要领情,而且要还人情。最好的还人情方式就是"当下就做",如,当天给人买杯咖啡,请人一起吃午饭,或者只是真诚地道谢,重点是将事情及时了结。有种话尽量不要说,就是"回头请你吃饭""有用得着我的地方,你随时说话"等,因为同事听后会觉得你很不真诚,以后不想跟你打交道。更重要的是,你没有关闭这个互动循环,始终欠着对方一个人情,万一对方要你还这个人情——真的让你"请吃饭"或向你提出一个你无法完成的任务,那就尴尬了,并且同事会对你失去信任。因此,求人帮小忙的关键在于,要用自己的真诚打动别人,而且一定要当下还人情。

如果是大忙,就是需要别人牺牲自己的原计划,甚至放下手头的事情来做你的事。请同事帮大忙,你要主动问你想求助的同事:你手头的事情,有什么我能分担吗?尽量不要让同事因为你的事而承担过大的压力,否则,他会帮你把事情做完,但是你很可能会失去一位朋友。

**2. 给帮忙的同事准备一份具体的工作流程与标准要求**

为同事提供工作的流程与标准,有利于同事更好地按你的要求提供帮助。比如,让同事帮你重装计算机软件,你要告诉这位计算机高手:你想什么时间装好,计算机里的哪些盘、哪些文件可以动,哪些盘、哪些文件不可以动。

**3. 记住工作责任永远是自己的**

虽然同事出于各种原因愿意给你帮忙,但是工作责任人还是你。如果你认为自此可以不承担原定的责任,那就不叫求助,而叫"甩锅"。你要告诉帮你的同事,你愿意承担责任。当你们一起合作后,如果发生了一些不利的情况,比如，被园领导或者家长批评、目标不能达成等，你要第一时间挺身而出，主动承担责任，不能让帮忙的同事感觉到被你及你的事情连累。

**4．寻找有帮忙能力的同事提供帮助**

为了提高"求助命中率"，在向同事求助时，我们应该考虑的不是"我跟谁熟"，而要把"谁最有能力、最有可能帮我解决这个问题"作为考虑的重点。如果对于这一问题，你不能确定的话，可以问身边的同事，不是问他们"能不能帮忙"，而是问他们"建议找谁帮忙"。另外，尽可能当面求助，让对方看到你本人，你也看到对方。这不仅是表达尊重的意思，我们还有句老话叫作"面不辞人"，就是当面不好拒绝别人。

为了提高求助的效率，当我们向同事发起求助时，可以使用程序式求助语言："我遇到了一个问题，想占用你几分钟请教一下。"→"这个问题是……"→"我之前已经……但还是没有解决。"→"我能不能麻烦你帮我……（越具体越好）。"要在5分钟内，把你的问题陈述清楚；若超过5分钟，则说明你自己也没想清楚。

另外，在与求助的同事交流时，要尽可能多问开放性问题（比如"……想听听你的建议""……怎么才能做得更好""有没有更成熟的方案"），而不是问封闭性问题（比如"你看我这样做行吗？""你看我这样做好不好？"），因为开放性问题才能获得对方的增量信息。

## （五）助人要有明确的边界

在与幼儿园同事交往的过程中，我们提倡"能帮就帮"，而事实上，帮助别人是需要能力的。如果面对力所不能及的事情，我们也努力帮忙，那么我们会很累，同时你的努力不一定能赢得同事中的好人缘。许多幼儿教师因为不敢、不会、不好意思拒绝同事，不得不扭曲自己的真正需求，感到心很累……因此，幼儿教师一定要学会拒绝的艺术。

**1．明确自己的助人边界**

对于同事的事情，幼儿教师一定要明确哪些事情是可以帮的，哪些事情是不可以帮的。一味退让，总是想尽可能多地帮助其他同事，进而取悦所有同事，

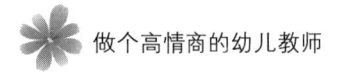
做个高情商的幼儿教师

是助人边界感不强的一种表现。

不擅长拒绝的人，面对现实中同事的为难求助，通常会出现两种情况：第一种情况是张不开嘴拒绝，只好满心不情愿地帮助同事，因而心很累；第二种情况是为了拒绝同事的求助而编造借口，不知不觉地把自己陷入谎言，为了圆谎更心累。因此，幼儿教师一定要明确自己的助人边界，请坚定这个认知——拒绝就是在保护自己的边界和底线。

（1）将助人行为界定在力所能及的范围内。如果力所不能及，但你仍然坚持帮助同事，那么后果将很严重。如果你的盲目帮助没有取得预期的结果，那么同事会怨你，甚至恨你，还可能导致同事错过解决问题的最佳机会。另外，为同事做你力所不能及的事，会让你身心俱疲。

（2）同事求助的三种事一定要帮。幼儿教师一定要明确，当同事向你求助下面的三种事时，你一定要帮忙。

第一，雪中送炭的事情。对于园领导和同事都已经全身心投入的事情，如需补位，你一定要帮，如果拒绝帮忙就是推掉了同事对你的信任。

第二，能提升自己能力的事情。帮助同事，也是成就自己，要充分利用帮助同事做事的机会以提升自己。

第三，临门一脚的事情。在足球比赛中，大家都能记住进球的球员。因此，面对同事求助的临门一脚的事情一定要帮。因为这样不仅能帮助同事，还能快速地提高自己的名声，增长自己在同事中的人气。

**2. 拒绝同事时快速而坚定**

拒绝同事的求助时，一定要快速而坚定。许多人认为，拒绝会伤害到别人——这没有错。但是给人以错误的希望，又剥夺别人的希望，这才是更大的伤害。以谈恋爱为例，这就像一个姑娘在面对自己不心仪男生的追求时，要第一时间坚定地告诉对方：我现在享受单身独处，不想接受你的追求。第一时间被拒绝，该男生当时可能会很难过，但这种难过很快就会过去，因为他陷入的情感还不深。只有当男生向女生表达爱意时，即使他不是女生理想的交往对象，女生也出于种种原因，不明确表态，若即若离，给人希望，纠缠多年，到最后才说不行，男生才会觉得深深地受到伤害。

大家请注意拒绝的精确表达,你拒绝的不是这个向你求助的同事,而是这个同事对你所提出的某个求助。如此精确地拒绝,可以减少被拒绝的同事受到的无意伤害,减少因拒绝而带来的人际交往障碍。

### 3．不要为了拒绝而随意撒谎

拒绝同事的求助时,重点是表达拒绝,而不是提供理由,特别是不要没完没了地讲理由。因为你说得越多,对方越觉得你是编造理由,不想帮助他。"很抱歉,这个时间我得带孩子去……",这样表述就够了。如果你在拒绝别人时说"哎呀,你看看,我的亲戚来了,我要带他们去人民公园散步,要给家里的老人买点药,还要带孩子去……"——就算你说的内容是真实的,但你的同事仍然会认为你是因为不肯帮助他而乱编理由。

学会适当地拒绝同事的求助,是为了给自己减压,而编造理由会给自己造成更大的心理压力,在后续的日子里,你还得不断地为之前的谎言自圆其说,否则,一不小心说漏嘴了,同事对你的信任就全无了,同事关系也将进入恶性循环。

许多幼儿教师很容易进入一种误区,即"我不愿意,但是我也不想拒绝,因为虽然我不愿意,但是我想取悦对方"。这种误区如果变成了一种习惯,那么这就成了心理学上所说的取悦症。只有我们从容地走出取悦症,才能果断地、理性地拒绝那些烦扰工作和生活的请求,才能轻松自由地生活。

### 4．ABC期待法

A（Affairs）：说出真实的状况,摆事实,拿数据。

B（Boring）：表达令自己烦恼的感受,引发共鸣。

C（Change）：明确地提出期待,坚持己见。

请看下面的ABC期待法的例子,期待大家有所悟,有所获。

A：园长,我们中（3）班各方面都不错,得到了绝大多数家长的认可,小朋友们也很开心。可是,主班教师（相当于小学、中学中的班主任）的工作压力很大,我的孩子年纪小,老公又常年出差在外,孩子需要更多的照顾。现在的主班教师有许多事情要做,在当前的状况下,我很难既做好主班教师这个岗位的工作,又照顾好孩子。

B：我很喜欢我们这个班，我和家长们、孩子们相处得都非常好。只是我做了妈妈，实在心疼自己的孩子，真的想在前几年把孩子带好，为其一生奠定良好的基础。主班教师的工作量实在太大了，我无力同时做好这两项工作。因此，我时常很矛盾，很难受。

C：我希望能够有机会转做副班教师，希望领导能考虑我的请求。

### （六）追求人际关系上的收支平衡

人际交往是一种交换，是一种交易。追求人际交往中的不"亏损"是同事们的基本需求。因此，幼儿教师在与同事交往时，一定要注意平衡的策略。

**1．积累人际交换的资本**

别人与你交往可能是为"好处"而来的，你有哪些精神或物质的"好处"给别人？

要时不时地丰富你的资源，让对方认为你还有很多"好处"，他们才会为了那些"好处"和你保持一种良好的关系，一旦"好处"没了，他们可能就会离你而去。如果真的碰到这种情形，你也不必慨叹，因为这是人性的必然。你看看，那些没落的贵族、失势的政客、潦倒的"富人"，有谁搭理呢？

因此，幼儿教师平时要注意人际交往资源的积累——精神的、物质的，专业的、非专业的。你有无限的资源，同事们在与你交往时能够得到快乐、专业知识、生活知识、人生智慧等，你在同事中就会有很大的人际吸引力。

**2．了解同事交往中的"存款"与"提取"**

人际交往中的"存款"包括：了解对方、遵守诺言、有礼貌、犯错后道歉、接受回馈。

人际交往中的"提取"包括：要求对方了解自己、违背诺言、不礼貌、犯错后傲慢自负、抗拒回馈。

在与同事交往的过程中，要多"存款"，少"提取"，这样你与同事的关系才能更加和谐。

**3．好事不要一人做尽**

在人际交往中要有所保留。初入幼儿园社交圈中的教师常犯的一个错误就是"好事一人做尽",自以为全心全意地为同事做事会使关系融洽、密切。事实上并非如此。因为人不能一味地接受别人的付出,否则心理会感到不平衡。"滴水之恩,涌泉相报",这也是使人际关系平衡的一种做法。如果好事一人做尽,使人感到无法回报或没有机会回报,那么愧疚感会让受惠的同事选择疏远。留有余地,好事不要一人做尽,这也许是平衡人际关系的重要准则。

因此,我们应该记住:不要对人太好!好事几乎都被你做了,也会给你带来意想不到的人际交往后果。在人际关系中如果不能相互满足某种需要,那么这种关系维持起来就比较困难。如果你想帮助别人,而且想和别人维持长久的关系,那么不妨适当地给别人一个机会,让别人能够回报自己,不至于因为内心的压力而疏远双方的关系,这种收支平衡的人际关系才会长久。

## 三、经常赞美同事

任何人都希望得到他人的认同和赞美,从而证明自己存在的价值。因而,在与同事交往时,对他人的长处和优势,对他人的关心和帮助,要由衷地感谢和赞美,从而激发对方与你交往的热情。为了更好地赞美同事,为了赢得更多的人缘,在赞美同事时应该注意以下十二点要求。

### (一)明确赞美的收获

赞美同事,我们能收获什么呢?赞美同事,是让自己开心的一种方式。夸夸同事,一分钱都不用花,就可以让自己感到心情愉悦。如果你留意的话,在现实中你会发现,当你赞美和夸奖同事时,无论如何你都会收获回报——也许你会收获别人的善意,也许你能收获别人的感谢,也许你只收获了自己的愉悦。

明确赞美同事的收获后,我们赞美同事的行为就会有内在动力。

### (二)赞美要努力在公开场合进行

公开地、大声地赞美你的同事,能让你的赞美产生的作用最大化。

赞美的效果,不仅产生在你和被赞美的同事之间,也产生在围观的其他同

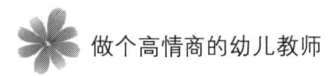

事与你之间。赞美同事,最好在园内大会上,在聚会上,在教研活动中,在家长会上,在园内民主生活会上。场合越公开,赞美产生的作用就越大。

### (三)赞美要及时

在相处的当下、在同事良好表现发生的现场,就要赞美。如果实在来不及或者不方便当面说,事后应尽快用微信或邮件表达。如:同事在交流会上发言很精彩,你可以对他说"你的发言很精彩。有机会我想找你聊聊";和同事的聊天对自己很有帮助,你可以真诚地对他说"你的谈话内容对我很有帮助,谢谢你!"。这样的感谢和赞美定会让你在同事的心中留下美好的印象,同事听后一定会心情舒畅,进而激起他进一步与你交往的欲望。

见到、听到令同事得意的事情,一定要停下所有的事情去赞美。如,同事给你看了她的孩子的相片,你一定要夸她的孩子,如果你无声地放回去,别人会很不高兴。又如,同事参加比赛获奖,当场或第二天见到她,你一定要对她伸出大拇指,并由衷地对她的获奖感到高兴。

### (四)背后鞠躬

背后鞠躬,说得通俗一些,就是通过第三者在无意间转述自己对同事的好感或赞美,或者通过创造某种特定的环境条件让对方听到自己对他的积极评价。这更容易赢得同事的好感和信任。

因此,在同事的背后,不仅不要说同事的坏话,还要尽可能地多说同事的好话,说得多了,不用担心不会传到他的耳朵里。一旦你的同事从第三者口中听到你对他的夸奖,那么你在其心目中的好感自然而然就会建立起来。

**案例5-2　背后鞠躬**

有一次,友人告诉林肯总统,国防部长斯坦顿曾经在背后骂他是该死的傻瓜。显然传话的人是想从中挑拨离间,讨好总统,制造事端,搬弄是非。

可是林肯总统的表现却出乎人们的意料,他没有对国防部长表示任何怀疑和愤怒。他漫不经心地说:"如果斯坦顿评价我是一个该死的傻瓜。那很可能我就像他说的那样。我知道他这个人,他办事向来十分认真。而且他所说的话十有八九是正确的。"

一传十,十传百,林肯的话很快传到了斯坦顿的耳朵里,他深受感动,觉得特别惭愧,向林肯表示了崇高的敬意和歉意。林肯去世时,斯坦顿还讲了一句经典的话:"现在,他属于永世。"

好听的话、赞美的话当着别人的面说,自然能够既及时又生动地表达自己对对方的欣赏,不失为获得好人缘的有效且常用的一种方法,但是像林肯这样在"背后鞠躬"的方式也能获得意想不到的效果。研究表明,背后鞠躬时所说出的"好话"80%以上都能传到当事人的耳朵里。

### (五)赞美同事的切入点要独特

对于幼儿里最漂亮的同事,如果你夸她好看,无论你怎么夸,她的内心都很难产生波澜。但是如果你夸她"带班时,特别有亲和力,特别专注投入,孩子们特别喜欢她及她所设计和组织的活动",她的这一特点可能从未被人夸过,而被你发现并得到你的夸奖,那么她一定会把你视为知己,乐于与你交流。一位同事论文写得很好,经常获奖,经常在刊物上发表文章,如果你夸她是论文写作的高手,除了博她一笑外,不会产生什么特别的效果,而如果你表示欣赏她的风度和气质,她就会非常高兴。

在网上看到一个段子,当中的一句话堪称高情商的典范。

一位朋友到大学教授家做客,恰好那天教授的儿子带女朋友回家。只听这位朋友说:"这孩子跟他爸爸一样眼光好,会挑人!"

数一数这句话共夸了几个人:
(1)夸儿子的眼光好,会挑女朋友。
(2)夸教授的眼光好。
(3)夸儿子的女朋友,因为"眼光好"才能挑到优秀的女朋友。

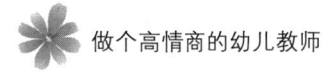

(4)夸教授的妻子,因为"孩子跟他爸爸一样"。

有一双善于发现的眼睛,总会找到同事独到的优点和长处。

## (六)掌握赞美的"三段论"

赞美的"三段论"就是幼儿教师在赞美同事时,要将赞美的语言分成三个环环相扣的要素来展开,首先说"我发现你……",然后说"我认为你之所以能达成这个成就,是因为……",最后说"你的这个成就对我产生了……影响"或"我准备……"。

### A赞美的"三段论"

"哇,王老师,你瘦了好多,看起来状态真好。你肯定特别自律,对自己要求特别严格,我太佩服你了,你激励到我了。不行,我也要自律起来,你快跟我说说你是怎么做到的。"

### B赞美的"三段论"

"范老师,你今天在教研活动中的发言很独到,很有深度,给我很大的启发。你肯定看过许多书,平时肯定做过许多思考,我太佩服你了。我今后要多看书,多思考,多向你请教,我也要努力让自己变得有思想。"

一般人的赞美只有第一个要素,就是说"我发现你有一个特别好的地方",这经常听起来像片儿汤话。不信我给你举个例子:"哟,王老师,你瘦了好多。"话到这里就结束了。如果对方没瘦,那么她会觉得你很虚伪;如果对方真的瘦了,她也没什么可高兴的,因为这件事她早就知道了,你们的对话到此就结束了,没有办法继续了。

赞美的"三段论",表面上看起来是刻板的工具,实际上是提醒我们明确一个观念:夸同事不要夸现象,要夸现象背后的素质或能力。要告诉对方,你知道他的努力,你认可他的深层价值。使用赞美的"三段论",不仅能够让被夸的同事感到高兴,也能够强迫自己养成善于发现、善于学习的精神。

### (七）从否定到肯定的评价

这种赞美同事的方法一般是这样的："我很少佩服别人,你是个例外……""我一生只佩服两个人,一个是某某,一个是你……""在我们的幼儿园里,我只佩服两个人,一个是某某,一个是你……"

### (八）逢人减岁,遇货加价

"逢人减岁,遇货加价。"这是一句描述赞美技巧的古语。"逢人减岁"的意思是碰到上了年纪的人,你就说他年轻,经典用语有:"某某,多年未见,你还是那么年轻!""某某,你总是那么年轻漂亮,你根本不像……年龄的人。""遇货加价"的意思就是看到同事的衣服、鞋帽、首饰等物品,你明明知道这些东西的价格不高,但你仍然给它们"加价"。在一般情况下,即使大家知道这些"减岁""加价"是不真实的话,但是听后仍然会会心一笑。相反,你和同事相遇时,若"逢人加岁,遇货减价",那么估计过不了多久,你就会成为一个极其不受欢迎的人。

### (九）赞美要符合事实

如果一位教师带班带得很差,他正在为此苦恼,而你却大加赞赏他的带班能力,那么这位教师会怀疑你在讽刺他,或者会认为你是善于说假话的奉承之人,你在他心中的地位会速降。

### (十）真诚地赞美

在工作中,有些幼儿教师喜欢用挑剔的眼光发现同事身上的各种毛病,而不善于用欣赏的眼光发现同事的优点和长处,因此,他们时常看不惯其他教师,喜欢将同事看得一无是处,同事关系极其紧张。

其实,只要我们用积极的、善的眼光观察同事,就会发现他们身上有许多优点和长处。

他唱歌时"五音不全"，可他唱歌时充满快乐的精神。

她长得不算好看，可她那真挚的微笑使她显得妩媚动人。

她虽然年近半百，可她富有童心，和她相处令人身心愉快。

他做事有点笨手笨脚，可是他从不会算计别人，和他相处很有安全感。

他的业务能力一般，可是他工作十分认真、执着。

他的专业理论水平不高，可是他的带班能力很强。

他的语言表达能力不好，可是活动区的材料和环境，他弄得非常有专业水平。

……

为什么许多教师总是看不到其他同事的优点，根本问题在于这些教师有一颗吹毛求疵的心，却没有一颗善良、宽容之心，缺乏一双善于发现的眼睛。吹毛求疵，不仅会让你与同事关系疏远，而且会让你在幼儿园里的工作心情和状态都极其糟糕。它"鼓动"你去发现幼儿园里的每一件事和每一个人的不当之处——你不喜欢的地方。这会让你永远生活在阴暗里，成为幼儿园里极不受欢迎的人。

## （十一）学会接受别人的赞美

除了主动赞美同事外，幼儿教师还要练习得体地接受同事的赞美。当同事赞美你时，千万不要说"哪里哪里"，而要积极地回应，把接受别人的赞美当作赞美别人的机会。如果园长赞美你"带班很认真"，同事赞美你"专业素养高"，一个得体的回应是："谢谢您的表扬，您经常激励我，对我帮助很大。谢谢！"

赞美同事，就是给同事一种正能量，也是给自己一种正能量。所以，当开口赞美同事时，我们应该明白：我们正在激发同事的正能量。我想发起一个提议：让赞美成为我们与同事交往的一种习惯，相互鼓励，相互愉悦，让我们的同事关系更加和谐快乐。

我想给教师们布置一个作业：在看完赞美这一部分内容后的这一刻开始，1小时内，无论如何都对某个人发起赞美。你可以夸一位园领导，也可以赞美本园的一位普通教师，1小时内交作业，好吗？

我先带个头，我要夸夸你："哪怕是下班时间或者休假，你今天也坚持看莫某的书，说明你真是一个特别爱学习，特别重视内心成长，又特别善良的老师。此时此刻，你真的激励到我了，我今后会更认真地思考，更认真地写作，准备跟你分享更多的'干货'。谢谢你！"我夸完了，现在轮到你了。你可以在我的微信公众号"秋风幼教"的留言区交作业——告诉我，你要赞美的人是谁，你表达赞美的"三段论"是什么。我会及时对你的赞美词反馈建议。适当的时候，我会收集、整理，然后将大家赞美同事的赞美词公开发表在微信公众号上，让更多的幼教界同行知道你在赞美你的某某同事。

### （十二）设计并执行一个赞美同事计划

比如，每天到幼儿园之前就想好，今天我一定要夸一个人，遇到谁，就夸谁，让对方感到高兴。如果夸奖的对象是新来的同事，效果会更好。你会感受到"赠人玫瑰，手留余香"。奇妙的世界将就此展开。

如果真的要求自己每天必须发现一个同事的进步、优点和长处，每天至少赞美一个同事，那么久而久之，你就能形成敏锐的观察力，并且能够给别人提供正能量，你的人缘会越来越好。

## 四、注意同事交往中的交互性

同事交往中的交互性，就是你希望别人怎样对待你，你就怎样对待别人。你对别人好，别人也会对你好；你对别人不好，别人也会对你不好。

### 案例5-3　王蒙[1]的人际关系准则

人际关系永远是双向的。学人者，人恒学之；助人者，人恒助之；敬人者，人恒敬之；爱人者，人恒爱之。说人者，人恒说之；整人者，人恒整之；害人者，人恒害之；耍人者，人恒耍之；虚伪应付人者，人恒虚伪应付之。

---

[1] 王蒙，男，河北南皮人，祖籍河北沧州，著名作家、文化部原部长、中国作家协会原副主席。

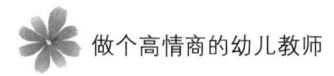
做个高情商的幼儿教师

人在交往中是有感悟能力的,能感悟到别人对待他的态度、行为,进而以同样的方式给予回应。请大家看一看以下材料:

园长将纸条逐一收上来,然后进行统计分析。结果发现,那些列出不喜欢之人的数量最多的教师,她自己也正是最不受众人喜欢的,而那些没有不喜欢之人的教师,或者不喜欢之人很少的教师,也很少有人讨厌她。

这一调查结果表明,我们喜欢的人或厌恶的人与喜欢我们的人或厌恶我们的人在数量上基本相同。当你喜欢别人时,别人也可能会接纳你;但是当你不喜欢别人时,别人也可能不会接纳你。你对别人怎样,别人也会对你怎样。

因此,我们要想得到同事的关爱、尊重、体谅、欣赏、赞扬、接纳,那么我们首先要关爱、尊重、体谅、欣赏、赞扬、接纳别人。

## 五、打造亲密同事关系的策略

要在与同事交往的过程中,打造亲密的同事关系。心理学研究证明:有多少人可以走进你的家里,自己打开冰箱找吃的,你的人际快乐就有多少。为了打造亲密的同事关系,我们应该注意以下十七点要求。

### (一)了解同事喜欢与什么样的人交往

你了解幼儿园里的同事为什么愿意和你交往吗?一般而言,大家喜欢与具有如下品质的同事交往。

(1)有做人的基本品德。对同事真诚、厚道、善良、懂规矩、守规矩,说话有分寸,有热心,有爱心,有礼貌,守信用。同事与你相处时感到安全、被尊重、温暖、放心。

(2)有利用价值。你在同事的眼中有可利用的价值——你能给同事解决幼儿教育上的专业问题,还能给同事解决家园关系上的专业问题。和你在一起,同事觉得在专业和工作上受益颇多。你愿意在自己力所能及的范围内给同事提供热心的帮助。当同事在生活上有困难时,你也乐于帮助。

(3) 站得高,看得远。同事跟你相处能打开眼界,能看到专业的前沿阵地,了解专业发展的方向。同事跟你相处,还能得到人生的指点,让他们生活得明白、充实、快乐。

(4) 有肚量。和同事相处时,无论是在生活上,还是在专业上,你都能倾听同事的想法,就算同事的想法与你相悖,你仍然能微笑地听着。你尊重同事的不同主张,更尊重有不同主张的同事。你觉得尊重同事是现代人应有的素质。尊重别人,不是因为别人优秀,而是优秀的人都会发自内心地尊重别人。总之,无论何时何地,你都能表达出对同事的尊重。

(5) 欣赏别人的优点。在与同事相处的过程中,你经常能发现同事在专业、生活和人生智慧上的优点和长处,并能在各种场合给予其大声和充分的肯定。你不仅能欣赏同事的优点,也能欣赏同事的特点——即使是很特别的特点,你也能接受。只要该特点对别人、对社会无损害,你都能接纳,甚至欣赏。

(6) 给同事带来快乐。从本能上讲,人都是追求快乐的。无论是做事情,还是与人交往,大家都喜欢做能给自己带来快乐的事情,喜欢与能给自己带来快乐的人交往。因此,我们平时要有快乐意识,要注意快乐资源的储备与分享。

## 案例5-4 不一样的公交车司机

有一位新来的公交车司机,他主动和每一位上车的乘客问好、打招呼。刚开始有些人还不太习惯,但是看到这位司机和每一个人都这样友好时,整个车厢充满了温馨。由于心情好的缘故,在上下车时,每一个人都彼此点一下头,还相互礼让,这样大家每天都带着好心情上班。

因为一个司机的缘故,整个车厢的环境有了改变,而对这一个小小的环境的影响又如湖水中的涟漪一样,渐渐扩散开,改变了整个大环境。当每一个人都心情愉悦地走上自己的工作岗位时,他们的心中充满了友爱和温馨,于是人与人之间就充满了感情。

在日常生活中,一句普通的问话,一个小小的举动,也可以改变一个环境。

对这个环境来说，每个人都是重要的。当你路过收费站时向收费员说一声"辛苦了"，当你下车时对司机说一声"谢谢"，当你到办公室时对同事说一声"你好"，当你回到家时对自己的家人有一个小小的问候……这些都是极平凡又很容易做到的，当每个人真正做到了这一点时，我们的世界一定会是美好的人间。

我们可以改变环境，我们虽然不是政府官员，没有身居高位，没有更多的钱财，但我们仍然可以成为一个令人如沐春风的使者。幼儿园里，社区里，城市里，因为有了一个个这样的使者会变得更加美好。能给同事带来愉快心情的人，谁不喜欢与他交往呢？

（7）很用心。在与同事交往时，你很懂得用情和用心。时刻关注同事们的需要，时刻对同事们的兴趣感兴趣，随时准备帮助需要帮助的同事，如此一来，你与同事就会有更多的良性互动机会，同事们也就更加喜欢与你交往。

（8）有正能量。你有无限的正能量，总能给人以鼓励，给人以快乐，给人以乐观向上的力量。你在工作和生活上有许多健康向上的追求。你从不抱怨，周围人时常被你的积极感染。谁不喜欢过一种有追求，不断向上的生活呢？！

### （二）经常与同事联系

关系是通过联系来维持的。因此，建议各位幼儿教师要与同事联系、联系、再联系……你要不断地为同事关系"加料"，以保证其不会中断——要想让同事记住你，有个非常关键的方法，那就是不断地联系。

要建立评级体系，以便经营和维护关系变得容易。

A级：至少1个星期联系1次。

B级：至少每个月要在微信上打招呼1次。

C级：至少每个季度要联系1次。

当同事过生日、取得成就、因失败而失落、家有喜事、家有重大变故、在研讨交流会中的发言让你很有收获时，都是你与同事联系的好时机。

不断地重复联系，我们在同事中的人缘自然会变好。

### （三）联系完全陌生的同事

当你需要给陌生的同事发微信时，你可能会有些惧怕——但你只管硬着头皮尝试，这样你的新朋友会不断增加。

### （四）会议上花时间与同事交流

会议总被人误解为只是发表见解的地方。其实，会议还有一个很重要的好处：提供一个契机以结交志趣相投的人。你可以在会议上做足准备并积极地公开发言，因为你的发言是让同事们记住你的最简单、最有效的方式之一。不过，在会议交流中，要努力让自己的发言真实、有新意、有趣、有用。

### （五）充分利用就餐时的交流机会

在幼儿园里，早餐和午餐都由幼儿园提供。就餐时间是很好的与同事交流的机会。因此，在幼儿园里用餐时决不要一个人吃饭——吃饭时非常易于轻松地进行专业和非专业上的交流。和园长或其他教师一起吃饭，是打造良好交际关系的有效方法。

我们与更有经验、在专业上更成功的同事建立关系——在幼儿园里和他们一起吃饭，其实就是给自己充电。

### （六）了解并关注同事的需要

一般同事的动力来源，要么是名（如成就感、归属感、尊严等），要么是利。你照顾了别人的利益，别人也会照顾你的利益，如此一来你们就建立了良好的关系。要努力创造条件，关照别人的新利益，也万万不可将别人原有的利益拿走——哪怕那些所谓的利益可有可无，否则人家会记恨你。

另外，要努力帮同事的忙，包括帮助园长实现其心灵深处的渴望。主动帮助同事、园长解决他们的关键问题，可以让你与他们的关系非常紧密。

努力提高自己的能力，努力成为同事、园长眼中不可缺少的人——帮助同事完成别人无法帮忙的事，你在对方的心中就会有独特的位置。

不可或缺性非常重要。要想具有不可或缺性，你需要不断地把自己的信息、社会关系和善意传达给尽可能多的人。平时你要努力想想如何才能让自己身边的同事和园长都取得成功。当同事、园长告诉你他遇到了问题，你要想想有什么办法可以帮助对方。解决办法源自你的经验、你的知识，还有你的朋友、你的帮手。

平时要主动为同事、园长提供帮助，不要被动地等他们求助。主动帮忙可以在人际关系方面取得事半功倍的效果。

### （七）将同事当朋友，而不是客户

在你发现自己要用到别人之前，就尽早地保持联系，并且尽力地帮助别人。重要的是把这些人当作朋友，而不是潜在的客户——绝对不应该将同事关系简单地理解为利用与被利用的关系。我们应该相信，在与同事交往的过程中，持续付出就一定会有收获。

### （八）努力与同事有共同的兴趣

有共同的兴趣，就会有共同的话题；有共同的语言，就会有机会在一起交流和活动，良好的情绪情感关系就很容易建立起来。同事喜欢打排球，你就去打排球，这样就会增进彼此之间的了解和情感。

和同事们有多种共同的兴趣爱好后，你与他们才会有共同的语言，才会有机会和他们在一起活动，这样你才能真正融入他们。有个好人缘，是所有人的期待。没有共同兴趣，没有共同活动，哪来共同的语言呀？！

与同事共同拥有的兴趣，可以是幼儿教育专业方面的兴趣，也可以是生活中的兴趣等。

### （九）让同事因你而高兴

人都是追求快乐的。如果你每次与人相遇，都能给同事带来快乐，那么你的人缘就会更好。因此，要不断收集快乐的资料——从工作、学习、生活中——做个收集快乐的有心人。

将自己在工作、学习、生活中获得的快乐与同事分享，努力成全同事之美事，多理解和体谅同事，在专业和生活上给予同事适当的帮助等，都可以助你成为一个给同事带来快乐的人。

### （十）将每个同事看作"特别"的人

毫无疑问，每个人都希望别人能看到自己存在的独特价值和过人之处，因此，要想与同事搞好关系，就要努力发现同事的特别之处，将同事看作"特别"的人，让对方觉得他在你的心中是个很特别的人——由于你看待他的视角很特别，他也会将你看作很特别的人。

### （十一）对事业上成功的同事感兴趣

对同事的成功感兴趣，并且真诚地祝贺他们——不是嫉妒他们。受到他们成功的启示和鼓舞，你在不远的将来会更加成功。以后，你也可以花2~5年的时间，让别人对你的成功感兴趣。

### （十二）做个善于分享的人

与人分享你在工作和生活中快乐的事情，与人分享你与众不同的专业视角和观点。你要不断学习，不断积累，并且乐于将自己的经验和快乐与人分享，形成分享的习惯，从而让同事觉得与你在一起很有趣，很有收获。

在与同事分享的过程中，要让同事觉得你真实可信、与众不同、值得信赖。

### （十三）既当师父，又当徒弟

你在专业上不断取得进步，意味着你的师父可以看到他对你产生的影响；你对工作饱有激情，意味着你的师父会为了你的进步而投入。因此，在师父的带领下，你要努力进步，并且对工作充满激情。

当你在幼儿教育专业方面不断努力向上发展时，一定要回过头来帮助其他教师在专业上取得成功，这样，你也会从你的徒弟那里得到成就感和向上的力量。

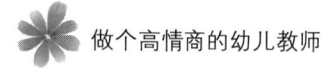

### （十四）努力在同事中打造自己的品牌

当同事听到或读到你的名字时，你想让同事想到什么？你的品牌标志应当包括同事提到你时会用到的所有词汇。要让同行们认识到你的价值所在——既与众不同，又非常专业。

要建立自己的平台，不断地发出与众不同的、专业的声音，对自己的品牌要有使命感，让自己在同行们中成为被关注的对象。

要不断写作，这既能提高你的写作能力和专业能力，又能提高你的专业知名度。

### （十五）积极、勇敢

如果你和另一名教师的才能和水平几乎相当，但你们在幼儿园里得到的发展机会大相径庭，那么导致这一情况的原因有很多，其中一个很重要的原因是你够不够勇敢。勇敢者，敢于抓住一切表现自我、发展自我的机会；胆小者，错过许多表现和发展的机会，甚至错过一生。后者总是小心翼翼，想完全准备好后再表现自己，而事实上，等你准备好时，已经没有机会了。比如，园长让你上一节公开课，你不应该说"我不行，等我磨炼好了再……"，而应该说"我能行，我努力试试看！"——相信，努力就有机会，等待就没有机会。

### （十六）适当地顺从

顺从的力量会被许多幼儿教师忽视。顺从别人的观点和主张，会在与人交往时发挥重要的作用；而总是提出异见，有时则会令人厌弃。

### （十七）管住自己的嘴巴

幼儿园是十分特殊的工作环境——在幼儿园里女性占的比例特别多。在一个单位里，女性占绝大多数——有其优势，也有其劣势。在这样特殊的工作环境里，要学会管住自己的嘴巴，这对处理好同事关系十分重要。因此，我们应该注意以下十一点要求。

（1）不要评价同事的好坏，因为他并不影响你的工作。

（2）不要评价同事的德行，因为你不见得比他更高尚。

（3）不要评价同事的家庭，因为那和你没有一点关系——当然也不要评价同事的男朋友。

（4）不要评价同事的专业能力，因为从客观上说专业能力真的不好准确地评价。

（5）不要负面评价任何同事，哪怕是你最看不起的同事。

（6）不要太张扬，要明白没有一个同事会比你绝对弱小。总之，做人要低调一点，免得遭人妒恨，被人妒恨绝对不是一件好事。

（7）不要伤害同事——哪怕他曾深深地伤害过你。

（8）做人不要解释，这是智者的选择。人生在世，我们常常会产生想解释的冲动。然而，一旦解释起来，会发现解释是那样苍白无力，甚至还会越抹越黑。山不解释自己的高度，并不影响它耸立云端；海不解释自己的深度，并不影响它容纳百川；地不解释自己的厚度，但没有谁能取代它承载万物的地位……

（9）不要随意发脾气，谁都不欠你。也许你现在很痛苦，但过段时间回头看看，你会发现其实那些都不算什么。我们常常抱怨园领导对自己不公平，其实世界上没有绝对的公平。

（10）不要讨论谁的修行好与不好，修行在于个人，别人是你的一面镜子，能够反射你的不足之处，你要在不足中修炼自己。

（11）低调做人。真正有学问的人往往谦逊，不会逢人就教；真正有财富的人往往低调，不会逢人就炫；真正有德行的人往往慧心，不会逢人就表；真正有智慧的人往往圆容，不会显山露水；真正有品位的人往往自然，不会矫揉造作；真正有修为的人往往安静，不会争先恐后；真正有真爱的人往往忘我，不会单顾自己；真正有信仰的人往往淡定，不会随波逐流。

## 六、应掌握的与同事交往的细节技巧

幼儿教师在与同事交往的过程中应该掌握以下交往技巧,它们会让我们在与同事的相处中左右逢源。

(1) 无论发生什么事情,首先要反思是不是自己做错了,如果的确错不在自己,那就站在对方的角度想想,体验一下对方的感觉。

(2) 环境永远不会来适应你,所以即使非常痛苦,你也必须让自己适应环境。

(3) 大方一点,不会大方就学着大方,如果大方真的让你感到心疼,那就装着大方。

(4) 低调一点,低调一点,再低调一点。

(5) 嘴要甜,千万不要吝惜你的喝彩声,但不要过头到令人反感。

(6) 如果觉得最近一段时间工作得非常顺利,你反而要多加小心。

(7) 讲究礼貌,打招呼时要看着对方的眼睛。

(8) 少说多做。

(9) 不要把别人对你的好视为理所当然,要知道感恩——感恩孩子们,感恩同事们,感恩园领导们。

(10) 永远脚踏实地。眼高手低是职业人之大忌。

(11) 信守承诺。专业上的承诺,工作上的承诺,生活上的承诺,对孩子的承诺,对同事的承诺,对家长的承诺,对园领导的承诺,都要说到做到。

(12) 尽量不要向同事借钱。如果借了,那么一定要准时还。

(13) 若非特殊情况,请不要借钱给同事。

(14) 待上以敬,待下以宽。在幼儿园里,要尊敬年长的、有经验的教师,也要尊重刚刚入职的、缺乏经验和能力的年轻教师,这是我们在幼儿园里左右逢源的一大法宝。

(15) 在一个同事的面前不要说另一个同事的坏话。要坚持在背后说别人的好话,别担心这些好话传不到当事人的耳朵里。

（16）避免和同事公开对立。公开提出反对意见不可取，激烈争吵更不可取。

（17）经常帮助别人，但是不能让被帮的人觉得理所应当。

（18）请记住，如果说实话会让你倒霉，那么说谎话会让你失信于人。

（19）对事不对人。对事无情，对人要有情。做人第一，做事第二。

（20）经常检查自己是不是自负了，骄傲了，看不起别人了。

（21）忍耐是人生的必修课。无论是你的职业，还是你的生活，这一课都无法逃避。

（22）新到一个地方，不要急于融入某个圈子。时机到了，属于你的那个圈子会自动接纳你。急于融入某个圈子，可能会让你今后无所适从。

（23）拥有一颗平常心。在幼儿园里，好事要往坏处想，坏事要往好处想，平常心就是这么简单。

（24）尽量不要发生办公室恋情。如果实在无法避免，那就在办公室里避免任何形式的身体接触（包括眼神接触）。

（25）适当地赞美领导，赞美同事，赞美自己。

（26）资历非常重要（无论是自己的资历，还是同事的资历），绝对不可小视。

（27）好心有时不会有好结果，但不能因此灰心。如果良心坏了，那么你在幼儿园里的好日子也会很快结束。

（28）你照顾到同事的面子，同事也会照顾你的面子。

## 七、与不同性格的同事交往之道

为了让同事关系更有利于我们工作的开展，更有利于我们体会到工作环境的和谐快乐，我们应该根据同事的不同性格特点采取不同的交往策略与方法。

### （一）与嫉妒你的同事交往之道

同事嫉妒我们，说明我们相对他们而言有优势。不过，同事的嫉妒很可能会成为我们专业发展和与同事交往的一种障碍，甚至会给我们带来无穷的痛苦。因此，幼儿教师应该努力避免被同事嫉妒，特别是避免被同事强烈地嫉妒。

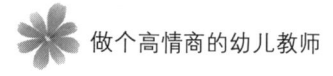

为此，我们应该注意以下四点要求。

**1．低调**

当我们获得了某些荣誉或优势后，要更加谦卑低调，这样可以减少同事对我们的嫉妒。

**2．适当犯错，丢点小丑**

为了求得同事间关系的安宁和融洽，被嫉妒的我们不妨将自己的一些不伤大雅的缺点在同事面前暴露一下，以缓解对方的自卑感，使其产生心理上的平等感，进而缓解同事对我们的嫉妒。

**3．主动帮助对你有妒意的同事**

当你主动帮助对你有妒意的同事时，他们会感到你的进步对他们是有益的，因而能降低甚至熄灭他们心中的妒火。

**4．热情赞扬对你有妒意的同事**

强迫自己努力挖掘对你有妒意的同事的10个优点，每星期表扬他两次，特别要赞扬他比你优秀的一面，让他看到自己的长处，进而培养他在你面前的自信心和自豪感，这样往往可以或多或少地消减他对你的嫉妒。

### （二）与自己嫉妒的同事交往之道

被同事嫉妒不好过，嫉妒同事也不好过。为了更好地处理与自己嫉妒的同事的关系，在相处时幼儿教师应该注意以下三点要求。

**1．将嫉妒变成动力**

我们嫉妒同事，说明人家至少在某方面比我们有优势，这就要求我们继续在专业上投入时间、精力，进而缩小差距，实现后来居上。如果别人比我们优秀，我们一点嫉妒之意都没有，那么说明我们一点上进心都没有，这才是最可怕的。当然，即使努力了还有差距，也应该接受，因为有些差距并非通过努力就能缩小。

**2．要看到自己的长处，要形成自己的长处**

你有你的长处，我有我的优势；你有你的目标，我有我的追求。世界上没有两片相同的叶子，也没有相同的人。每个人都有自己的优势和劣势，不要拿自己的劣势与别人的优势比,要多看到自己的优势,并且努力把自己的优势发扬光大,自信心自然就会提升。有了强大的自信心后,就不会那么容易嫉妒别人。嫉妒别人往往是自信心不足的表现。

**3. 尊重比我们优秀的同事**

别人比我们优秀,有先天原因,也有后天原因。不管由哪方面原因造成,我们都应该发自内心地表达对优秀者的尊重和崇敬。虚心向他们学习和取经,加速自己的专业成长。

面对优秀者,重要的是我们要有正确的心态,感恩优秀者,要感恩他们为我们的发展指明了方向。

### (三)与同事中的小人交往之道

"小人"是指那些喜欢造谣生事,喜欢挑拨离间,喜欢阳奉阴违,喜欢踩着别人的肩膀前进,喜欢找"替死鬼"的人。得罪了小人就等于为自己埋下一颗不定时的炸弹,即使他不采取报复措施,也会在背后没完没了地对你造谣中伤。

应对同事中的小人应注意以下四点要求。

(1) 不得罪小人。得罪小人,后果可能十分严重。

(2) 吃些小亏无妨。小人得罪你,如果是小亏,你去讲公道,反而会结下更大的仇。

(3) 保持距离。要和小人保持适度的距离——俗话说,惹不起,躲得起。当然,和小人的距离也不要太远,否则他会想"你有什么了不起?",这样你可能要倒霉。

(4) 小心说话。说些"今天天气很好"的话就可以了,如果谈别人的隐私,谈某人的不是,发某些牢骚或不平,这些话绝对会变成他们兴风作浪和在必要时为难你的资料。

面对同事中的小人,最重要的忠告就是:小心,小心,再小心。

### (四)与自己讨厌的同事交往之道

讨厌的同事,也是我们的同事,你躲不开他,他就在你的身边。因此,为了

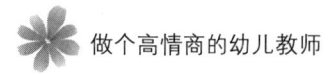

在与自己讨厌的同事相处时，不给双方带来负面影响，应该注意以下四点要求。

（1）尽量公平地与其相处。公平是我们追求的一种人际交往的理想状态，公平不应该带有情感色彩。公平地对待我们讨厌的同事，更显出我们品格高尚。

（2）尽可能不要在与自己讨厌的同事的交往中表现出负面情绪，否则这些负面情绪将会成为同事交往时无法逾越的障碍。

（3）不要在背后说你讨厌的同事的坏话——这是我们处理同事关系时必须坚守的底线，也是我们的职业底线。

（4）不要假装喜欢对方。因为假装喜欢，说明我们会表演，也说明我们有点虚伪。当然也不要当面表现出对人家的厌恶。

我的个人主张是，只要对方不违法，不违背道德，不影响我们的工作和生活，就没有必须讨厌的同事，因此，我们应该努力接纳每一位同事。

### （五）与死板的同事交往之道

死板的同事往往循规蹈矩，对任何人都木口木面，自认对事不对人，动辄搬出条文规章，说话、做事不知变通。与这样的同事打交道，应该注意以下三点要求。

（1）与死板的同事打交道，你不必在意他的冷面孔，相反，你应该热情洋溢，以你的热情来化解他的冷漠。

（2）与这类同事打交道，你一定要有耐心，不要急于求成。要仔细观察他的言行举止，寻找出他感兴趣的问题和比较关心的事进行交流。只要你和他有了共同的话题，就可以慢慢地建立起比较和谐的关系。

（3）这类同事特别值得我们尊重。不要因为他们不爱说话，表情有点冷就不尊重人家。这类同事为人比较本分老实，不会加害于人，与他们打交道，我们会更有安全感。

### （六）与傲慢的同事交往之道

没人愿与性格高傲、举止无礼、出言不逊的同事打交道，但有些时候必须和他们接触。和这类同事交往时，应该注意以下三点要求。

(1)尽量减少与他们相处的时间,以免他们影响我们的生活情绪。

(2)与这类同事交谈时要努力做到言简意赅。因为说得越多,受伤就越多。

(3)平时与傲慢的人接触时,应始终以温文淡然、彬彬有礼、不卑不亢的姿态与之相处。不必与之起舞,不必与之计较。

### (七)与好胜心强的同事交往之道

好胜心强的同事喜欢炫耀自己,狂妄自大,总是不失时机地表现自我,力求显示出高人一等的样子,在各方面都好占有上风。与这种同事交往时,应该注意以下两点要求。

(1)与好胜心强的同事交往,如果是无关痛痒之事,为了不伤和气,不妨谦让他们一点,没有必要为鸡毛蒜皮的事弄得针锋相对。

(2)与好胜心强的同事相处的最高境界就是"夫唯不争,故天下莫能与之争"(可译为:唯有不争的处事态度,天下才会没有人能与之抗衡)。你不与他争,一切都会风平浪静。

### (八)与急性子的同事交往之道

急性子的同事,做事雷厉风行,不会思前想后,脾气急躁。遇到问题时,他们甚至会不问青红皂白,暴跳如雷。与这种同事交往时,应该注意以下三点要求。

(1)与这种同事交往,你的头脑一定要保持冷静,对他们的莽撞采取宽容的态度,一笑置之,尽量避免争吵。

(2)在工作中意见相左时,急性子的同事可能会固执己见。如果你在理,那么就可以跟他说:"等我们平静后再交流。"千万不要与其硬碰硬,待其平静后,可将道理摆在他的面前,令其心服口服。

(3)与这种同事相处,不要意气用事,说话、做事都要有理有据,多次交往后你与他的相处就会更加容易。

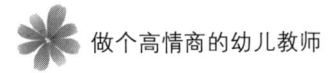

### （九）与城府深的同事交往之道

城府深的同事的主要特点是：不到万不得已或水到渠成时，他决不轻易表达自己的意见。与这种同事交往时，应该注意以下两点要求。

(1) 和这种同事打交道，不要让他完全掌握你的秘密和底细，否则他会随时为了自己的利益出卖你。

(2) 这种同事精于算计，你一定要有所防范，不要为他所利用，从而陷入他的圈套而不能自拔。

在现实中，我们要尊重他们，也要小心提防他们。

### （十）与尖酸刻薄型同事交往之道

尖酸刻薄型同事的明显特点是：在与人发生争执时好揭人短，并且不留余地和情面，惯常冷言冷语，挖人隐私，常以取笑别人为乐，无理搅三分，有理不让人。他们会让得罪自己的人在众人面前丢尽面子，在同事中抬不起头。与这种同事交往时，请注意以下三点要求。

(1) 碰到这种同事，要与他们保持足够的距离，尽量不要招惹他们。

(2) 与这种同事相处，即使吃一点小亏，听到一两句闲话，也应不恼不怒，装作没听见。

(3) 不可将较隐私的事情告诉他，否则，这些事情极易成为他今后伤害你的一种素材。

与同事相处非常不易，我们要花点心思去研究，努力在与各种同事打交道时游刃有余，努力实现双赢、多赢的局面，为我们的专业发展和工作创造更加和谐的环境，为我们能享有良好的心境创造条件。

## 八、化解与同事冲突的情商技能

在幼儿园的工作中，我们常常会与同事出现不同意见，产生分歧。如果处理不当，便会造成矛盾和冲突，影响工作，影响工作中的情绪。因此，与同事有分歧，有冲突，要注意采取有效措施及时化解。

### （一）对事不对人

在工作中与同事有冲突是很正常的，因为大家的经验背景和理论背景不同，看问题的角度也不同。当同事间有冲突时，在解决冲突的过程中，一定要抱着对事不对人的原则，尽量控制自己的情绪，缓和气氛，努力解决问题，而不要攻击或评论对方，否则矛盾将会扩大化。

### （二）勇于承担

在处理同事间的冲突时，要多从自身寻找原因。如果责任在于自己，那就应该勇于向同事承认错误，主动承担责任，给同事一个台阶。这样的胸襟容易感动同事，从而化干戈为玉帛。

### （三）主动开口

同事间有冲突后，有时双方会在工作中碰面，但都不先开口打招呼，而实际上双方的内心都在期待对方先开口。因此，你可以主动向对方问好，热情地打招呼，以消除冲突所造成的负面影响，给同事留下不计前嫌、大方处事的印象。千万不要坚持所谓的自尊，如果只因一时之得而不理睬对方，碰面却昂首而过，长此以往，你们之间会形成更大的隔阂，会给工作和彼此的情绪带来很大的破坏性，我们应该努力避免这种情况的发生。

# 第六章

# 幼儿教师与家长交往中的高情商技能

家园关系不仅关乎幼儿能否健康成长,还关乎幼儿教师在幼儿园工作的过程中能否体验到职业的幸福感,关乎幼儿家长能否安心工作和生活。因此,无论是幼儿教师,还是幼儿家长,都渴望建构良好的家园关系,进而实现多赢局面。

幼儿教师在与家长交往的过程中,必须遵循以下八个方面的要求,否则家园关系便会形成恶性循环,进而影响幼儿的健康发展。

## 一、让家长感觉到你很爱他的孩子

### 案例6-1 爱会有回报

梓赫已经上中班了。有一天,他的爸爸和妈妈来到幼儿园,高兴地对我说:"我们家的梓赫变了,变得懂事多了。爷爷奶奶说每天早上他总是吵着要上幼儿园,我们问他为什么,他说'我喜欢孙老师,喜欢和孙老师一起玩'。把他送来幼儿园,交给孙老师,我们感到放心。"

因此,只有对孩子们付出爱心、耐心和细心,家长们才会相信你、接纳你,从而毫无理由地支持你的工作。

教师一定要让家长感觉到你多么爱他的孩子。你要将家长当作家人来关心,让家长感受到你是真心为他的孩子着想。这样即使你批评他的孩子,他也会很高兴。因为他在平时已经感受到你是一个有爱心的、负责任的教师。

幼儿教师在平时的家园互动中,一定要努力让家长感受到你非常爱他的孩子,这是建构良好家园关系的情感基础。当家长感受到你非常爱他的孩子时,他就很容易接受和认可你,从而比较容易支持你的工作;反之,他就会反感和抵制你,从"坏"的角度审视你,很难看到你的"好"——即使你对他的孩子再好,他也认为不好,甚至怀疑你是假装的。

为了让家长感受到你对孩子的爱,可以从以下五个方面进行努力和尝试。

### (一)向家长汇报其孩子的情况时要主动、具体

用具体事例主动向家长汇报其孩子的在园情况,这能够体现出教师对其孩子的关注、了解和用心。作为一名负责任的教师,我们不应在家长询问时,才告知其孩子的在园情况,而应主动向家长告知孩子的状况。

当家长问"我的孩子近来在幼儿园里表现怎么样?"时,请不要含糊其词地回答"你的孩子最近表现得还行""你的孩子上课还可以""你的孩子挺好的",而要用具体事例来说明他的孩子"吃得怎么样""睡得怎么样""和小朋友们玩得怎么样""各项教学活动的情况怎么样"等。

另外,在向家长汇报孩子的在园情况时,要特别关照家长的关注点。比如:对于非常重视孩子"学本领"的家长,要特别汇报其孩子在学习上的情况;对于关注孩子"内向问题"的家长,要多汇报其孩子在当众发言、与人交往方面的情况,并向其告知教师在这方面采取了哪些措施。当然,针对后一类家长,还可以进一步向其提出改进孩子内向心理和行为的建议——这能够体现出你对其孩子很关心。有时几句话就足以获得家长的认可。

### (二)对家长交代的事情要努力做好并及时反馈

家长交代的事情,没有轻重之分——家长交代给教师的事情,在他们的心目中都很重要。因此,教师要努力做好家长交代的每一件事情,并且做好事情后要及时向家长反馈——不要光说不做,也不要光做不说。

比如,小勇的妈妈将小勇送到幼儿园并对王老师说:"王老师,我家小勇今天有点发烧,请帮我留意一下。另外,要提醒小勇多喝点水。"她说完就匆匆地上班了。傍晚,妈妈来接小勇时,王老师跟她说:"今天,我每半小时摸一次小

勇的额头,发现他没有发热。我还让他喝了6杯水。他一整天的精神状态都挺好的,吃得和平时差不多……"小勇的妈妈听后非常高兴,连连对王老师说"谢谢",以后逢人就说"王老师很负责任"。当其他家长责怪王老师时,她还会主动为王老师打抱不平。有一次,小牛的奶奶来接小牛,发现小牛的衣服纽扣没有扣好。于是,她有点生气地说:"真是的,老师怎么不帮忙扣一下呀!"刚好小勇的妈妈听到了,就立即回应说:"老师照顾那么多孩子,多忙啊。纽扣没扣有什么关系,孩子都上大班了,应该让他自己学着扣。"

教师认真地做好家长交代的事情并及时反馈,很容易获得家长的认可,家长也会尽力维护教师的好名声。

### (三)让孩子喜欢你及你所设计的活动

有位园长在介绍家园工作策略时说:"你搞不定家长,可以搞定他的孩子。他的孩子喜欢你喜欢得不得了,家长也没办法不喜欢你。"确实是这样:如果孩子见到幼儿园的大门就想往里冲,放学时还对幼儿园恋恋不舍;见到教师就情不自禁地上前亲近,回到家里说的常是幼儿园里快乐的事或表达对教师的喜爱,周末总闹着要上幼儿园——面对这样的幼儿园和教师,家长会"身不由己"地接受和喜爱。

### (四)对孩子的爱要永恒

不管家长怎么看待教师,不管他们怎么对待教师,甚至在家园间出现误会和裂痕时,作为负责任的教师仍然要始终表现出对孩子的热爱,相信持之以恒的爱定能感动家长,并最终赢得家长的认可。一名教师在向实习生介绍家长工作经验时说:"家长越是不信任我,我越对他的孩子好,结果孩子见到我就想让我抱,时间久了,家长就不得不信任和接受我了。"我赞成这种说法和做法,相信持续的正面影响定能打动家长。

### (五)从细节中表现师爱

首先,通过细节让家长感受到你很爱他的孩子,比如,每月至少给每个女孩梳一次漂亮的发型、温柔地抚摩男孩的头、耐心地帮孩子整理衣襟、给每个孩子亲切的拥抱等；其次，不要忽视某些细节，让家长以为你不爱他的孩子，比如，放学时家长发现孩子的脸上有鼻涕的痕迹、嘴角有吃点心的痕迹、头发乱糟糟、鞋子穿反了、鞋带散开了等[1]——但凡家长看到这些被教师忽视的细节，他们将会对教师产生不信任感。

对家长来说，他们不在乎教师漂亮与否，论文是否获奖，是否能歌善舞，他们只要求教师对孩子真正用心。细节能够体现教师对幼儿的爱，也能够让家长感受到教师对孩子的爱。有一位家长说，她很敬佩陈老师。因为在一次交谈中，她了解到陈老师特别细心。在午睡值班时，陈老师对孩子们的情况了解得一清二楚，比如：哪些孩子容易出汗，睡觉前要脱几件衣服；哪些孩子容易着凉，要捂实被子；哪些孩子喜欢蹬被子，要帮忙盖被子等。她对陈老师的敬业和专业佩服得五体投地。[2]

下面这些细节行为，能让家长感受到幼儿教师对孩子的爱，我们不妨在幼儿园的日常工作中不断地坚持。

(1) 每天至少在家长面前抱2次孩子（接孩子入园时和送孩子离园时各抱1次）。

(2) 每周至少将孩子1次精彩瞬间的照片发给家长。

(3) 每学期至少给每名幼儿写1封能体现教师对孩子的认识、爱和期待的信，并让家长念给孩子听。

(4) 每周至少告诉家长其孩子在1个方面的进步。

(5) 每月至少主动与每位家长沟通1~2次其孩子的在园情况。

(6) 每月至少拍1张与其孩子亲密互动的照片发给家长。

(7) 每周至少主动与家长交流其孩子的趣事1次。

(8) 家长开放日时让每位家长看到你对其孩子的爱——不要仅展示出你传授知识和技能的高超本领，更要表现出你对每名幼儿的关爱。

---

[1] 吴邵萍. 幼儿园管理与实践[M]. 南京：江苏教育出版社，2012：16.

[2] 吴邵萍. 家园共同体的建构：幼儿园家长工作的方法与策略[M]. 北京：教育科学出版社，2011：5.

因此，为了建构良好的家园关系，幼儿教师的爱要通过语言说出来，要通过行为表现出来，要让家长知道我们真的很爱他的孩子！

## 二、让家长感受到他是受尊重的

在家园互动的过程中，一定要让每位家长（不管他的贫富，不管他有无背景，不管他来自哪个阶层，不管其孩子的表现是否优秀）感受到自己是受尊重的，否则容易引发家园对立，甚至对抗，良好的家园关系就无从谈起。

为了让每位家长都感受到被尊重，幼儿教师应该注意以下四点要求。

### （一）坚持"家长只是'家长'"

在面对家长时，教师应该将家长的所有背景去掉，让家长成为"裸家长"——在教师的心中，每位家长都只是家长。在幼儿园里，普通市民是家长，市长也只是家长；摆地摊的大叔是家长，本地首富也只是家长。只有这样，家长们（特别是那些处于弱势群体中的家长）才会感受到尊严。

### （二）尊重家庭的隐私和意愿

幼儿园及教师要尊重各个家庭的隐私，不要有意无意地泄漏一些家庭的隐私，否则会让部分家长感到非常不舒服，甚至长期不安。比如，在幼儿园秋游、春游时，不是租大巴车出游，而是自驾游，这会让"无车""无名车"的家长感到很不舒服[1]——虽然幼儿教师动员有车的家长帮助"无车"的家长，但许多"无车"的家长仍然感到很不舒服。因此，帮助别人也要征求别人的意愿，强行帮助是对别人的一种不尊重。比如，幼儿园开展亲子活动，强行要求父母都来参加（虽然幼儿园的做法没有什么恶意），或者有的幼儿园活动涉及家庭人员结构——"我爱我家""我家有几口人""全家福""我的爸爸妈妈""我的好爸爸""我的好妈妈"等，这样的活动会在无意中暴露一些家庭的"单亲"隐私，让单亲家

---

[1] 吴邵萍. 幼儿园管理与实践[M]. 南京：江苏教育出版社，2012：16.

庭中的孩子感到不安，进而引发相关家长的不安和不满。

家长拒绝幼儿教师的家访应该得到谅解。有些家长可能对自己的处境感到难为情，也有些家长可能单纯地不喜欢别人到家里做客，所以在家访前，幼儿教师一定要事先联系和预约，征求家长的同意。如果家长找理由拒绝幼儿教师的家访，请不要强迫家长，更不要生气，要心平气和地接受。

### （三）家委会要有代表性

无论是幼儿园的家委会，还是班级的家委会，都要有代表性，其成员应该来自不同阶层、不同民族、不同宗教信仰群体，让幼儿园及班级管理能听到不同的声音。家委会不应该成为某一部分人的俱乐部。

### （四）不得贬损孩子和家长

为了关照家长的尊重需要，教师不得在任何场合贬损任何一个家长及其孩子，为此应该注意以下三点要求。

(1) 不要在任何公共场合点名或不点名地批评任何一个家长。

(2) 不要在任何公共场合点名或不点名地批评任何一个孩子。

(3) 不得因孩子难教、笨拙而责怪、辱骂家长。孩子有问题，孩子难教，更需要家园的精诚配合，更能让教师的专业素养（特别是专业能力）得到磨炼和提高。

幼儿教师不应用一种讽刺、调侃的口吻与家长说话，即使你说的话很有道理，但家长听后心里会极其不舒服。这样的话还不如不说，说了容易加大家园间的隔阂，容易引发家园间的冲突。

## 三、让家长感觉到你很专业

幼儿教师要努力在家长面前表现出自己的专业品性、专业能力和专业知识，让家长感觉到你是很专业的幼儿教师，进而赢得家长的佩服和尊敬。为了让家长能感觉到教师的专业，可以从以下四个方面进行尝试。

## （一）引领家长

幼儿园及教师有责任和义务对家长进行教育上的专业引领——在教育策略、教育方法、教育内容和教育理念上给家长以全面的引领，以彰显教师的专业性。一所幼儿园及其教师在"教什么""怎么教"等方面对家长总是言听计从，则说明幼儿园及其教师缺乏应有的专业水准，或者缺乏基本的职业良心——为扩大生源而迎合家长不合理的教育要求，这不仅有悖职业道德，而且会影响幼儿的健康成长。

为了能够在专业上给家长更好的引领，教师可以从以下四个方面来努力。

### 1．提供亲子游戏指导

幼儿教师每周要给家长提供一个有发展价值的亲子游戏。教师可以从网上搜集信息或购买几套亲子游戏的书，结合本园情况和自身工作经验，整理出一套适合大、中、小班幼儿的亲子游戏，让家长感受到教师的专业和敬业。

### 2．给予教育策略与艺术的指导

平时，教师要多搜集家庭教育方面的材料，适时通过各种平台（线上、线下）向家长推送，让家长感受到教师的用心和专业。如，许多年前我在某幼儿园的平台上看到这样一段话："家长们，在孩子做事之前，请坚持问孩子'宝宝，你能告诉我你做这件事的三个理由吗？'，并引导孩子从三个方面进行思考。其一，你可以做这件事，但你要考虑它的后果——让孩子有长远的眼光。其二，如果你这样做，别人会怎么想——让孩子站在他人的角度思考问题。其三，做这件事有没有更好的办法——让孩子富有创造性，追求卓越。"如果能够得到既有高度又有操作性的指导，那么家长会感受到教师的专业理念和技能。

### 3．为家长提供有效的教育方案

如果教师经常向家长告孩子的状，那么家长会不高兴，这样的教师不会受到家长的欢迎。对于孩子存在的问题，许多家长都知道，但他们苦于找不到有效的方法和策略。如果教师在指出孩子存在的问题时，能提出有效的解决方法和策略，那么教师就会得到家长由衷的感激和敬佩。

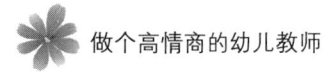

### 4. 不说令人绝望的话

教师绝对不要在家长面前说令人绝望的话。比如，教师不能跟家长说："你们家的阿牛总是喜欢打人，我们都没有办法了，你们看看有没有办法吧。"幼儿园是专业机构，教师是专业人士，对于孩子的问题，幼儿教师应该比家长更有策略和方法。

## （二）帮助家长解决教育孩子的难题

对于孩子的某些问题，如果家长一直想解决但没办法解决，而教师能有效地帮助其解决，那么教师的专业威信和地位就能很快地得到确立，家长对教师的敬佩之情就会油然而生。比如，小琪入园前从来不吃饺子，入园后见了饺子就哭，一口也不吃。教师向家长反映这一问题，家长很无奈地说："在家里都是她爱吃什么，我们才做什么，她不爱吃，我们就不做。"教师听后没有责怪家长，只是默默地行动：刚开始吃饺子时，教师没有强迫小琪吃，只是鼓励她舔一口，她就舔了一口；紧接着，教师又鼓励小琪咬一小口，她就咬了一小口；教师竖起大拇指表扬小琪，她十分高兴；然后，教师拿出其他食物给小琪吃。到再吃饺子时，教师既为小琪准备了其他午饭，又鼓励她慢慢地多吃一点饺子。10多天后，小琪不再怕吃饺子了。教师把事情的经过告诉了家长，家长听后非常感动，不断地对教师说"谢谢"。

## （三）让家长了解教室环境布置所蕴含的教育原理

教室环境是一个班级的窗口，它反映着本班教师的教育理念和专业能力。教师在布置好教室环境后，一定要引导家长了解如此布置环境对孩子发展的意义，以及它蕴含了哪些教育理念。比如，有位教师告诉家长，3米以下的墙面张贴孩子们的作品，对满足孩子们的自我表现需要、成就需要有十分重要的意义，同时可以促进孩子与同伴之间的交流。这种说法能够让家长感受到教师的做法是有理念支撑的，不是教师偷懒，而是教师对孩子很用心。幼儿教师可以经常将自己在班级环境创设中的理念及意图告诉家长，这样家长就会感觉到教师是有专业素养的，进而对幼儿教师产生由衷的佩服。

### （四）展示你的专业品性

教师对幼儿和家长要公平、公正、无私、有耐心、有责任心、热心……同时，教师要让家长感受到这些品性。为此，应该注意以下六点要求。

（1）如果教师做微商，请不要将孩子的家长变成你的客户。

（2）不能帮家长代购任何东西。

（3）不能利用家长的权力占便宜。

（4）不能接受家长的任何礼物。

（5）不能接受家长的任何宴请。

（6）不能向任何家长发结婚请帖。

教师要严格区分私人生活与专业生活，不要将之混淆，否则我们的专业尊严和专业威信就会降低。

## 四、让家长感受到平等

在家园互动的过程中，要让家长感受到平等——教师和家长身份平等。在家园合作的前提下，教师和家长的身份是一样的，二者都是教育者，教师在每个家长面前，特别是在那些"权贵"家长面前要不卑不亢，当然对普通市民家长也要平等相待，不要趾高气扬。教师还应平等对待每个家长，要让每个家长感受到他们得到了同等的待遇——不管是普通市民，还是企业经理、大老板、大官员，在教师的面前只有一种身份，那就是孩子的家长。教师对每一个家长都应一视同仁，同样看待，同样尊重，不要因家长地位的高低而有亲疏之分。

为了让家长能感受到平等，教师可以从以下四个方面进行努力。

### （一）注意与家长说话的语气

教师应该经常用商量、询问等语气与家长沟通，而不要用命令、训斥的语气与家长说话。有位家长说："我挺害怕和孩子的老师沟通，总觉得自己好像是个小学生。我在农贸市场里卖菜，没有多少文化，经济基础也不好，平时不太敢

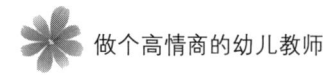

跟老师沟通，老师也很少和我谈话……"这位家长的话里透露出她的无奈——教师高高在上，没钱没势的家长对教师只有敬畏，没有心与心的沟通。

### （二）以平等的心态与家长交往

教师不要巴结任何家长，特别是不要巴结有权有钱的家长，要保持教师在家长面前的尊严。教师过分巴结一部分家长，往往会导致另一部分家长对教师产生不满和怨恨，进而导致家园关系的恶化。当然，对弱势群体中的家长也要平等相待，而不是盛气凌人。

### （三）给家长平等的交流机会

在家长早上送孩子和傍晚接孩子的两个时段里，教师与任何一位家长的谈话都不应超过2分钟。在这两个时段里，教师应尽可能给每一位家长提供同等的交流机会，如果与哪位家长有更多的话要交流，则应另约时间。即使有时有的家长还有许多话要说，教师也应该提醒他后期再找时间谈。

**案例6-2　艾伦的妈妈有许多话要说**

艾伦的妈妈是个美籍华人，今年刚刚回国，艾伦也转到我们班借读。一段时间后，艾伦的妈妈对国内的幼儿园活动越来越了解。于是，她每次来接孩子时，总要跟老师谈一些外国幼儿园的教育活动，而且一说就停不下来，老师也不好意思打断她。其他想跟老师交流的家长看到这样的情况，只能安静地离开，错过了与老师交谈的时机。

在接送这两个环节中，面对"话多"的家长，教师可适时提醒家长另找机会交谈，以免影响其他家长有要事想沟通而没有机会，进而对教师有意见。

### （四）运用"共同遭遇者"策略

如果你是一位已有孩子的妈妈，那么你可以时常给家长讲你在教育自己的孩子时出现的过失，这样有利于"降低"你的专业高度，进而让家长减少与你在一起时的不自在感。通常家长更愿意和一个"有相同遭遇"的人说自己教育孩子的失误和困难,而不愿意向一个高高在上的专业人士述说。[1]

## 五、将幼儿的最大利益置于中心

"将幼儿的最大利益置于中心"应该是教师和家长共同信奉的互动原则,同时是两者合作的出发点和归宿。幼儿教师与家长面对矛盾和冲突时,应共同寻找解决问题的办法,努力达到更有效地促进幼儿健康成长的效果。为此,教师应该注意以下两点要求。

### (一)不要让孩子感受到家园冲突

当孩子在场时,请不要与家长争吵,更不要有肢体冲突。因为孩子目睹家园冲突,会给其心理带来阴影,让其今后都无法以正常的心态面对教师和家长。当然,家长和教师也不应该在孩子的面前互说对方的坏话,以免降低成人对幼儿的正面引导能力。

### (二)明确与家长争吵的目的

与家长争论或争吵,其根本目的是化解家园矛盾,达成共识,更好地促进孩子的发展。有时候,教师吵赢了,但家园关系恶化了,孩子的发展受到了伤害,这是得不偿失的;有时候,教师有意地"输"给家长(不一定是教师不占理),但家园关系进入了良性的循环,进而更好地促进幼儿的发展,那么"输"就是教师应该做出的选择。

---

[1] 科特曼. 幼儿教师88个成功的教育细节[M]. 李旭晴,译. 上海:华东师范大学出版社,2010:14.

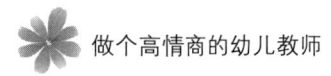

## 六、将"丑话"说在前面

在孩子入园前,幼儿教师应该将一些"丑话"说在前面,以免出事后再说无法发挥良好的效果,这样做也可以避免家长对教师的做法产生误解。比如:幼儿容易将想象、愿望与真实的事情混淆;幼儿的语言和思维很容易受到别人(特别是成人)的暗示而失去真实性;幼儿好动,加上他们的自我保护意识和能力不强,所以他们在幼儿园里会时不时地受伤……这些容易引发家园误会(甚至冲突)的特点,家长如果能够提前了解,那么幼儿教师的工作就会比较容易开展。否则,出事后再和家长说明,家长在愤怒的状态下,根本听不进教师的解释,甚至会认为幼儿教师这样说是在为自己开脱责任,进而激发更大的家园冲突。

## 七、要与家长保持适度的距离

为了处理好家园关系,教师要与家长保持一定的距离,这种距离包括专业上的距离和人情上的距离,否则容易引发家园冲突,甚至不利于幼儿的健康发展。为了与家长保持适度的距离,教师应该注意以下两点要求。

### (一)在专业上与家长保持适当的距离

教师是幼儿教育的专业工作者,相对于家长,我们对幼儿教育有更科学、更合理、更全面、更有远见的认识。我们要以自己的专业知识和能力来引领家长——不仅不要迁就家长不正确的教育要求,还要用科学的儿童观、教育观来引领家长,进而让家庭教育和幼儿园教育更有利于幼儿的健康发展。

### (二)在人情上与家长保持适当的距离

在人情上,教师要与家长保持足够的距离,以利于幼儿的健康成长,同时,这也是对教师和家长的保护。为此,应该注意以下三点要求。

(1) 不能与任何家长结拜姐妹兄弟。

(2) 不能做任何幼儿的干爸、干妈。

(3) 与异性家长保持足够的情感距离。

需要特别强调的是，幼儿教师在与异性家长交往时要有分寸感，有些话题若不宜与异性家长交流，则不要交流。去年，我认识的一位刚刚工作2年多的教师，在幼儿园门口被一个孩子的妈妈和姨妈打成重伤。原因是孩子的妈妈在无意中发现该教师和孩子的爸爸在微信上说了一些看似亲热的话语。恰巧这个孩子的妈妈是缺乏安全感、多疑的人。据此，她以为教师与她的丈夫有暧昧关系，于是就约自己的姐姐来幼儿园门口打该教师。其实，该教师和该幼儿的爸爸并没有暧昧关系，她只是一个分寸感不强的人，聊天时随意了一点而已。这只怪教师没有与孩子的爸爸保持人情上的距离。

家园关系不仅关乎幼儿的健康成长，也关乎幼儿教师能否体验到幸福感。调查表明，影响幼儿教师职业幸福感的最重要因素不是幼儿，而是家长。因此，我们应该努力研究处理好家园关系的基本要求以及具体的操作策略和方法，让自己从幼儿园的工作中获得职业幸福感。

## 八、要学会必要的家园沟通技术

为了促进良好家园关系的建立，幼儿教师在与家长沟通和交流时，要学会非暴力沟通技术、共情技术、三明治原则、同理心技术、心理安抚技术。

### （一）非暴力沟通技术

**1．语言暴力及其表现**

在谈"非暴力沟通"之前，我们要先了解一下"暴力性语言"。暴力性语言就是让别人遭受到精神伤害的语言，比如，指责、嘲笑、否定、说教、贴标签等。语言暴力主要表现为：道德评判、进行比较、回避责任、强人所难等。

(1) 道德评判。道德评判是指我们拿自己的尺子来评判别人，一旦别人不符合自己的要求，那就是别人的不对。道德评判者往往以自我为中心，以自己

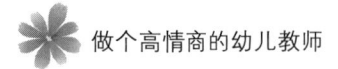

的价值观、经验来评判别人。其实这就是一种语言暴力。

平时我们经常会听到:"你的毛病是太自私了!""……你总是这样!""你一辈子只会这样!""你每次都是这样!"……这些指责别人、给别人下消极的以偏概全式结论的做法,都是语言暴力的一种表现。

(2)进行比较。进行比较也是一种语言暴力的方式。在生活中,我们时常能听到:"你为什么就不能像……一样?""你看看人家……""你们家的孩子就不如……""你们在教育孩子方面就没有某某用心。"……在进行比较时,我们的动机可能是好的,但这种比较式评判,无疑会打击家长的自尊心。

(3)回避责任。面对家长对"为什么要这样做"的追问,许多幼儿教师通常说:这是"园长的命令""幼儿园的规定""法律的规定";"这不是我的本意,是园领导让我这样做的"。这样的话语都是回避责任的表现。如果幼儿教师经常这样说,那么会淡化教师自身的责任感,久而久之,将失去家长的信任。

任何一名幼儿教师都要对自己的思想、情感和行动负有责任,要学会一人做事一人当,多考虑家长的感受,设身处地地为家长着想,站在他们的角度、立场引导和说服他们。

(4)强人所难。强人所难,就是我们对别人的要求往往暗藏威胁,这意味着如果他们不配合,他们就会受到惩罚。我们常常听到一些家长威胁孩子:"你再不听话,我就不要你了。"有时,幼儿教师对家长也会使用强人所难的暴力性语言,如:"你们家长必须……,否则……"有些幼儿教师经常在微信朋友圈和班级群里推销东西,这对家长而言也是强人所难。虽然幼儿教师没有明确要求家长一定要购买商品,但家长的内心感受是:"买,也痛苦——因为你推销的不一定是他们需要的;不买,也痛苦——因为他们无法预知这是否会影响你对孩子的态度和行为。"

以上四种暴力沟通方式,屏蔽了我们与生俱来的爱与善良,会给人带来情感和精神上的创伤,让人与人之间产生隔阂,甚至付出更大的代价。只有当我们去掉语言中的暴力,我们的沟通才能成为真正的有效沟通——既能真实地表达自己的诉求,又能让听者觉得受到尊重。

在现实中,许多幼儿教师都碰到过这样的情况:你很想跟家长理智、平静地探讨一个问题,但是没说几句,家长的情绪就非常激动,觉得你是在挑他和孩子的毛病。因此,我们应该寻找一种恰当的沟通方式,既能让自己的诉求被家长听见,又不让家长觉得受到攻击。这就是下面要谈到的非暴力沟通技术。

**2. 非暴力沟通的由来**

非暴力沟通是美国心理学家马歇尔·卢森堡(Marshall B. Rosenberg)教授于20世纪60年代提出的一种沟通理念和方法。非暴力沟通倡导在人与人交流的过程中,通过专注于自己和他人的感受及需要,以减少争辩和对抗,培养彼此的尊重与爱。通过建立双方的感情联系并促进理解,矛盾就能以非暴力的方式解决。卢森堡博士认为,要建立一个和平的世界就需要消除那些责备、羞辱、批评和苛求的语言。这类语言往往以习惯性思维为基础,妨碍人们爱心的流露,容易导致暴力。杜绝暴力的沟通方式,意味着让爱和尊重融入生活。非暴力沟通是一种能让人感到善意,并能够与他人和谐相处的沟通方式,为幼儿教师与家长之间良性沟通的形成提供了新思路。

**3. 非暴力沟通的四个要素及要点**

非暴力沟通包括四个要素:观察、感受、需要、请求。

(1)观察。非暴力沟通的第一要素是观察。观察就是仔细观察正在发生的事情,并清楚地说出观察结果,而不做任何评判、指责或以其他方式进行分析。观察的要点是清楚地表达观察结果,不进行判断或评估。因为我们所观察到的内容一旦加入评价、判断或者辩解都可能会引起他人的防御心理。

观察要求我们对自己所经历的事情客观地进行描述,不能加上自己的主观臆断,不能把观察和评判混为一谈。比如,"你这三天早上送孩子来园都迟到了"是观察,而"你送孩子来园迟到,你太不负责任了"就是评论。很多幼儿教师与家长谈话时都习惯带有个人评判,这种不客观的沟通方式非常不利于良好家园关系的营造。

幼儿教师在与家长交流时,要多用观察性语言,而不要用评论性语言。观察性语言更有利于良好家园关系的建立,评论性语言很容易让家长在听到批评、指责后反驳我们。例如,有些幼儿教师在向家长反映幼儿的挑食行为时,通常说:"浩然在幼儿园里吃饭时总是挑食,爱吃的吃得很多,不爱吃的一点儿也不吃。"家长听到这样的话后,可能会认为教师是在批评孩子,而不是关心孩子,便会对教师的话置之不理或进行反驳:"不会吧?我们家浩然在家里吃饭吃得挺好的,他怎么会挑食呢?"教师可以换成非暴力沟通的形式与家长对话:"我观察浩然吃饭的情况,发现他吃肉吃得比较多,吃青菜吃得比较少。不知道他在家里吃饭的情况怎么样?"教师此时是在客观地描述事实,述说的是自己的观察结果,这种诉说方法和态度易于被家长接受。

大家来分析判断一下,以下哪些语言是观察性语言,哪些语言是评论性语言。

◎你们家小伟总是喜欢在地上爬来爬去,又不听老师的劝告。

◎昨天我们在户外玩的时候,小伟一直在地上爬来爬去,他的行为习惯还需要再关注一下。

◎你们家小超总是坐不住,并且总是控制不住自己,喜欢打人,我们怀疑他有多动症。

◎你们家小超在今天的语言活动中,最多只能安静地坐着听老师讲课1分钟;在科学操作活动中,他专注地操作材料的时间不超过2分钟。

◎你们家孩子昨天打人,今天也打人,他太富有攻击性了。

◎你们家孩子昨天打了2个小朋友,今天打了1个小朋友。

家长问:我家孩子在幼儿园里表现怎么样?

◎很好啊,他是个文静的男孩,上课很安静,一般不怎么举手,要老师提问他,他才发言。

◎今天上课的时候,他很安静地听老师讲故事,当老师向他提问时,他表达得很清楚。

家长说:我家孩子挑食、吃饭慢,可能会吃不饱。

◎他总是很挑食,有的菜一口都不吃。

◎每天中午吃饭的时候,他都会先挑自己喜欢的吃,把不喜欢吃的放在最后,我们也担心他的饮食不均衡。

◎你总是很忙,我用微信给你发信息,你极少给我回复。

◎我这周通过微信给你发了4次信息,你只回复了1次。

◎你们总是不重视我们的幼儿园活动,总是不参加家长会。

◎我们这个学期组织了3次家长活动,每次你们都说有事不能参加。

◎你家孩子的穿着打扮太成人化了,这样对孩子的发展可不好。

◎你们染黄了孩子的头发,你们给孩子涂指甲油,你们给孩子涂口红……

◎你们家长太挑剔了,我当了10多年幼儿教师,从未见过这么挑剔的家长。

◎有的家长对孩子园服的颜色不满意,有的家长认为幼儿园发给孩子们的书包太小了,有的家长认为李老师不好看……

◎你的孩子太过分了,经常撕坏别人的图画本。

◎你的孩子最近两个星期撕坏了小朋友的图画本4次。

在与家长沟通时,如果教师将观察和评论混为一谈,那么家长只能听到片面性的、绝对化的语言。这种语言既无法表明孩子在园生活的真实状态,也不能给家长提供有价值的信息。因此,在与家长沟通时,幼儿教师应该多用观察性语言,而不要用评论性语言。

(2)感受。非暴力沟通的第二个要素是感受。表达感受,就是在与家长沟通的过程中,用表示情绪的词语把我们的感受描述出来,感受说得越清晰,对方越能理解我们。幼儿教师在与家长沟通和交流时,可以用五个字来表达自己的感受,如"我感到愤怒""我感到温暖""我感到难过"等。我们的感受与需要相关联：当需要得到满足时，我们会有愉悦的感受，如，幼儿如我们所愿地学会了、变好了、发展了，我们感到高兴、激动等；当需要得不到满足时，我们会有痛苦的感受，如，我们的良苦用心没有得到家长的理解和支持，我们感到烦心、伤心等。感受没有对错，我们只需要说出自己的感受，而非指责或抱怨他人。

非暴力沟通理论认为，善于表达自己的感受，不仅可以促进自我理解，而且可以促进沟通者之间的交流。因此，幼儿教师在与家长打交道时，既要善于清楚地表达自己的内心感受，也要用心体会家长的感受，给予对方充分的尊重和理解，从而提升沟通质量。

### 案例6-3  我回家后一定和孩子的奶奶说

邓老师："这几天我一直观察你们家的小虹，发现小虹穿鞋子和衣服穿得特别慢，别的小朋友都穿好衣服和鞋子出去活动了，卧室里只剩下她自己一个人，她着急得不得了。有时候看着小虹急得满头大汗，我都有点心疼了。"

小虹爸爸："谢谢老师！让您费心了！"

邓老师："我想了解一下，小虹在家里穿鞋子和衣服也这么慢吗？"

小虹爸爸："我和我的爱人一般早上要上班，小虹起床后都由奶奶照顾，然后奶奶送她来幼儿园。"

邓老师："是不是奶奶经常给小虹穿鞋子和衣服？"

小虹爸爸："应该是的。"

邓老师："奶奶疼爱孙女，我很理解。可是，如果不让小虹练习自己穿衣服、鞋子，那么她在幼儿园里就不会独立穿衣服、鞋子，而其他孩子都会自己穿衣服、鞋子，小虹会感到自卑。你可不可以回家跟奶奶商量，以后让小虹自己穿衣服、鞋子，让她多多练习，练得多了，她自然会熟练起来，她的自信心也会提升。"

小虹爸爸："好的，我回家后一定和孩子的奶奶说。谢谢您！"

在上述对话中，邓老师首先依据观察，客观反映小虹穿衣服、鞋子慢的问题，然后清楚地表达出自己看到小虹着急时心疼的感受，家长听到后会感受到邓老师对小虹的真心关爱。接着,邓老师了解了小虹在家里的情况,表示理解家长疼爱孩子的心态,并站在孩子的立场上,提出解决问题的办法,因此达到了很好的沟通效果。

与家长沟通时,要说出一些行为体验性名词,明确表达感受,从而使沟通更为顺畅。可是很多教师并不擅长这一点。他们在与家长沟通时,往往将自己的感受和想法混淆了,因而造成家园沟通和交流出现障碍。有些幼儿教师在与家长沟通和交流时,往往将自己的想法当成内心感受。比如,有的幼儿教师跟家长说:"你在班级的微信群里说……,我觉得你一点都不尊重我们!"这里的"我觉得……"表述的是你的想法、你的评论,而不是你的感受。这会引发家长的反驳:"我那样说……,我并没有不尊重教师的意思。"这样家园之间的隔阂就出现了——一旦出现心灵上的隔阂,今后将无法愈合,并且会时不时地引爆家园冲突。如果家长在班级的微信群里说了我们认为不该说的一些事或话,我们可以这样说:"你那样说……,我有点难过。"家长听后就会知道你对他的不适宜言语有不满情绪,但不会因此产生情绪对立,更不会进行所谓的反驳。

因此,幼儿教师在与家长沟通和交流时,要多谈自己的感受,少谈或者不谈自己的想法,要严格区分感受和想法。

大家来分析判断一下,以下哪些语言表达的是感受,哪些语言表达的是想法。

◎我想跟你交流孩子的教育问题,我打电话给你,你却不接。我觉得你根本不爱你的孩子。

◎我想跟你交流孩子的教育问题,我打电话给你,你却不接。我很难过。

◎幼儿园的家长开放日,你们家没有一个家长来参加,我感觉你们对我们的工作一点都不支持。

◎幼儿园的家长开放日,你们家没有一个家长来参加,我的内心觉得有点遗憾。

◎我在家长会上讲话，看到你在玩手机，我觉得你不关心孩子的成长。
◎我在家长会上讲话，看到你在玩手机，我很难过。

◎由于孩子们有冲突，你们越过教师直接教训别人家的孩子，我觉得你们是没有教养的。
◎由于孩子们有冲突，你们越过教师直接教训别人家的孩子，我很担心。

◎你们到园长那里告教师的状，我觉得你们很卑鄙。
◎你们到园长那里告教师的状，我有点生气。

◎你们能来家长会，你们真的很棒。
◎你们能来家长会，我很高兴。

◎小峰的家长怎么会是这样的人呢？！
◎小峰的家长说出那样的话，做出那样的事，让我有点失望。

"难过""伤心""遗憾""担心""生气"才是说话者直接表达出的感受或情绪，而"我觉得"无法表达出说话者的感受，它只是表达说话者的想法。

表达感受需要练习，我们可以建立属于自己的感受词汇库。可以用来表达需要得到满足时的感受的词汇有：兴奋、喜悦、感激、感动、开心、高兴、快乐、愉快、平静、自在、舒适、放松、踏实、安全、温暖、放心等。可以用来表达需要没有得到满足时的感受的词汇有：担心、焦虑、着急、紧张、沮丧、烦恼、孤独、难过、沉重、麻木、疲惫不堪、筋疲力尽、无精打采等。这些词语有助于我们在与家长沟通时准确地表露情感，让家长明白我们的内心感受，从而更了解我们的需求。

（3）需要。非暴力沟通的第三个要素是需要。感受源于我们自身的需要，在向家长表达我们的感受后，我们可以说出自己的真实需要。

在与家长沟通时，如果你希望家长了解你的感受，你就要说出哪些需要导致你有那样的感受。我们可以将感受与需要连接在一起进行表达，可以使用"我感到……，是因为我很在意……"。如果我们借由感受识别并表达出自己的需要，就更容易获得家长的理解、谅解、帮助、支持和关爱。

在与家长沟通的过程中，许多幼儿教师喜欢通过指责、批评和评论来表达自己的期待和尚未满足的需要。可是，如果我们通过批评来提出主张，家长的反应常常是申辩或反击；反之，如果我们直接说出自己的需要，家长就较有可能做出积极的回应。比如，我们可以这样与家长说："某某家长，你这么说，我很生气。我需要尊重。""某某家长，你嗓门那么大，我感到心烦意乱。我只想和你好好谈谈。""今天的家长会，有8个家长迟到了，我很失望。我希望大家遵守开会时间。"……如此平和地、明白地表达自己的需要，很容易得到家长的积极回应，进而获得尊重和交流等需要的满足。

在与家长交流的过程中，我们在表述自己的需要时，一定要注意区分自己的需要与家长的责任。我们先看一个例子：张老师和范小琪的爸爸约好在下午孩子离园时进行有关孩子发展和教育方面的交流。可是，不知道什么原因，范小琪的爸爸下午没有亲自来，而是派保姆来接孩子。

张教师的回应1：你昨天下午没来接孩子，令我很失望。

张教师的回应2：你昨天下午没来接孩子，我很失望，因为我想和你交流一些孩子的发展与教育问题。

第一种回应方式的逻辑是：教师的失望是因为家长没有来。换言之，教师的感受是由家长"没有如约而来"所引起的。我们把自己的失望归咎于家长，希望家长因此感到内疚、认识到自己的错误，从而改变行为。这是一种"让他人为自己的感受负责"的表达方式。

第二种回应方式的逻辑是：教师的失望是因为"我想和你交流一些孩子的发展与教育问题"，即我的感受源于自己的需要。这是非暴力沟通理论所倡导的。

（4）请求。非暴力沟通的第四个要素是请求。幼儿教师在向家长表达了观察、感受和需要后，接下来要做的就是向家长请求帮助。在与家长沟通的过程中向其请求帮助，要提出具体明确的请求，让家长知道怎么做——越清晰的请

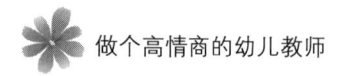

求,越能得到有效的执行。

非暴力性沟通应该接纳一种可能性,就是你提出的行动指令可能会被对方拒绝。在提出请求后,不管家长如何回应——是答应,还是拒绝,都要给予同样的理解和尊重。如果家长不答应,那就努力理解他们不同意的原因。

另外,幼儿教师在向家长提出请求时,一定要严格区分请求与命令,不能将请求变成命令。因为命令有时是一种伤害性语言。

什么是命令呢?就是你提出来,别人必须执行。那么什么是请求呢?就是你提出来,但是别人可以选择做或不做。

一个人面对命令会怎么样呢?只有两个选择:一个是服从,一个是反抗。所以给别人提出命令,是一种非常容易造成冲突升级的沟通方式。因此,幼儿教师与家长沟通时,要多用请求,少用命令。在与家长沟通的过程中,要尽可能少用"必须""应该",而多用"请……""协助我们……"。如此,让家长愿意做事,增加家长的幸福感。

有些幼儿教师会在不知不觉中指责家长、让家长为自己负责,或者命令家长做其不愿意做的事情,以此来满足自己的需求。这些都不是好的沟通方式。真正好的沟通应该是在表达自身需求的同时,让家长感受到充分的尊重和选择的自由。

观察、感受、需要、请求,是非暴力沟通的四大要素,是幼儿教师与家长交往的指路明灯。我们不妨在家园沟通时多多进行演练,借助于这四个步骤表达和提升自己,让自己拥有一个良好的亲师关系,为我们做好幼儿教育工作奠定良好的基础。

**4. 非暴力沟通的典型句式**

"我观察到+我感觉+是因为+我请求=非暴力沟通。"

在与家长沟通的过程中,幼儿教师可以按"我观察到……我感觉……是因为……我请求……"典型句式与家长沟通。请看下面的案例。

**案例6-4 家长晚接孩子**

某家长时常晚接孩子,这大大地影响了幼儿教师的正常工作和生活。这时,如果是你，你将如何与该家长沟通？

### A方式

这一周接孩子离园，你迟到了3次，我有点为孩子担心。因为你们家的孩子总是最后一个离开幼儿园，他会有一种被抛弃的感觉，在等待时他很焦虑不安。为了不让孩子那么焦虑，你可以每天都按时来接孩子回家吗？

### B方式

你总是那么晚来接孩子，我们也有家庭，也有自己的生活，你这样做大大地影响了我们的正常工作和生活。你必须按时来接孩子回家。

非暴力沟通，为我们提供了向家长提出要求的语言和技能，也为我们回应家长的要求提供了新的思路。请大家看下面这段话。

在离园时，教师没有帮孩子把外套穿上，孩子的妈妈说：孩子的手有点冷，怎么没有穿外套呀？（带着一种责备的语气）

接下来，我们对上文中家长的观察、感受、需要、请求进行分析。

*家长的观察*：天气有点冷，教师没有帮我的孩子穿外套。
*家长的感受*：看到自己的孩子在冷天里没有穿外套，内心很生气，充满埋怨。
*家长的需要*：天气冷了，孩子要穿外套。
*家长的请求*：天气冷时，希望教师能够记得为孩子穿外套。[1]

在了解家长的观察、感受、需要、请求后，幼儿教师应该采用的回应语言和措施就十分明确了。

卢森堡教授提出的非暴力沟通模式指导人们专注于彼此的感受和需要，并

---

[1] 黄莎莎. 浅谈非暴力沟通理论对幼儿教师交际口语的启示[J]. 河南教育：幼教, 2019 (11)：12-15.

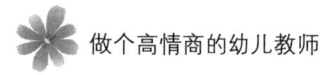

通过善意的给予使每个人的需要都得到满足，从而化解人际间的冲突，使人们情意相通、和谐相处。

## （二）共情技术

根据卡科夫的理论，共情水平可分为不同的层级。在沟通中，共情包含以下五个层级。

水平1：对沟通信息没有理解，只有安慰，或者提出问题。

水平2：对沟通信息从认知层面进行理解，但是忽视情绪情感。

水平3：对沟通信息从认知、情感两个层面进行理解，但是没有指导。

水平4：对沟通信息全面了解，并给出指导意见。

水平5：对沟通信息全面了解和理解，并给出具体化的指导意见。

下面通过两个例子来说明家园沟通中的共情技术，希望大家能悟出其中的共情技术要点。

### 案例6-5　孩子被抓伤

"老师，我们家的孩子今天又被同桌抓伤了。这不是第一次了。我可心疼了。这真让人生气。"你该如何回应？

水平1：哦。我知道这个事情。那个孩子真的是不小心。

水平2：我知道，他昨天被抓伤了。现在好些了吗？

水平3：我知道，他昨天被抓伤了。您感到很心疼，很生气。

水平4：我知道，他昨天被抓伤了。您感到很心疼，很生气。孩子回家后怎么跟您说这件事的？

水平5：我知道，他昨天被抓伤了。您感到很心疼，很生气。我能理解。我正打算与那个孩子的父母沟通，并准备把沟通结果和具体情况向您说明。

### 案例6-6　罚孩子站着听课

"老师，你为什么要罚我们家的孩子站着听课？他犯了多大的错误？"家长既生气又心疼。你该如何回应？

水平1：孩子站一下有什么关系，不会伤害身体。

水平2：您说孩子昨天被罚站的事情吧。我想提醒他上课要注意听讲。

水平3：您说孩子昨天被罚站的事情吧。听起来您有些生气，有些心疼。

水平4：您说孩子昨天被罚站的事情吧。听起来您有些生气，有些心疼。换成我，如果不明白老师为什么这么做，也会感到心疼。

水平5：您说孩子昨天被罚站的事情吧。听起来您有些生气，有些心疼。换成我，如果不明白老师为什么这么做，也会感到心疼。情况是这样的……不过，您的心疼倒是提醒了我，如何在教育中更好地引导孩子好好听课才是最重要的。[1]

### （三）三明治原则

所谓"三明治原则"，就是尊重对方，不直接指出过错。幼儿教师在与家长对话时，首先要肯定、问候、询问对方，然后具体指出不足和缺点，最后提出建议，给予鼓励、安慰和期望，这就像三明治一样分为三个层次。

很多教师和家长沟通时往往忽略了"三明治原则"，过于直率地讲话，轻则引起家长的反感，重则引发双方的矛盾，甚至纠纷。即便是教师真心付出、呕心沥血，也得不到家长的理解和支持。

通过下面的两种表达，大家可以体会到"直接表达"与"三明治原则"表达的区别。

直接表达："唉，你的孩子最近是怎么回事？自由活动时，他总是推人、打人，你们好好管管他，他真是太缺乏规矩了。"

"三明治原则"表达：你的孩子上课回答问题时很积极，吃饭吃得又快又干净，自尊心很强。只是，他最近在自由活动中有时会推搡小伙伴。他很聪明，如果能够控制自己的行为，他一定会很优秀。

---

[1] 周红.家园沟通中幼儿教师共情研究[D].南京：南京师范大学教育科学学院，2014：124-125.

### （四）同理心技术

要用同理心理解家长的行为（交代、叮咛、不肯离去、不放心等）。同理心就是将心比心，是指正确了解家长的感受和情绪，进而做到相互理解、关怀和情感上的融洽。比如，孩子受伤了，家长心急火燎地赶来，你可以说："您的心情我很理解，等您先冷静下来，我们再谈好吗？""很抱歉，孩子受伤了，我们也很心疼，以后我们会更加关注他。"

有的孩子在游戏中手或脚擦破了皮，家长来接孩子时既吃惊又心疼，而教师却对此表现得若无其事，认为家长大惊小怪。面对这些小事，教师不适宜的态度，立即会使家长觉得教师对自己的孩子不够关心，对工作不够负责。相反，如果教师从父母的角度进行思考，或将受伤的孩子看成自己的孩子，那么就会自然而然地理解家长的心情，处事的态度也会大不相同。此时，家长会觉得孩子虽然受伤了，但这是意外，教师也和自己一样有心疼与不舍，他们与教师的心会贴得更近，家园沟通也不会因此受阻。

### （五）心理安抚技术

在与家长交谈时，要善于进行心理安抚。幼儿教师应积极配合，以表明家长的话题正在引起我们的兴趣，也暗示我们在注意他的话题。幼儿教师还可以顺着他的话题，以积极倾听和从容不迫的态度鼓励他继续讲下去，或者为他倒上一杯茶，或者适时表态："我也这样认为。""确实是这样！""你的观点和我的完全相同。"这种心理安抚的行为，示意着一种积极的配合，能够使家长向你滔滔不绝地讲出内心感受。

## 九、与不同性格家长交往之道

为了家长工作更加有效，根据家长年龄的不同，性格的不同，幼儿教师的工作方式和内容也应该有所不同。

◆ 与年轻家长的交往之道：平等、热情。

- 与年长家长的交往之道：尊重、热情、体谅、赞美。
- 与高学历家长的交往之道：采用研讨的方式进行交流，提供策略性建议。
- 与低学历家长的交往之道：多鼓励，多提供操作性建议。
- 与离异家长的交往之道：多尊重，多接纳，多关心，多体谅。
- 与保姆型家长的交往之道：热情、尊重、细心。
- 与包办代替型家长的交往之道：用制度管理来减少家长频繁出入园所的过度呵护行为。
- 与高期望型家长的交往之道：肯定、赏识孩子的优点和家长认真负责的态度，同时说明高期望对孩子健康成长的害处。
- 与放任型家长的交往之道：强调规则对孩子成长的重要性。
- 与冲动直率型家长的交往之道：多多微笑，静静地听。
- 与拒绝配合型家长的交往之道：从孩子入手，让孩子成为小广播员，每天向家长播报幼儿园的趣事、乐事，吸引家长关注幼儿园，关注教师的工作，关注孩子的发展，然后请家长参加一些活动，与孩子互动，与其他家长互动，用别人的热情和爱心影响这类家长。
- 与被动配合型家长的交往之道：让家长看到教师实际的工作成绩，用事实说明问题，给他们更多参加各类活动的机会，让他们在活动中了解幼儿园，了解自己的孩子，理解班级教师的工作。
- 与主动配合型家长的交往之道：将"感谢"二字挂在嘴边，向他们更细致地介绍班级工作，并将活动深入家庭，使他们成为家长工作的带头人。
- 与性格内向、沉默寡言型家长的交往之道：要面带微笑，经常主动热情地与他们交谈，逐渐拉近与他们之间的心理距离。

**只有进行具有针对性的沟通和交流，才能取得预期的效果。**

# 第七章

# 幼儿教师与幼儿交往中的高情商技能

师幼关系直接影响幼儿的身心健康,并且影响幼儿教师职业幸福感的获得。因此,幼儿教师在与幼儿交往的过程中,必须遵循以下六点要求,否则,师幼关系便会形成恶性循环,进而影响幼儿的健康发展。

## 一、让幼儿感受到爱

近代著名教育家夏丏尊先生说过:"教育之没有情感,没有爱,如同池塘没有水一样。没有水不能成其为池塘,没有情感,没有爱,也就没有教育。"卢梭也曾说过:"凡是教师缺乏爱的地方,无论是品格还是智慧,都不能充分自由地发展。"

关爱幼儿是幼儿园的首要任务。诺丁斯认为:"学校的首要任务是关心学生。我们应该教育所有学生不仅要学会竞争,更要学会关心。教育的目的应该是鼓励有能力、关心他人、懂得爱人,也值得别人爱的人的健康成长。"冷漠的教育过程,培养出来的也多是冷漠的人。从教育爱的要求出发,教育者应关爱每一个幼儿,关爱其生命活动,关爱其现在,关爱其未来,这样才能有效地促进幼儿的健康发展。

### 案例7-1 一个美丽的故事

有个塌鼻子的小男孩,他在2岁时得过脑炎,智力受损,学习起来很吃力。打个比方,别人写作文能写二三百字,他却只能写三五行。但即便是这样的作文,他也能写得很感人。

那是一次作文课,作文题目是"愿望"。他极其认真地想了半天,然后极其认真地写,那篇作文极短,只有三句话:"我有两个愿望。第一个是,妈妈天天笑眯眯地看着我说'你真聪明'。第二个是,老师天天笑眯眯地看着我说'你一点也不笨'。"

就是这篇作文,深深地打动了他的老师。那位老师不仅给了他最高分,在班上有感情地朗诵了这篇作文,还一笔一画地批注道:"你很聪明,你的作文写得非常感人。请放心,妈妈肯定会格外喜欢你,老师肯定会格外喜欢你,大家肯定会格外喜欢你。"

捧着作文本,他笑了,蹦蹦跳跳地回家了。但他并没有立马把作文本拿给妈妈看,他在等待一个美好的时刻。

那个时刻终于到了,是妈妈的生日——一个阳光灿烂的星期天。那天,他起得特别早,把作文本装在一个亲手做的美丽的大信封里,信封上画着一个塌鼻子的男孩咧着嘴笑得正甜。他静静地看着妈妈,等着妈妈醒来。妈妈刚睁开眼醒来,他就甜甜地喊了声"妈妈"。

然后,他笑眯眯地走到妈妈跟前说:"妈妈,今天是您的生日,我要送给您一份礼物。"

妈妈笑了:"什么礼物?"

他笑笑说:"我的作文。"说着,他双手递过去那个大信封。接过信封,妈妈的心在怦怦地跳!

果然,看着这篇作文,妈妈甜甜地涌出了两行热泪,然后一把举起小男孩,搂得很紧很紧,仿佛他突然间会飞了。[1]

是的,智力可以受损,但爱永远不会,它朝气勃勃,永远垂着绿荫,开着明媚的花,结着芳香的果。

是的,每个孩子都渴望得到教师和家人的关爱,就连智力有问题的孩子也不例外,关爱会让孩子产生"飞"的感觉。

---

[1] 张玉庭. 一个美丽的故事[N]. 长江日报,2010-07-23(14).

为了更好地促进幼儿的健康发展，幼儿教师可以通过以下方法让幼儿感受到教师的爱。

(1) 每天至少抱幼儿2次。

(2) 让微笑成为幼儿教师的一种职业习惯。

(3) 见面时要有一种能表达爱和热情的仪式活动：击掌、拥抱、对口号……

(4) 每月给每个孩子送点小礼物。

(5) 用适当的肢体语言表达爱：亲一下他，摸摸他的脸，拍拍他的肩，拉拉他的手……

(6) 每周至少表扬他的1次进步或表扬他的1个优点和良好表现。

(7) 每周至少让他帮你干1次活：发餐具、拿教玩具、接杯水……

(8) 及时关照幼儿的需求并适当回应。

(9) 不要用愤怒的眼神看幼儿。

(10) 每天至少与每个孩子进行个性化互动1次。

(11) 每月至少让每个孩子坐在你旁边吃饭1次。

(12) 每月至少让每个孩子站排头1次。

(13) 给特殊幼儿（生病者、情绪不好者等）以特殊照顾。

(14) 掌握在批评中表达爱的技能：既批评幼儿，又让他感受到教师的批评基于爱，教师不会因为批评而不爱他。

### 案例7-2 验证教师的爱

放学了，小勇随妈妈离开了班级活动室，可是走到幼儿园门口时，小勇却不愿意走。不管妈妈怎么拽他，他都不走。他说，他要在幼儿园门口等李老师。妈妈问他："你为什么要等李老师？"小勇说："妈妈，你别管，我就是要在这里等李老师！"

等了十几分钟，小勇终于等到了李老师。他远远地见到李老师就大声地喊："李老师，你还爱我吗？"李老师被小勇问得莫名其妙，不过，她还是很快地做出反应，快步向小勇走去，大声地说："当然爱呀！"她说完又拥抱了一下小勇。

最后，小勇满足地、蹦蹦跳跳地和妈妈回家了。

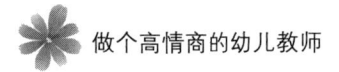

小勇走了,李老师愣了一下:小勇刚才为什么问自己爱不爱他呢?后来,她终于想起来,原来小勇今天下午做错了事,她狠狠地批评了他一下,他可能认为老师批评他,就是老师不爱他了。

因此,幼儿教师在批评幼儿时,要让幼儿感受到教师还爱着他,教师不满的是他的行为,而不是他本人。

为了让幼儿感受到教师在批评他时仍然爱着他,我们应该按照这样的程序来对幼儿进行批评。

第一步,蹲下来与幼儿平视10秒钟,让幼儿为做错事感到惭愧。

第二步,告诉幼儿刚才他的行为错在哪里,正确的行为是什么,同时用一只手搂着他的肩膀。

第三步,问幼儿:"知道你错在哪里吗?知道今后应该怎么做吗?"

第四步,如果幼儿知道自己错在哪里,知道今后应该如何做,那就拥抱他一下。如此,教师的口头语言能够让幼儿明理,手部动作能够让幼儿感受到教师还爱着他。

(15)用适当的口头语言表达爱:热情的问候、关心的询问……

(16)每年为每个幼儿开展1次生日活动,使每个幼儿每年至少有1天在隆重的仪式下成为全班小朋友关注的中心,这有利于满足幼儿被关注的需要。

(17)无条件地爱每一个幼儿。在师幼互动的过程中,绝对不能跟幼儿说:"如果你……,老师就喜欢你。""如果你……,老师就不喜欢你了。"因为这种有条件的爱,会让幼儿在师幼互动中缺失独立性和自主性,他们做任何事情都会想教师想要什么,进而努力讨好教师。

(18)使用富有爱意的语言。幼儿教师应该学会在适当的场合说一些表达关爱的语言。

◎关心幼儿心情的语言:"某某小朋友,今天怎么没有见你笑呀,是不是有什么不愉快的事情?跟老师说说好吗?""今天有什么高兴的事情?能不能说出来让我听听?""能不能告诉老师,昨天晚上你在家里有什么高兴的事情?""你心里很难过,愿意告诉我吗?""别担心,我来陪你。"

◎关心幼儿日常生活的语言:"你喜欢跟班里的哪些小朋友一起玩?为什么?""轻轻地吹一吹再喝。""还有时间,慢慢来,你今天真能干,可以自己吃完饭了。""再试试,如果能将旁边的衣服塞进去,就很整齐了。""要换牙了吗?吃慢点,换个位置嚼,你可能会舒服些。"

◎关心幼儿进步和成长的语言:"做了错事没关系,改正了就是好孩子。""你又改正了一个小缺点,老师真为你高兴。""别着急,你一定能学会。"

◎其他方面的关心:某某小朋友今天生病没有来园,晚上我要打个电话给他;今天还没有和某某交流过,我要过去和他说几句话,或者拉拉他的手,抱一抱他;某某幼儿一个星期没来幼儿园了,今晚我要去他家看看他;我昨天好像没和某某说话,我现在要过去和他说一说。

让幼儿园处处充满爱,让幼儿时时感受到爱,那么幼儿园就会成为幼儿真正向往的乐园。

## 二、让幼儿感受到做人的尊严

幼儿教师在与幼儿交往的过程中,要充分关照他们的尊重需要,让幼儿感受到被接纳、被赏识,同时体会到自己在同伴中有地位、有声望、有一定的影响力,进而体会到有尊严。

### 案例7-3 永生难忘

在幼儿园大班时,G小朋友因被老师误认为弄洒水而遭批评。她本想解释,却反遭老师劈头盖脸的一番训导。老师还召集了所有小朋友,指着她这个"倔强不认错"的小女孩说:"小朋友们,认为是G把水洒在地上的请举手!"结果,所有的小朋友都齐刷刷地举起了小手,包括明知是另一个男孩弄洒水的几个小朋友……

10年过去了,回忆起这段黑色记忆时,G依然咬牙切齿地痛。在老师的诱导下,小朋友们齐刷刷地举起小手的那组镜头,令她永生难忘。如果女孩不说,老师可能永远都不会知道为什么从那天起幼儿园的教室墙角处会多一个"爱看书"的小女孩,老师可能也永远无从理解为什么从那天起女孩的童年里多了一抹孤单的滋味。因为从那天起,女孩不只对老师有憎恨,对小朋友也不愿再相信了![1]

尊重是幼儿心理健康的基础。对幼儿不尊重给其带来的伤痛,可能是一辈子都无法消失的。

为了更好地促进幼儿的心理健康和发展,幼儿教师可以通过以下具体做法来让幼儿真切地感受到自己是被尊重的。

(1)不让任何一个孩子在任何一项教育活动中因先天或后天的原因成为大家的笑料。在智力占主导的活动中,不能让愚笨的孩子成为大家的笑料;在体育活动中,不能让动作迟缓、力量与速度欠佳的孩子成为大家的笑料;在语言活动中,不能让有口吃习惯的孩子成为大家的笑料……在幼儿园里的任何一项活动中,要让每一个幼儿都体验到做人的尊严。

(2)给幼儿的各项任务要与其能力相匹配,以便幼儿产生胜任感,进而对自己充满信心。

(3)所有的幼儿都有充分表达自身观点、意愿和情感的机会,并且能够得到充分的尊重。

(4)避免使用伤害幼儿自尊心的语言。幼儿教师在与幼儿交往的过程中应该避免以下有可能伤害幼儿尊严的恶语。

◎侮蔑——"你简直是个废物。""你的脑子是猪脑子!""你真是不可救药!""我当这么长时间的老师,还真没见过像你这么笨的孩子,你真是笨得没治了。""什么坏事都能轮到你,你真是坏透了!"

◎责备——"你真笨,这点小事也做不好。""你又做错事,简直是坏透

---

[1] 白云阁. 非暴力沟通:让校园充满爱意[J]. 人民教育,2016(2):31-33.

了。""你把我的脸都丢光了！""就你给班级丢脸！""我一看见你就不高兴。"

◎强迫——"我说不行就不行。""你给我去干。""不许你说不行！""闭嘴！你怎么可以不听我的话呢?！""不许哭！""不许……"

◎失望——"我对你完全失望了。""我没法管你了！""你真是笨得没法教了。""你真是笨得没治了！"

◎预言——"你将来肯定没出息！""你要是能学好，太阳就会打西边出来，公鸡就会下蛋。""你一辈子都不会有出息！""这孩子不是读书的料。"

◎辱骂——"傻瓜。""没用的东西。""神经病。""坏蛋。""笨蛋。""别给脸不要脸。""你怎么这么笨啊，整天跟白痴似的！""告诉你多少遍了，你就是记不住，你是没长脑子，还是脑子进水啦？""我说话你听见没有，你没长耳朵啊？"

◎讽刺——"亏你想得出这种蠢办法，你可真聪明。""你画的是什么破画啊，简直就是四不像！""就你五音不全，还想当歌唱家，门儿也没有！""你看看，你的英语这么差，某某比你强多了！这辈子我看你是学不好了，长大后只能当清洁工了。"

(5) 只要不伤害他人，不同的观点和不同的行为方式在幼儿园里都应该受到充分的尊重。

(6) 不要将幼儿的过错进行累加。当幼儿做错一件事，有些教师喜欢借题发挥，爱算旧账，数落幼儿数周、数月甚至数年来的过失和不足，多次重复批评幼儿的缺点或错误，严重打击甚至摧毁幼儿的自尊心和自信心。

(7) 不要揭穿幼儿为保存尊严所使用的伎俩。教师很容易看破幼儿为保护尊严所使用的伎俩，为了让幼儿有尊严地生活，教师不仅没有必要揭穿幼儿的伎俩，还要为幼儿保守某些可能会让其在同伴面前失去尊严的"秘密"。

**案例7-4  我是出汗**

在起床的时候，宝强发现小鹏的床上湿了一大片，然后就大呼："哦！小鹏尿床了！小鹏尿床了！"这一大呼引来了许多小朋友的围观。小鹏怒目瞪着宝

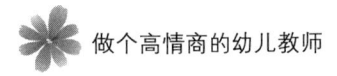

强,十分坚定地说:"我不是尿床,我是出汗,我今天出了好多汗!"

这时,范老师走过去一看,发现小鹏的床单上湿了一大片。看到小鹏那紧张的样子,范老师马上意识到,他很可能是真的尿床了。

范老师看在眼里,明在心里,附和地大声说道:"哇,今天小鹏出了那么多汗!"其他看热闹的小朋友随即散去。

随后,范老师安慰小鹏说:"出汗了没关系,一会儿我帮你把褥子洗了晒干。你先去小便。"

过了一会儿,范老师悄悄地把小鹏带到一间无人的屋子,帮他换上干净的衣服,然后提醒他:今后上床前要记得去小便;起床后,尿急要先去小便。

小鹏腼腆地笑着对范老师说:"谢谢范老师!"

范老师在关键时刻为小鹏保住了面子和尊严,她看透了小鹏对尊严的需要,她没有在小朋友们面前拆穿小鹏维护尊严的小伎俩。

(8) 对幼儿要多些纵向评价,少些横向评价。只要幼儿进步了,就值得肯定和鼓励;即使没有进步,幼儿努力了,也值得肯定和鼓励。

(9) 列出每名幼儿的10个优点,并熟稔于心,每天真诚地对每名幼儿说出他的1个优点。

(10) 让每名幼儿每天都有为集体做出积极贡献的机会,让每名幼儿在班集体中发挥其独特的作用,彰显其才能和价值。

(11) 善于发现每名幼儿在每天的进步。我们经常教育幼儿要尊重他人,爱他人,可从来没有告诉他们要尊重自己,爱自己。因为找不到自己的可爱之处,幼儿会放弃许多追求。

因此,幼儿教师要形成一种习惯——每天都要不断发现每名幼儿的进步,并不断告诉幼儿他在什么地方又进步了。相信幼儿会在教师的持续支持和鼓舞下不断取得进步,进而逐渐树立自信心和自尊心。

(12) 不要给幼儿起有损他们声誉的外号。

(13) 当幼儿犯了某种丢人的错误时,教师要告诉幼儿:"老师小时候也犯过同样的错误。"这样会让幼儿觉得犯某种错误并没有什么可丢人的,更不会因此觉得失去做人的尊严。

（14）班级里不允许出现取笑任何人的现象。幼儿教师要引导幼儿不取笑别人的缺陷，不取笑别人的不幸，不取笑别人的错误，不取笑别人的观点。

（15）要尊重并保护幼儿的隐私。凡是有可能导致幼儿难堪、尴尬、丢脸的事情都属于幼儿的隐私，都应该被严格保密。

（16）凡是有可能招致幼儿失去尊严的事情，都要慎重地进行。

（17）每周至少让每名幼儿都有机会在班上展现自己的才能。展示活动能够让幼儿看到自己存在的价值，进而维护做人的尊严。

（18）批评幼儿时只能就事论事，不能就事论人。

（19）通过细节表现出对幼儿的尊重。

- ◆ 避免以下不尊重幼儿的行为。
  - ◇ 不重视幼儿的看法和观点。
  - ◇ 过多地占用幼儿的时间。
  - ◇ 没有停下手中的工作，专门倾听幼儿要对自己说的话。
  - ◇ 用不耐烦的口吻回答幼儿的提问。
  - ◇ 使用与婴儿说话的腔调与已处于幼儿期的孩子交谈。
  - ◇ 自己心里有事，借骂幼儿来出气。
  - ◇ 打断幼儿间的交谈。
  - ◇ 为赶时间而中断幼儿正在进行的活动。
  - ◇ 忘了履行自己许过的诺言。
  - ◇ 代替幼儿回答客人提出的种种问题。
- ◆ 常对幼儿说"请""谢谢""……，可以吗？"，让他们也学会对别人如此说。
- ◆ 为幼儿布置一个发表园地，让每名幼儿都有展示的机会——展示自己的才能，让别人欣赏自己。
- ◆ 经常告诉幼儿他的"当年勇"，让他对自己充满信心，为自己感到自豪。
- ◆ 让幼儿教你一些"新"事物——给幼儿机会当"小老师"，这将令

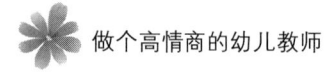

他神采飞扬。

◆ 做错了与幼儿有关的事,要勇于向幼儿说"对不起"。

幼儿教师要关注幼儿的尊重需要,让幼儿在幼儿园里过一种有尊严的生活,进而促进幼儿的心理健康成长。

## 三、让幼儿感受到公平公正

公平对待幼儿与尊重幼儿和关爱幼儿一样都是幼儿心理健康的基础。

幼儿园是一个特别需要公平公正的地方,如果幼儿感觉到幼儿园是公平公正的,那么他们就会心情舒畅,怨言、牢骚、压抑就会在幼儿中消失,幼儿园就会成为让幼儿心灵舒展的地方,幼儿园就会变成幼儿向往的乐园。

因此,幼儿教师应该努力创造条件,让幼儿园成为幼儿所向往的公平公正的地方。幼儿教师可以通过以下细节让幼儿真实地感受到幼儿园的公平公正。

### (一)将每个幼儿的背景全部去掉

面对幼儿时,幼儿教师应该将每个幼儿的背景去掉,将他们的家庭政治背景去掉,将他们的家庭财富背景去掉,将他们的性别去掉,将他们的天资聪颖与否、长相好看与否、性格可爱与否统统去掉。每一个幼儿在我们面前仅仅是一个独立的、纯粹的幼儿,我们要给他们平等的机会。

### (二)让每个幼儿都有均等的发展和表现机会

能力弱和能力强的幼儿都应该得到与其能力相对应的发展和表现机会,要让能力不同的每个幼儿都能在其原有的基础上得到应有的发展,而不是同等的发展。要防止"马太效应"的产生,不应把过多的荣誉和机会集中在少数幼儿的身上。有时候,我们把机会给某些幼儿,可能会为我们的班级带来更高、更多的荣誉;但其他幼儿会因此失去平等的发展和表现机会。相对而言,平等的发展和表现机会比所谓的荣誉显得更为重要。幼儿园是一个促进人发展的地方,而不是训练参赛运动员、演员的地方。比赛的赢输不重要，重要的是让每个幼儿都有机会得到表现和发展。

另外，要让每个幼儿都有正确表达自己意见的机会，让每个幼儿都有被提问、被要求、被积极暗示的机会。

### （三）让每个幼儿都有均等的获得荣誉、赞美的机会

有对比优势的幼儿可以得到赞美，没有对比优势的幼儿进步了，也可以得到肯定和表扬；整体有对比优势的幼儿可以得到表扬和肯定，单项有对比优势的幼儿也可以得到表扬和肯定。

每个幼儿都有值得赞美的地方，关键是我们要善于发现；我们要改变观念，不要以单一的"知识、技能"为评价标准。针对幼儿的个性差异，要以"不求人人成功或优秀，但求人人进步"为标准来评价幼儿，体现评价的公平性。

### （四）让每个幼儿都有均等的获得关爱的机会

除了那些需要特殊关爱的幼儿（如生病、家庭出现重大变故等的幼儿），每个幼儿每天至少要得到教师的两次拥抱……

### （五）每个幼儿都获得无差别的尊重

一个幼儿在幼儿园里得到尊重，不是因为他优秀，而是因为他是一个人！每个人都应该得到尊重！表现好的幼儿需要得到尊重，表现不好的幼儿同样需要得到尊重；能力强的幼儿需要得到尊重，能力弱的幼儿同样需要得到尊重；可爱的幼儿需要得到尊重，不可爱的幼儿同样需要得到尊重。

### （六）同等对待每个幼儿

不要根据幼儿学习能力的差异来处理幼儿做错的事；幼儿发生矛盾时，要先调查清楚，不急于下结论，不偏袒某一方；不同的幼儿犯同样的错误时，要考虑不同的动机与原因，而不是对不同的幼儿采取相同的处理方式。

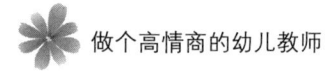

### （七）对适合幼儿自我表现的活动采取"轮流制"

在某些活动中实行"轮流制"，让每个幼儿都有自我表现的机会。适合实行"轮流制"的活动有：回答教师的提问、当小干部、当国旗手、表演节目、当值日生、当领操员、和教师一起完成一些特殊的任务、排队时站排头、扮演游戏或儿童剧中的重要角色等。在各种活动中要让幼儿轮流担当角色，让他们都能发言，都能操作，都能表演。

### （八）大型活动要让所有幼儿都有自我表现的机会

节日活动、运动会等大型活动，要让所有幼儿都有自我表现的机会。教师在设计节日活动和运动会的活动项目时，要考虑到每个幼儿的自我表现需要，为每个能力层次不同、兴趣爱好和特长不同的幼儿提供相应的自我表现项目，让每个幼儿都能参与其中，并从中获得快乐和发展。教师不应该总是让部分幼儿永远只能做"看客"，而不能在其中表现自我、发展自我，否则大型活动对他们而言"快乐只是别人的"，每次活动都会让他们的心长久地痛。

### （九）注意"公平"中的"不公平"

幼儿教师的许多做法看似公平，其实蕴含着不公平。比如：利用"石头剪刀布"来分配资源和机会，会让智商高、反应灵敏的幼儿占便宜；利用"少数服从多数"来决定活动的内容和形式，意味着"少数人"的权利经常被忽视；"谦让"让"老实人"总是吃亏；"大的"让"小的"，对"大的"是不公平的。

## 四、给幼儿树立一个良好的榜样

幼儿教师是教育者，在与幼儿交往的过程中，在言行上要给幼儿树立一个良好的榜样。幼儿教师的言行榜样会对幼儿产生潜移默化的影响，因此，幼儿教师应该注意以下三点要求。

（1）注意自己的形象，衣着整洁得体。《新加坡幼儿园实习生的穿着打扮要求》值得我们借鉴。

**新加坡幼儿园实习生的穿着打扮要求（女实习生）**

不符合条例的穿着：

◎拥有粗俗或猥亵图画或字词的衣服；

◎半透明或紧身衣服；

◎刻意撕毁的牛仔裤；

◎短裤；

◎任何会掩饰穿者身份的头饰或脸饰；

◎暴露或带有色诱性的衣服，如无肩带衣服；

◎紧身裤；

◎超短迷你裙；

◎非自然颜色的发色；

◎文身；

◎打多个耳洞或戴多个耳环；

◎不符合条例的靴子；

◎无鞋跟的鞋，如凉鞋。

(2) 举止文明礼貌。"请""对不起""谢谢""不客气""麻烦你了""你好""早上好""下午好""请稍等""再见""打扰了"等文明礼貌用语要常挂在嘴边。

(3) 活泼开朗并有溢于言表的快乐。用自己的乐观和快乐感染幼儿，带动幼儿，让幼儿经常处于快乐之中。

## 五、宽容仁慈

要使幼儿园成为一个宽松、宽容、宽厚的地方。幼儿园不同于军营，也不同于监狱，更不同于医院，幼儿园应该是舒展心灵、放飞个性的地方。由于幼儿的能力和经验有限，所以他们经常会犯一些"低级错误"，甚至屡屡犯同样的低级错误,这就需要教师有一颗宽容仁慈之心,要心平气和地接受幼儿的错误,并将之当作幼儿不断进步所必需的阶梯。教师不要总是十分严厉苛刻地对待屡犯错误的幼儿,不能原谅幼儿所犯的任何错误,否则,在幼儿的心目中,教师就是恶魔,幼儿园就会成为地狱。为了让幼儿有宽容的成长环境,我们应该注意以下六点要求。

(1) 幼儿犯的所有错误都可以被原谅。教师不应该因幼儿犯错误而记恨幼儿,教师要以积极的心态看待幼儿的犯错误——犯错误说明幼儿在不断尝试新的事物,说明幼儿会因此不断进步;犯错误是幼儿成长所必需的,教师不仅应该允许幼儿犯错误,还应该让幼儿犯他们在这个年龄应该犯的错误。

(2) 面对犯错误的幼儿,重点在于让他们从中获得成长的经验,而不是对其进行惩罚,让其害怕犯错误,不敢犯错误。

(3) 要铭记:犯错误是幼儿的权利。犯错误可以让幼儿获得成功之外的经验和教训,这些经验和教训对幼儿的健康成长是十分重要的,也是十分必要的。幼儿教师不得剥夺幼儿犯错误的机会。

(4) 敢犯错误,不怕犯错误,是幼儿心理安全的一种表现。

(5) 教师不应该因幼儿屡犯低级错误而对其说:"我恨死你了!"当然也不能因此对幼儿怀恨在心。

(6) 教师不应该因幼儿犯错误而对其发火,而应该让幼儿从犯错误中获得发展。

## 六、与不同性格、气质幼儿交往之道

幼儿教师与不同性格、气质幼儿交往时,应该根据其不同性格、气质采取不同的交往策略,进而促进其更好地发展。

### (一) 与不同性格幼儿交往之道

**1. 与自卑幼儿交往之道**

幼儿自卑指的是,由于生理缺陷、家庭教养方式不当等原因导致幼儿轻视自己、社会交往被动、行为退缩的一种状态。幼儿的自卑感,可能会诱发害羞、不安、胆怯等不良情绪。有自卑感的幼儿在人际交往中表现为:行为退缩,不敢尝试;不愿意与他人交往,喜欢一个人独处,从不主动提出问题;不敢表达自己的想法;不敢在群体中表现自己,没有主见,不敢在公开场合说话等。

为了让幼儿能尽快从自卑中走出,幼儿教师在与有自卑感的幼儿交往时应该注意以下七点要求。

(1) 给予幼儿正确的评价。对幼儿取得的成绩和进步,哪怕是一点一滴或微不足道的小事,均给予表扬(拥抱、微笑、赞赏、点头、抚摩等)。用各种方式表达教师对幼儿的温情、尊重和喜爱,让幼儿感受到自己的力量。

许多幼儿教师经常拿 A 幼儿的短处与 B 幼儿的长处做比较,常用的评价语言是"你看看你,怎么就没有某某厉害""某某都会背十多首古诗了,你怎么连一首都不会背"等。许多教师还喜欢这样跟幼儿说"这个月你的表现比上个月退步了"等。如此横向比较和纵向比较,只能让幼儿越来越自卑,而不能激发幼儿的自信心。

因此,幼儿教师要多看到每个幼儿的优点,多看到每个幼儿的进步,并不断地给予肯定,时间长了,幼儿才能逐渐自信起来。

(2) 对幼儿的期望不要过高。在与幼儿交往的过程中,不要对幼儿期望过高,否则,幼儿教师的高期望会超出幼儿的能力范围。当幼儿无论怎么努力也达不到教师的目标时,幼儿体验到的可能是失败或挫折,进而会产生自卑心理。因此,幼儿教师要将对幼儿的期望定在幼儿力所能及的范围内,幼儿努力"跳一下,摘一个桃子",摘的"桃子"多了,成功经验积累得多了,其自信心就能得到培养。

(3) 多表扬和肯定。有些幼儿教师认为在现代社会中幼儿更需要"挫折"教育。因此,在与幼儿交往的过程中,对幼儿多采取批评、否定的教育方式,使幼儿对自己的能力产生怀疑,看不到自己的优点,进而轻视自己。

其实,幼儿的自我评价处于他律阶段,幼儿的重要他人如何评价他,他就会如何评价自己。我们经常能够看到这样的现象:在吃饭时,教师批评幼儿吃饭掉落得多;在户外活动时,教师埋怨幼儿走路不看路等。过多的负面语言会

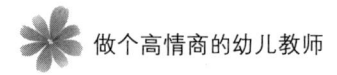

在无意中让幼儿觉得"我不行"。[1]

因此,极力建议教师将有自卑感的幼儿的名单列出来,强迫自己给每名自卑的幼儿列出10项优点,然后每天真诚地对幼儿说出他的优点。相信3个月后,这些自卑的幼儿就会对自己充满信心。

(4)发现和培养幼儿的特长。对于自卑感严重的幼儿,教师可以根据幼儿的潜质,发现或培养他在某一方面的特长,然后,经常让他在班里有表现的机会,如此一来,幼儿就容易看到自己的强项,容易树立起对自己的信心。这是培养幼儿自信心的最有效方法。其实,每个幼儿都有自己的长处,认为自己不如别人的幼儿并非事事不如别人。不管在哪一方面,只要幼儿能从中取得成功的欢乐,他就会产生强烈的自尊,因而对生活充满自信。

(5)训练幼儿学会自我暗示。积极语言的力量是不可估量的。因此,幼儿教师平时除了多用积极的语言鼓励有自卑感的幼儿外,还应该鼓励他们经常对自己说:"我很聪明。""我很能干。""我一定行。""我会进步。""我会做得好。"幼儿教师可以引导他们每天对自己多说几遍这些话,让他们鼓励自己。这对他们走出自卑很有帮助。

### 案例7-5 谁最聪明

在"谁最聪明"的活动中,教师拿出一个纸盒对幼儿说:"想知道咱们班谁是最聪明的孩子吗?我把他的照片放在纸盒里了。"然后教师请幼儿依次过来看,但不要说出照片里的人是谁。结果,每名幼儿都看到了自己的脸,他们兴奋极了。原来,教师在纸盒里放了一面镜子。有几个认为自己不聪明的幼儿看完纸盒后也偷偷地笑起来。这虽然只是一个小游戏,但它使每名幼儿都意识到自己不笨,进而产生积极进取的愿望。

(6)储蓄成功。幼儿之所以自卑,是因为他们过去受挫太多而成功太少。为了能让他们多体验成功的喜悦,行之有效的方法是多给他们提供成功的机会和

---

[1] 魏银娣,王任梅. 幼儿自卑的成因及干预策略[J]. 河南教育:幼教,2019(12):28-31.

条件，并把他们的点滴进步和成长都记录下来，不断提醒幼儿回忆这些经历，长此以往便能使他们更有信心地面对自己的不足，更好地发挥自己的长处。

（7）训练自信形象。行为与心理互为因果。改变幼儿的自卑行为，可以改变幼儿的自卑心理，增强幼儿的自信心。下面向大家提供训练幼儿转变形象的三种方法。

①挺起胸膛。挺起胸膛，幼儿会自然地产生一种向前向上的力量，会感受到自身的存在和价值，会在不知不觉中进入自信的精神状态。

②抬头平视。抬头平视，幼儿会自然而然地看得更远，既能看到别人，又有利于自己增强信心。

③面带微笑。幼儿以微笑面对别人，别人也会报以微笑。微笑对微笑，情绪会更好，幼儿会在如此愉快的鼓舞中增强自信。[1]

**2．与自负幼儿交往之道**

自信过度，就变成了自负。自负的幼儿往往会高估自己的优点和长处，对自己的缺点视而不见。自负的幼儿从来不承认自己有错误或者自己在某方面不如别人，即使认识到自己做不到，也只是保持缄默，表面上是一脸的不在乎，内心却是满满的不服输。自负的幼儿喜欢拿自己的优点与别人的缺点进行对比，内心过分膨胀，甚至对长辈傲慢无礼。

幼儿的自负心理和自卑心理一样，也是对自己缺乏客观认识的一种表现。为了能让幼儿尽快从自负中走出，幼儿教师在与有自负心理的幼儿交往时应该注意以下三点要求。

（1）表扬适度，批评适当。我们经常听到有人说：好孩子是夸出来的。许多幼儿教师也深信这一观点。其实，如果我们只是一味地夸幼儿，那么我们的教育培养出来的不是好幼儿，而是一个十分自负的幼儿。这些自负的幼儿会高估自己，看不到自己与别人的差距——教师表扬或奖励表现好的幼儿，他不服气，还装作不屑一顾；教师批评或指出他的不足之处，他充耳不闻，以为自己的一技之长可以代表全部。

---

[1] 陆雪娟．创设阳光渠道，让自卑幼儿快乐成长[J]．读与写：教育教学刊，2020（1）：228．

因此，幼儿教师不要一味地表扬和奖励幼儿，要在表扬与批评之间找到一个平衡点，一般而言，最好将表扬和奖励与批评和惩罚的比例控制在3∶1。如果远远超过这一比例，那么你的表扬或许已不太真诚或者有点夸大其词的成分；如果低于这一比例，那么你可能是个过于挑剔的教师，这将令幼儿的情绪长期不安，进而破坏幼儿的自然成长，使其变得神经质、怯懦或不诚实，甚至学会用粗暴的态度对待他人。

如果表扬和奖励是幼儿健康成长的主要营养素，那么批评和惩罚就是维生素，对幼儿的健康成长而言，我们应该让表扬和奖励与批评和惩罚的比例保持在3∶1的水平，表扬和奖励与批评和惩罚的比例失调可能会导致幼儿心理发展的失调。

(2) 让幼儿适当地受挫。这里说的"受挫"是指幼儿教师有意创设或利用一些日常生活情境、教学情境，以一种很自然的方法妨碍或干扰幼儿实现某些目标。

### 案例7-6  威威的改变

下午自由活动时，威威几次想找同伴下棋都碰了钉子，只好眼馋地看着别人下棋。看着他那渴望又无奈的眼神，我走过去对他说："威威，敢不敢和我下棋？""好呀，看谁厉害！"第一盘，我故意输给他，威威的棋王风范马上显现，"真笨"随口而出。看着他那得意的样子，我提出再下几盘，他不屑一顾地说："再下，你也得输。"结果，连下三盘，威威连输三局。"常胜将军"终于沉不住气了，满脸通红，哇哇大叫："气死我了，我怎么就赢不了你呢？"

围观的小朋友为我的胜利而欢呼。杨杨对威威说："这回该是你笨了吧！"威威用眼睛使劲儿地瞪杨杨。这时，我随手把威威揽在怀里："威威，输了棋，心里不舒服吧？"他点点头，眼睛已涌上了泪水。"刚才，杨杨说你笨，你不爱听，可你每次赢棋，总说别人笨，其他小朋友的心里会怎么想？"说到这里，威威抬起头说："吴老师，以后我再也不那样说其他小朋友了，我要教他们下棋。"

从此以后，威威少了一些骄傲，多了一些虚心和耐心。他认真地教其他小

朋友下棋,渐渐地,威威的棋友越来越多……[1]

适当受挫能增强幼儿的适应能力和心理承受能力,同时能让幼儿知道"山外有山,楼外有楼",这样更有利于他们克服自负心理。

(3) 让幼儿知道自己存在的不足。教师应该引导幼儿正确评价自己。在幼儿的交往活动中,有的幼儿对自己评价太高,看不起别的幼儿,这时教师应该用互补配对的方法,让幼儿在比较中正确认识自我。如:让两个互补型的幼儿配对收拾图书,手脚利索的A幼儿一会儿工夫就收好了,并且不让同伴再动手,说对方收得太慢了。教师可以带他仔细观察B幼儿,他会发现B幼儿虽然收得慢,但放得比较整齐,比他摆得好看,让他认识到自己也有短处,要向别人学习,这样才能拥有好朋友。[2]

幼儿克服了交往活动中的自卑和自负心理,就会对交往充满信心,就会在交往活动中获得成功,形成良好的交往能力。

### 3. 与内向幼儿交往之道

每个班级里总会有一些性格十分内向的幼儿。他们不爱活动、不爱说话、喜欢沉默;上课时总是很安静,极少主动举手,发言时声音很小;活动或游戏时不容易融入别人。幼儿教师在与内向性格的幼儿交往时,应该注意以下四点要求。

(1) 不要对内向幼儿有偏见。从性格特点来划分,可将人分为内向者和外向者。内向者和外向者是同样正常的人,不能以外向为标准来判断内向就是不正常的。因此,教师在与幼儿交往的过程中,请不要戴着有色眼镜独断地认为内向的幼儿就是有问题的幼儿。内向与有心理行为问题不能画等号。

幼儿教师在与幼儿交往的过程中,不要以异样的目光看待内向的幼儿,否则,这会给幼儿造成无形的压力,影响其正常发展。

不要对内向幼儿有偏见,内向和外向都是正常的,不要认为外向比内向好,不要总想强行促使内向幼儿向外向发展。

---

[1] 吴英宏. 棋逢对手[M]//高美娇. 幼儿园课程实践研究. 北京:新时代出版社,2004:52.
[2] 樊方平. 克服幼儿交往中的自卑与自负[J]. 山东教育:幼教版,2000(1/2):55-56.

（2）以热情感染幼儿。内向幼儿在与人交往的过程中比较被动，平时不怎么喜欢与人沟通和交流，幼儿教师要以自己的主动、热情感染幼儿，将其带入乐于与人互动的状态。幼儿教师平时要主动与内向幼儿打招呼，主动对他们微笑，主动牵他们的手，主动找话题与他们聊天，主动给他们拥抱等。

（3）多给他们一丝阳光。内向幼儿一般比较敏感，因此，教师与性格内向的幼儿说话时要特别小心，切莫乱批评，更不能挖苦讽刺，也不要对其提出过高的要求。因为内向幼儿的内心较为敏感，他们可能会容易"记仇"，这具体表现为他们平时不爱说话，但对于别人说的不利于自己的话，他们记得特别清楚，也特别久，这与外向幼儿有所不同。教师不要当着他们的面（尤其是别人的面）说其性格内向，或者说其他比较敏感的话，因为他们会很在意。

（4）创造条件让内向幼儿有参与群体游戏的机会。内向幼儿不喜欢与人交往，但在游戏条件下他们不介意与同伴玩耍。因此，幼儿教师要多设计和组织一些需要多人合作的游戏，让内向幼儿在与同伴的游戏中得到与人合作、交流的快乐，进而激发他们与人交往的倾向。

**4．与孤僻幼儿交往之道**

这里所谈的孤僻幼儿不是孤独症幼儿，不是自闭症幼儿。这类幼儿主要是由于后天的某些原因，整天低着头，沉默寡言，喜欢独来独往，我行我素，大多数时间里一个人独坐，对教师和同伴有一种本能的抵触情绪。孤僻性格简单说就是孤独乖僻、与其他人合不来的性格，拥有这种性格的幼儿经常表现出孤独离群的行为状态。

为了更好地促进幼儿的发展，在与孤僻幼儿交往时，幼儿教师应该注意以下六点要求。

（1）用恒心和爱心感化幼儿。孤僻幼儿十分固执，不会轻易顺从，不太容易被改变。因此，幼儿教师要有足够的耐心、恒心，用爱心感化和转化他们。

*案例7-7　小小的栀子花*

嘉嘉是个可爱的男孩，就是不爱开口说话，喜欢独来独往。每天早晨，我一见他就微笑地说："嘉嘉，早上好！"可他总是躲在爸爸的身后，耷拉着脑袋，拒绝向我问好。时间一天天过去,爸爸灰心了,说:"老师,别费心了,我这'哑巴'儿子,你别理他算了!"我并不灰心,天天坚持主动向他问好,平时主动关心他,给予他更多鼓励的眼神。

终于,在一个栀子花开的早晨,嘉嘉拿着一朵小小的栀子花,跑到我跟前说:"老师,送给你!"我是多么惊喜,激动地吻了吻栀子花,又吻了吻他,高兴地说:"谢谢你!嘉嘉。哇!好香的栀子花。"小家伙终于肯和我说话了,我知道一定是我的执着感动了他,他借着这朵花向我敞开了心扉。在接下来的日子里,嘉嘉每天都会送我一朵小小的栀子花,用他亮亮的眼睛看着我,羞涩地叫一声"老师",偶尔也和我说一两句话。我用更高兴、更惊喜的表情回复他。从那以后,嘉嘉变得爱笑了,爱说话了,也爱和同伴交往了。[1]

(2)用行动拉近心理距离。孤僻幼儿不喜欢说话,但他们仍然能敏锐地感受到教师对他们的爱,特别能感受到教师的无言之爱。请看下面的案例。

**案例7-8 爱终于感动了晓敏**

孤僻的晓敏极少与其他小朋友说话,也不与老师说话,我们做了许多努力都无济于事。后来,我们几个同班的老师商量了一下,决定干脆少说话,多行动:头发乱了给她梳,出汗了帮她擦,给她剪指甲、系鞋带,经常伴以爱抚的动作,摸摸头,拉拉手,常给她带小食品、小玩具,每天送她一件小礼物……总之给她比其他幼儿更多的关爱。当她第一次主动地大声叫"老师"时,我们都激动地抱着她转了好几个圈,流下了感动的泪水……

有时候,身体言语比口头言语更加具有感化和沟通功能。平时,幼儿教师可以多用抱一抱、亲一亲、拉拉手、热情微笑等身体言语向幼儿传递我们的爱,持之以恒,定有神效。

(3)以教师的主动热情带动孤僻幼儿。孤僻幼儿一般不会主动与人互动,

---

[1] 王优玲.一朵栀子花[M]//高美娇.幼儿园课程实践研究.北京:新时代出版社,2004:56.

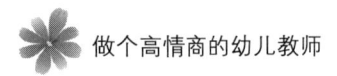做个高情商的幼儿教师

因此，幼儿教师一定要主动与其互动，以持续的主动打动他们，带动他们。大家请看下面的案例。

### 案例7-9　持续的热情打动了倩倩

中班的李倩倩有点孤僻，从不主动与老师打招呼，从不主动与小朋友们玩。早上来园找到自己的座位后，她就安安静静地坐着，不吵不闹……范老师决定主动出动。她常常会不经意地走过去摸摸倩倩的头。

一天，班上的小朋友们都上厕所了，倩倩仍然没有动，范老师走过去笑眯眯地问她："你不去厕所吗？"

一天，倩倩的小辫子乱了，范老师让她来到自己的身边，用梳子重新帮她梳理好头发。

一天，倩倩穿了一件新衣服，范老师笑着问："倩倩，今天穿的衣服真漂亮，谁给你买的呀？"没想到她竟然回答说："妈妈。"范老师高兴极了，又问："你喜欢吗？""喜欢！"虽然她全程只说了四个字，但范老师很感动，感觉自己与倩倩的距离拉近了。

一天，班级里开展拍皮球的户外体育活动，倩倩在边上站着不动，范老师就拿着皮球在她面前拍了几下，问她："倩倩会吗？"她摇摇头，范老师又说："拍皮球很好玩。你来玩玩好吗？"范老师把皮球送到倩倩的手上，并用眼神鼓励她。倩倩犹豫了一会儿，终于抬起了小手，把皮球抱了过去，一下、两下……

范老师激动地称赞倩倩说："倩倩拍得真好啊！"倩倩的表情变了，嘴角慢慢地翘起来了。她终于笑了！

再后来，做游戏时范老师会找几个小朋友拉着倩倩一起玩，倩倩也不会拒绝了，她可以高高兴兴地和小朋友们玩游戏了。

几个月以来，倩倩慢慢地变活泼了，开始愿意和小朋友们一起玩耍了。

面对孤僻幼儿，不要听之任之、不闻不问，要以教师的主动热情带动孤僻幼儿与人沟通和交流。

（4）为其培养几个要好的朋友。教师可以首先主动与孤僻幼儿做朋友，然

后鼓励其他小朋友与孤僻幼儿做朋友。教师可以首先拉着孤僻幼儿一起玩,然后注意让他们逐渐过渡到和其他小朋友一起做游戏。刚开始,孤僻幼儿可能会紧紧地拉着教师的手,唯恐教师离开。当玩得兴致勃勃的时候,依赖教师的心理便会不知不觉地消失,这时教师可以慢慢地离开,让他们与其他小朋友玩游戏。可能刚开始这样做时,孤僻幼儿会觉得不自在,但慢慢地,次数多了,他们就会习惯与其他小朋友一起玩。幼儿教师还可以采取以下四项措施,让孤僻幼儿能顺利地结交到好朋友。

①有意识地让2~3名活泼开朗、热情主动、爱帮助人的幼儿与孤僻幼儿一起玩,让他们给孤僻幼儿以积极的感染,使孤僻幼儿慢慢地变得活泼。

②让孤僻幼儿参与团队游戏,让其在游戏的快乐氛围中,自然而然地与其他小朋友沟通和交流。

③让孤僻幼儿加入一些活动小组,和其他幼儿共同完成某一项任务。

④让孤僻幼儿与其他小朋友形成共同的爱好,让其经常和小朋友们一起玩(如玩轮滑、踢足球、打篮球等)。

(5) 提供表现的机会。孤僻幼儿不喜欢在小朋友面前表现自己,幼儿教师要创造机会,让他们展示自己的特长,这样有利于提高他们的自信心,有利于他们从展现自我中得到快乐,进而使他们更乐于在同伴中表现自己。比如,孤僻的孔燕敏十分喜欢画画,教师可以主动向她寻求帮助:"老师想要一个太阳,你能画一个送给老师吗?"这时幼儿会感觉自己被需要,感受到自己存在的价值,她会很开心地完成任务,之后教师可以当众表扬她的作品,逐渐让她敢于在大家面前展示自己。以下途径也可供孤僻幼儿表现自我。

①亮点展示:绘画、舞蹈、讲故事、讲新闻、弹琴。

②特长展示。

③特殊玩具展示。

④回答问题。

⑤加入特殊小组:舞蹈组、武术组、足球组。

⑥在日常生活中抛头露面:当国旗手、报餐员、值日生、小组长、教师的小助手、小排头等。

⑦在小伙伴面前被表扬。活泼的幼儿往往比较受群体关注,而默默无闻的幼儿就容易被忽视,越是这样,孤僻幼儿越觉得自卑与无助。因此,幼儿教师需要在小朋友们面前多鼓励、多表扬孤僻幼儿,从而树立他们的自信心,提高他们在小伙伴中的人缘。

(6) 不要批评幼儿的孤僻。批评并不能解决幼儿的孤僻问题,只有不断鼓励才能慢慢地解决幼儿的孤僻问题。孤僻幼儿平时喜欢独来独往、不合群,因此他们很容易受到其他小朋友的歧视,甚至被其他幼儿合伙欺负、排挤。一旦发现孤僻幼儿被其他幼儿欺负,教师要及时制止,对犯错的幼儿施以适当的惩罚,否则,孤僻幼儿会变得更加孤僻。

**5．与任性、倔强幼儿交往之道**

每个班级里总会有些很倔强、很任性的幼儿,他们认"死理",不断坚持自己的无理要求。幼儿教师在与这样的幼儿交往时,应该注意些什么呢?教师应该注意以下三点要求。

(1) 冷处理。冷处理,就是当幼儿任性、倔强时,将他置于一边不予理睬,使他得不到关注和回应,其相应的问题行为就会消失。如果不断坚持,这种不良的心理行为习惯就可能消退。比如,由于家庭背景的特殊性,宋平小朋友形成了倔强的性格。在一次区角活动中,他想选择的建构区已经满员了,教师希望他先到别的区角玩,但他执意不去。无论教师讲什么道理,他都听不进去,还不停地哭闹。这时,教师决定不再理睬他,过了10多分钟,哭闹声终于停止……多次哭闹都没有达到目的后,他终于懂得倔强无法使自己达到目的,并学会了控制自己的行为。

(2) 转移注意。转移注意,就是当幼儿任性、倔强时,带他离开现场,或通过其他活动让他从触发其任性、倔强的情境中脱离,进而达到平息哭闹、任性的目的。比如,如果幼儿硬要某种东西,成人可以把它藏起来,并说:"你听,外面有什么声音?"随后带他到外面走走。随着注意力的转移,幼儿一般不再会提出刚才的要求。

(3) 戴高帽。幼儿有喜欢听好话,喜欢"戴高帽"的心理特点。幼儿教师可以用幼儿良好的行为或他爱听的话对其任性行为做出其他解释,为幼儿"转变"

态度搭梯子，用幼儿的闪光点唤起其自尊心和上进心，从而达到控制其任性行为的目的。

**6．与害羞幼儿交往之道**

害羞，是幼儿常见的一种心理行为问题。在日常生活中，几乎每个人都有过害羞的体验。在一般情况下，针对特定情境的、程度适当的害羞属于正常反应；但如果害羞程度过高或发生泛化，就会引起一连串的问题。如果幼儿的害羞时间过长，那么他们可能会有内向、沉默、胆小、缺乏自信、神经过敏、疑惑不安、孤单、难交朋友等特征，这会妨碍幼儿的正常社会交往，不利于幼儿的心理健康发展。为了更好地促进幼儿的健康发展，教师在与有害羞倾向的幼儿交往时，应该注意以下六点要求。

(1) 接受并理解幼儿的害羞。研究表明，15%~20%的初生婴儿在面对陌生情境时会有退缩的现象，而这些婴儿中的60%到11岁左右仍然持续这种现象。害羞不是缺陷，不是病。面对幼儿的害羞，不要批评，不要取笑，否则，这种"不接受"的态度会让他们更加紧张，更加害羞。

(2) 适当表扬。当害羞幼儿表现出不害羞的行为时，要及时给予表扬和奖励，促使这种行为再度出现。幼儿不害羞的行为逐渐增多，害羞的行为就会减少，直至消失。

(3) 开展适当的团队活动。幼儿教师可以专门设计和组织团队式体育游戏或体育活动，从而帮助幼儿解除内心的紧张，走出害羞的状态。竞争性游戏伴有呼叫、紧张、放肆地大笑，有助于幼儿排除障碍，体验自信，从胜利、赞美、相互合作中获得与人交流的经验，从竞赛、冲撞中获得与人发生冲突和解决矛盾的经验。

(4) 不要随意给幼儿贴"害羞者"标签。如果幼儿教师在与幼儿交往的过程中偶尔发现某幼儿有害羞的表现，就给这名幼儿贴上"害羞者"标签，那么由于标签效应，这名幼儿会越来越相信自己是害羞的，进而很可能真的会成为害羞者。因此，面对幼儿的害羞表现，教师可做的是忽视幼儿的害羞行为。

(5) 多给幼儿抛头露面的机会。平时，幼儿教师可以让害羞的幼儿在班上做自我介绍，在教师和小伙伴面前大声说出自己的名字、年龄、爱好等；可以让幼儿在众人面前大声唱歌、跳舞；还可以让幼儿担任值日生、教师的小助手等职务，让他们多为大家服务。当幼儿的能力提高了，抛头露面的机会多了，他们的"脸皮"就会慢慢地厚起来，对周围的环境和事物就不会那么敏感，进而减少与人交往的紧张感，减少害羞的表现。[1]

（6）进行行为训练。为了减少幼儿的害羞心理和行为，在与幼儿交往的过程中，幼儿教师可以对幼儿进行交往行为训练。

①微笑训练。训练有害羞倾向的幼儿在与人交往时经常微笑；问候教师和同伴时，要学会微笑；想获得同伴的赞同时，要学会微笑；想得到小伙伴的支持时，要学会微笑。如果经常训练自己微笑，那么微笑就会成为一种习惯，微笑就可以代替害羞。

②打招呼训练。训练有害羞倾向的幼儿主动地、大声地向教师、小伙伴、客人、熟人以及陌生人打招呼。在幼儿园里，让主动成为一种行为习惯，让大声表达成为一种沟通习惯，幼儿的害羞现象就会减少，甚至消失。

## （二）与不同气质幼儿交往之道

气质是一个人所特有的与生俱来的心理活动的动力特征。它使幼儿的整个心理活动都带上了个人独特的色彩，不同气质类型的幼儿在心理活动发生的速度、强度、持续性、适应性等方面有明显的不同。在与不同气质幼儿交往时，幼儿教师应该注意以下四点要求。

### 1．与胆汁质幼儿交往之道

胆汁质幼儿：直率热情，精力旺盛，脾气急躁，容易冲动，反应迅速，心境变化剧烈，具有外倾性。

**案例7-10　胆汁质幼儿宋爽**

宋爽，男，5岁，爱说，好动。他在上课时争着回答问题，有时不经老师允许就抢先回答，老师不理他，他就表现得十分沮丧，甚至唉声叹气。受到表扬，

---

[1] 李静，闫静．幼儿害羞心理分析及应对策略[J]．内蒙古教育：基教版，2011（2）：29-30．

他会扬扬得意、手舞足蹈；受到批评，他会马上落泪；老师表扬别的小朋友，他认为不符合实际，就会立即争辩，感到不服气。画画或搭积木时，他刚开始很用心，但稍不合意就把纸划破或把积木推倒。他的情感表现强烈，听故事、看图书时常发出感叹声。他爱发脾气，即使别人无意碰他一下，他也要张口质问。

宋爽就是典型的胆汁质幼儿。在与胆汁质幼儿交往时，幼儿教师应该注意以下五点要求。

（1）让胆汁质幼儿以其活力和热情感染、带动黏液质、抑郁质幼儿。

（2）对于常出错的胆汁质幼儿，必须采取有说服力的批评来触动他们，让他们清楚地意识到自己犯错误的严重后果，否则他们只是在口头上很快承认错误，但在行为上却难以改正。

（3）给胆汁质幼儿多提供些活动量大的活动。

（4）与胆汁质幼儿交往时，要心态平和。他们很难压服，吃软不吃硬。如果教师平和，那么他们也会心态平和；如果教师暴躁，那么他们会更加暴躁。

### 案例7-11　正面暗示

在一次公开课上，我正讲得起劲儿，孩子们也正听得入神，只听一声怪叫，大家回头一看，梓瑞正扮鬼脸得意地笑。经过一番调控，幼儿的注意力又转向了我，但效果明显不如刚才。课后我非常生气，真想狠狠地训斥他一顿。可又一想，我以前也训斥过他，但效果怎样呢？他依然我行我素，一点不见收敛。于是我就采用"正面暗示法"，对他说："梓瑞今天收玩具收得最棒，还帮助其他小朋友放板凳，老师可喜欢你了。只要以后上课认真听讲，大家就更喜欢你了，好吗？"他高兴地点点头，以后每次他管不住自己的时候，我都会用这种方法来暗示他，或者利用他竞争意识强的特点用比赛的形式来激励他，这样效果才较为明显。[1]

（5）在各项活动中，要多为胆汁质幼儿提供自由活动、自我约束和调节的

---

[1] 魏静. 对不同气质的幼儿应因材施教[J]. 山东教育：幼教刊，2005（15）：28-29.

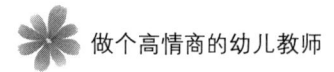

时间和空间。如果只有集体活动，那么胆汁质幼儿会因为不守纪律而总是处于受批评的境地。

**2．与黏液质幼儿交往之道**

黏液质幼儿：安静稳重，反应缓慢，交际适度，沉默寡言，善于克制自己，情感不易外露，注意稳定但难于转移，具有内倾性。

**案例7-12　黏液质幼儿叶小珏**

叶小珏，女，4岁，稳重，恬静，不爱说话。她上课时不举手回答问题，老师叫她，她会慢条斯理地答得挺好。受到表扬，她只是抿嘴一笑；受到批评，她会低着头，面部表情不明显。她和其他小朋友相处时，很少发生冲突，不爱告状，也不爱表现自己。她不爱发脾气，不轻易掉泪，也很少大声笑。她动作较慢，起床、洗刷、吃饭都落在后边。

叶小珏是典型的黏液质幼儿。在与黏液质幼儿交往时，幼儿教师应该注意以下五点要求。

（1）富有热情。黏液质幼儿常常因过于安静、迟缓而被教师忽视。因此，在与他们交往时，要以热情带动黏液质幼儿。

（2）关心爱护。对容易被忽视的黏液质幼儿要多加关爱，不要因为他们安静、不出乱子，就一味地认为他们不需要教师的关怀。适当的关心和爱护，可能会使黏液质幼儿变得活跃、敏捷。

（3）多鼓励。黏液质幼儿的典型特点是做事比较慢，动作反应慢。黏液质幼儿慢是有其神经生理基础的，幼儿教师可以鼓励、训练幼儿加快做事的速度，不能因为动作慢就挖苦幼儿。

（4）引导参加适当的体育活动。鼓励黏液质幼儿多参加一些竞赛性体育活动，从而使其大脑得到全面的锻炼，进而增强其灵活性和反应能力，使其在认真细心的基础上，逐渐提高做事效率。

（5）给予足够的耐心。黏液质幼儿的注意力难以转移，对事物的理解较慢，思维不够灵活。在教育过程中，要给予他们充分考虑的时间，便于他们慢慢理解和适应教育要求。当然，与黏液质幼儿交往时要注意对其提出适当的速度要求，不要让他们养成拖沓的习惯，而要有一定的时间观念。[1]

**3．与多血质幼儿交往之道**

多血质幼儿：活泼好动，遇事敏感，反应迅速，不甘寂寞，喜欢社交，注意和兴趣容易转移，情绪不稳，具有外倾性。

**案例7-13　多血质幼儿杨颖**

杨颖，女，3岁。初入幼儿园时，她的个子最小，动作利索，能轻松地穿脱衣服、叠被子、系鞋带，很快就能适应集体生活。她的反应很快，面部表情生动，能很有感情地复述故事。她活泼好动，平时总是高高兴兴地唱歌、跳舞。在游戏时，她一会儿玩积木，一会儿玩拼图，兴趣很不稳定。她对人热情，遇到生人或熟人，都主动打招呼，她喜欢把家里的事告诉教师和其他小朋友。稍不如意，她就噘嘴，甚至掉泪，但她能够听劝告，不执拗。对于过去的事，她很快就能忘掉。

杨颖是个典型的多血质幼儿。在与多血质幼儿交往时，幼儿教师应该注意以下四点要求。

（1）多让多血质幼儿有抛头露面的机会，满足其喜欢交际、喜欢表现自我的需要。

（2）开展专注力、忍耐力的训练，让其做事更加专注和有耐性。

（3）让多血质幼儿的活跃带动黏液质幼儿和抑郁质幼儿。

（4）不可过于频繁地对其进行表扬，应让他们看到其他幼儿的长处和自己的不足。

**4．与抑郁质幼儿交往之道**

抑郁质幼儿：行为孤僻，反应迟缓，多愁善感，情感体验深刻但很少外露，具有很高的感受性，善于觉察他人不易觉察的细节，具有内倾性。

---

[1] 刘胜琳．根据幼儿气质差异因人施教[J]．吉林教育科学：普教研究，1998（2）：23-25．

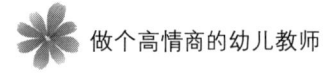

**案例7-14　抑郁质幼儿陈晓楠**

陈晓楠，男，6岁。他在幼儿园里几乎整天不说话，不喜欢和小朋友一起玩，很少有笑容。面对教师的提问，他总是胆怯、腼腆地低下头；教师稍加批评，他就很难为情。他缺少自信心，上课时总是为难地坐着，不肯动手、动笔。他的情感不外露，对最喜爱的教师也不明显地表示好感，只是在这位教师提前上班时，他会催妈妈早点送他上幼儿园。

陈晓楠就是典型的抑郁质幼儿。在与抑郁质幼儿交往时，幼儿教师应该注意以下六点要求。

（1）特别细心。抑郁质幼儿的神经类型属于弱型，他们太过敏感、善于观察、想象力丰富、情感深刻持久但多愁善感、畏缩而孤僻。因此，教师在与这类幼儿交往时，要特别小心，一句不经意的话、一个不经意的表情和动作都可能引起他们的忧愁和感伤，绝对不可以拿这类幼儿的缺点开玩笑。

（2）明确表达我们的爱。要多些关爱，多些鼓励，让抑郁质幼儿变得开朗、快乐。

（3）不要公开批评抑郁质幼儿。由于抑郁质幼儿对自己所犯的错误很敏感，感情体验深刻持久，所以教师要尽量不在公开场合批评他们，否则会让他们在同伴面前更加抬不起头，进而变得更加孤僻。

（4）让抑郁质幼儿当教师的助手。可让他们多在小朋友们面前做些事情，比如，帮助教师分发点心、餐具等，这样更有利于培养这类幼儿的合群性，促进其社会性的发展。

（5）鼓励抑郁质幼儿多与多血质幼儿互动。可让多血质幼儿的外向、热情感染他们，进而促进其心理倾向由内向走向适度外向。

（6）鼓励抑郁质幼儿多参加团体式体育运动、游戏活动，让幼儿在这些团体活动中找到与人交往的快乐。

气质本无好坏之分，幼儿教师在与不同气质幼儿交往的过程中，要注意对他们进行扬长避短式的关照，促进他们更加健康地发展。

# 万千教育 学前教育类书目

| 书号 | 书名 | 著、译者 | 定价(元) |
| --- | --- | --- | --- |
| **幼儿园教师专业成长指导** | | | |
| 2547 | 认识婴幼儿的游戏图式 | 张晖 等译 | 48.00 |
| 2113 | 做会沟通的幼儿教师 | 胡剑红 等 主编 | 38.00 |
| 2236 | 幼儿园文案撰写规范与技巧 | 刘敏 等 著 | 52.00 |
| 2311 | 幼儿园探究性环境创设（四色） | 康丹 等译 | 48.00 |
| 2056 | 小脑袋，大问题（四色） | 孟晨译 | 48.00 |
| 2309 | 破解幼儿园教师的90个工作难题 | 杜长娥 徐钧 主编 | 52.00 |
| 2112 | 幼儿园优质教研活动设计方案 | 朱清 等 著 | 38.00 |
| 1781 | 给青年幼儿教师的建议 | 吴邵萍 著 | 40.00 |
| 8470 | 答新手幼儿教师120问 | 刘洪霞 主编 | 28.00 |
| 1798 | 幼儿园新手教师指导手册 | 王芳 等 著 | 48.00 |
| 1783 | 从新手到骨干——幼儿教师专业成长故事 | 尹坚勤 编著 | 42.00 |
| 1780 | 幼儿教师追求幸福的方法 | 余胜兰 著 | 42.00 |
| 9111 | 做个幸福快乐的幼儿教师——为你的专业成长支招 | 莫源秋 著 | 28.00 |

| 9047 | 幼儿教师临场应变技巧60例 | 冯伟群 著 | 25.00 |
|---|---|---|---|
| 8930 | 幼儿教师易犯的150个错误 | 伍香平 编著 | 32.00 |
| 0070 | 幼儿教师必知的礼仪规范 | 向多佳 编著 | 38.00 |
| 9611 | 幼儿园教师必知的60条教育政策与法规 | 洪秀敏 编著 | 34.00 |
| **幼儿园教师专业成长指导系列合计** | | | **681.00** |
| **幼儿园教师教学技能与活动指导** | | | |
| 2727 | 从头到脚玩绘本（全彩） | 董旭花 张海豫 主编 | 78.00 |
| 2253 | 理解儿童心理从绘画开始（全彩） | 陈侃 著 | 38.00 |
| 0760 | 幼儿园备课·说课·听课·评课 | 俞春晓 等著 | 42.00 |
| 9499 | 幼儿教师必须修炼的10项教学技能 | 俞春晓 著 | 25.00 |
| 9454 | 幼儿园教学诊断技巧与对策58例 | 王春燕 等著 | 38.00 |
| 9612 | 幼儿园综合主题活动——设计技巧与优秀案例 | 赵旭莹 等 主编 | 42.00 |
| 1235 | 幼儿园绘本美术活动创意设计（全彩） | 郭莉萍 赵福云 主编 | 68.00 |
| 9323 | 幼儿园美术活动创意设计（全彩） | 罗梅 赵福云 主编 | 56.00 |
| 0180 | 给幼儿教师和家长的81条美术教育建议（全彩） | 李力加 著 | 62.00 |
| 9150 | 幼儿园节日活动精彩设计方案 | 刘洪霞 主编 | 35.00 |
| 9590 | 幼儿园语言活动创新设计 | 郭咏梅 著 | 32.00 |

……
欲了解更多图书信息，请登录：www.wqedu.com
联系地址：北京市西城区三里河路6号院2号楼213室　万千教育
咨询电话：010-65181109，65262933

\*本目录定价如有错误或变动，以实际出书为准。